KB189567

원효의 『십문화쟁론(十門和諍論)』

—번역과 해설 그리고 화쟁의 철학 —

원효의 『십문화쟁론(十門和諍論)』

번역과 해설 그리고 화쟁의 철학

초판 1쇄 발행 2013년 6월 25일

초판 2쇄 발행 2019년 1월 19일

-

지은이 박태원

펴낸이 이방원

편 집 홍순용·김명희·안효희·강윤경·윤원진

디자인 손경화·박혜옥

영 업 최성수 **마케팅** 이미선

-

펴낸곳 세창출판사

신고번호 제300-1990-63호

주소 120-050 서울시 서대문구 경기대로 88 냉천빌딩 4층

전화 02-723-8660

팩스 02-720-4579

이메일 edit@sechangpub.co.kr

홈페이지 http://www.sechangpub.co.kr

-

ISBN 978-89-8411-416-6 93150

값 21,000원

이 도서의 국립중앙도서관 출판시도서목록(CIP)은 서지정보유통지원시스템 홈페이지(http://seoji.nl.go.kr)와

국가자료공동목록시스템(http://www.nl.go.kr/kolisnet)에서 이용하실 수 있습니다. (CIP제어번호: CIP2013008371)

번역과 해설 그리고 화쟁의 철학

원효의 십문화쟁론
十門和諍論

박태원 지음

세창출판사

◯ 머리말

또 원효와 대화해 보았다. 원효사상에 대한 인문학적 길라잡이를 염두에 두고 풀어쓴 『원효, 하나로 만나는 길을 열다』(한길사, 2012)를 읽은 이들의 반응이 기대보다 좋았던 것도 곧이어 의욕을 낼 수 있게 한 동력으로 작용했다.

세창출판사의 고품격 기획인 '세창명저산책' 시리즈의 하나로서 원효의 『금강삼매경론』 집필을 청탁받았었다. 그런데 『금강삼매경론』에 앞서 우선 『십문화쟁론』을 다루는 것이 적절할 것 같다는 의견을 전하자, 아예 단독 저서로 출간해보자는 의견으로 되돌아왔다. 원효사상과 저작들에서 『십문화쟁론』이 차지하는 각별한 의미에도 불구하고 아직 본격적인 번역이나 해설서가 등장하지 않고 있다는 사정을 주목한 출판사 측의 제안이었다. 이 책은 출간 인연은 그렇게 해서 가시화되었다.

자신의 삶과 사상의 핵심에 대한 원효의 생각이 무엇이었건 간에, 그의 행적을 보는 후인들의 시선이 견해의 배타적 다툼을 치유하려는 '화쟁(和諍)'사상에 집중되어 있다는 점은 충분히 주목해야 한다. 그러기에 『십문화쟁론』은 '원효'라는 호칭으로 펼쳐졌던 한 빛나는 생명 인연의 내용과 의미를 읽어내기 위해서는 반드시 통과해야 할 관문이다. 그러나 이 관문을 지나는 일이 결코 호락호락하지 않다. 자신이 걸어 간 길로 안내하기 위해 원효가 세워놓은 많은 문들 가운데서도 특히 육 중하여, 열어젖히려면 힘깨나 써야 한다. 딸리는 힘이나마 용을 써 밀 어놓으면 뒷사람들이 열어젖히는 데 일조는 하지 않겠나 싶어 번역과 해설을 시도했다.

『십문화쟁론』은 원효가 그의 화쟁 통찰을 전면적으로 개진한 유일 한 저술이다. 해인사 팔만대장경은 국가에서 간행한 경판인 국간장(國 刊藏)경판과 해인사에서 간행한 사간장(寺刊藏)경판으로 구분되는데, 1937년에 고려대장경을 2부 인간(印刊)할 때 국간장 이외에 사간장 장 경도 인간하여 정리하면서 사간장 가운데서 『십문화쟁론』의 잔간(殘 簡) 4장이 발견되었다. 이 4장 가운데 제9, 제10 두 면에는 공(空)과 유 (有)에 관한 관점 충돌의 양상과 그 화쟁이, 제15, 제16 두 면에는 불성 (佛性)의 존재에 관한 보편성 주장(모든 중생은 불성을 지니고 있다)과 차 별성 주장(불성이 없는 중생도 있다)의 충돌 양상과 그 화쟁 이론이 펼쳐 지고 있다.

『십문화쟁론(十門和諍論)』이라는 서명(書名)의 의미를 '열 가지 유형 의 쟁론(諍論)을 화쟁하는 이론'으로 간주해 온 것이 관행이지만, 필자 는 생각을 달리한다. 원효가 그의 저술에서 즐겨 구사하고 있는 '문(門)' 이라는 말은 '견해/주장의 조건적 타당성을 성립시키는 인과계열', 다 시 말해 '견해 계열의 의미 맥락'을 지칭한다. 그렇다면 '십문화쟁론(十 門和諍論)'은, '열 가지 주제에 관한 쟁론을 화쟁하는 이론'이 아니라, '견 해 계열의 열 가지 의미 맥락으로써 화쟁하는 이론'이 된다. '십문'의

'문(門)'은 화쟁의 대상이 아니라 화쟁의 방식인 것이다.

이렇게 본다면 『십문화쟁론』이라는 저서의 성격과 내용은 기존의 통념적 이해와는 다른 것이 된다. 『십문화쟁론』은, '불교사상의 열 가지 주제에 관한 견해 다툼들을 화쟁하고 있는 논서'라기보다는, '상이한 관점들을 각기 성립시키는 견해 계열의 의미 맥락을 열 가지로 식별하여 불교사상에 대한 해석학적 관점들의 불화와 충돌을 치유하는 논서'로 볼 수 있다.

비록 일부에 불과한 잔간(殘簡)이지만, 번역하기가 결코 만만치가 않다. 거론되고 있는 주제에 관한 원효의 소양과 안목, 그리고 그것을 담아내는 언어의 수준과 논리가 가히 최고급 수준이기 때문이다. 그러나 『십문화쟁론』이 원효 저술이나 철학에서 차지하는 그 각별한 위상을 감안할 때, 아직도 『십문화쟁론』에 관한 본격적인 번역과 해설서를 내놓지 않고 있다는 것은 후학들로서 변명하기 어려운 나태의 소치이다.

뒤이어 더욱 빛나는 안목이 딛고 건널 수 있게 디딤돌 하나를 놓아 보았다. 필자의 관점과 이해를 분명히 전달하기 위해, 번역 부분은 '직역(直譯)/의역(意譯)/해의(解義)'의 세 부분으로 구성하였고, 관련 화쟁 사상에 대한 필자의 이해를 해설로 풀어내었다. 원효와 만나는 필자의 동기는 언제나 '지금 여기의 실존 해법' 탐구에 있다. 제4장 '견해의 배타적 주장은 어떻게 치유할 수 있는가? -화쟁 논법과 쟁론의 치유-'는 그러한 탐구를 오늘의 관심과 언어로 담아낸 것이다. 여전히 범람하는 배타적 주장들의 폭력적 다툼을 치유하는 해법의 일단을 원효의 화쟁 통찰에 의거하여 모색해 본 것이다.

현존 잔간(殘簡)에는 없지만 다른 문헌에서 인용 형태로 전하고 있는

『십문화쟁론』내용들도 빠짐없이 번역하여 소개해 두었다. 아울러『십문화쟁론』에 대한 인식과 평가를 보여주는 고대 문헌들의 해당 구절들도 종합하여 번역하였고, 원효의 삶을 증언하는 3대 전기인 '서당화상비(誓幢和上碑)',『송고승전(宋高僧傳)』의 '신라국 황룡사 원효전(元曉傳)',『삼국유사(三國遺事)』의 '굴레를 벗은 원효(元曉不羈)' 전문도 수록하였다.

　『송고승전』이나『삼국유사』의 내용은 기존의 관련 저술들에서도 소개되었기에 새로울 것이 없지만, 판독 가능한 글자 가운데 문장의 의미에 접근할 수 있는 부분들을 가급적 모두 번역한 '서당화상비' 번역문은 원효 탐구에 유익한 내용일 수 있을 것이다. 평소 수집해 두었던『십문화쟁론』관련 자료들과 애써 판독한 '서당화상비' 원문을 흔쾌히 제공해 주신 동국대 사학과 김상현 명예교수에게 감사드린다.

　원효와 대화한 세월이 제법 오래다. 20대의 실존적 관심과 열정은 온통 선종 선문(禪門)과 원효에게 집중되었다. 대학원 시절 만난 니까야의 세계는 또 하나의 축이 되었다. 지금까지 내 실존의 정수를 일관되게 흡인하고 있는 것은 이들 세 가지이다. 이 세 축의 지혜들이 상호작용하면서 지금도 역동적으로 진행되는 흥미진진한 지평 변화는 실로 내 실존이 조우한 최고의 축복이다.

　지복을 누리는 동안 자연스럽게 품게 된 의욕이 있다. 나의 실존을 흡입한 세 축에 관한 생각들을 정리해 언젠가는 자유로운 글쓰기로 책에 담아 보는 것이 그것이다. '선(禪)', '원효', '니까야를 통해 본 붓다의 사상' ─ 이 세 가지에 대해 오랫동안 나름대로 담금질해 온 견해를 정리해 보고픈 의욕이 이제는 제법 구체적 내용으로 가시권에 들어오고 있다. 인문학 글쓰기의 적령기는 아마도 지천명 50줄부터일 터인데, 게으른 천성을 핑계로 미루는 짓일랑 그치고 애써 심지를 돋워 인연 따라 붓을 세워볼 요량이다.

『원효, 하나로 만나는 길을 열다』가 대중적 인문 지성을 겨냥한 것이었다면, 이 책은 학문적 전문성이 글의 기조가 되고 있다. 평소 가급적 생경한 외국어 어투에 오염되지 않은 한국 어법으로 쉽게 글을 쓰려고 의식적으로 노력하는 편이지만, 내용상 어쩔 수 없이 편한 글은 아니어서 대중적이 되기는 어렵다. 그러나 원효와의 대화에 깊이를 더하고 싶은 이라면 그 누구에게나 유용할 것이다.

제1장
『십문화쟁론』과 원효

『십문화쟁론』의 해석학적 번역

모든 번역은 사실상 해석학이다. 특히 사상의 독해가 생명력이 되는 불교 경론과 같은 문헌의 번역은 해석학적 성격이 뚜렷하다. 그런데 왜 새삼 '해석학적 번역'인가? 동어반복의 위험에도 불구하고 '해석학적 번역'이라 말하는 이유는, 원효(元曉, 617-686)의 『십문화쟁론(十門和諍論)』 번역이 특히 '해석학적'이어야 할 필요성을 강조하기 위함이다.

불교 경론의 현대 한글 번역은 '직역과 용어 해설' 형식이 거의 표준형처럼 되어 있다. 원전에 대한 '언어학적 소양'과 '의미를 읽어내는 이해와 관점'이 결합한 해독 능력으로 직역에 가까운 번역을 한 후, 용어 해설을 덧붙여 놓는 방식이 한글 번역본의 대부분을 차지한다. 언어학적 소양에 의거한 형식 독해와 이해에 의거한 내용 독해가 상호 작용한 '직역과 용어 해설'이 현대 한글 불교경론 번역의 전형으로 자리 잡고 있다.

번역은 번역자의 언어학적 소양과 이해/관점을 정밀하게 담아내고 있을수록, 의미 있는 번역이고 좋은 번역이다. 특히 번역에 요구되는 일정 수준 이상의 언어학적 소양이 전제가 된다면, 번역의 수준은 결국 문장 내용에 대한 역자의 관점과 이해를 얼마나 명확하게 반영하는가에 달려 있다. 불교 경론이나 철학서의 경우는 특히 그러하다.

좋은 번역은 자신의 관점과 이해를 명확하게 반영하여 일관된 의미 연쇄를 뽑아내는, '해석학적 관점이 명확하게 반영된' 번역이다. '정답 번역'은 일인에 의해 완결되는 것이 아니라, 다양한 해석학적 관점들이 상호 작용하는 과정에서 '접근되어 가는' 것이기 때문이다. '해석학적 개방과 상호 작용 및 축적'을 가능케 하는 번역이어야 정답 번역에 접근할 자격을 지닌다.

논리 수준이 복잡하고 내용이 난해한 경론들을 번역할 경우, 해석학적 관점의 명확한 반영은 특히 중요하다. 독자가 번역을 읽으면서 번역자의 관점을 가급적 정확하게 파악할 수 있게 해야 한다. 그런 점에서 원효는 실로 탁월하다. 주석(注釋)의 형태로 제시되고 있는 그의 논서 해설들에는 그의 해석학적 관점이 명확하게 담겨져 있다. 특히 『금강삼매경론(金剛三昧經論)』의 경우, 그의 해설은 난해한 『금강삼매경』의 의미 독해에 결정적 기여를 한다. 아직 한반도인의 독자적 문자 체계를 확보하지 못했던 그 시대의 정황을 감안할 때, 원효의 주석서들은 일종의 '탁월한 해석학적 번역물'이다.

수준 높은 논리와 난해한 내용을 펼치고 있는 원효의 저술들을 번역하고자 할 때, 우리는 새삼 '원효적'이어야 할 필요에 직면한다. 그의 언어를 읽는 관점과 이해를 가급적 명확하게 한국어로 담아낸 '해석학적 번역'이어야 원효 저술의 '의미 있는 번역'이 된다. 이 책의 『십문화쟁론』번역은 그러한 해석학적 번역을 염두에 두고 있다.

현존하는 『십문화쟁론』잔간(殘簡)은 두 가지 내용의 화쟁이론을 전하고 있다. 하나는 불교 경론이 공성(空性)의 통찰을 전하기 위해 채택한 '공(空)'과 '유(有)'라는 개념에 관한 오해와 그로 인해 생겨난 이해의 충돌을 해결하는 내용이고, 다른 하나는 '모든 중생은 불성(佛性)을 지니고 있다'는 견해와 '불성이 없는 중생도 있다'는 견해의 충돌, 즉 불성의 보편성 주장과 차별성 주장 사이의 쟁론을 해소시키는 내용이다.

잔간만이 전하는 이 두 화쟁이론 역시 온전한 형태가 아니다. 그런데 비록 소량의 분량임에도 불구하고, 그 내용을 독해하거나 번역하는 일이 만만치 않다. 원효 저술 가운데서도 특히 명확한 '해석학적 번역'을 요구하고 있는 것이 『십문화쟁론』이라 할 수 있다. 원효사상에서 차지하는 각별한 중요성에도 불구하고 아직까지 이 『십문화쟁론』에 대한 충실한 완역을 만날 수 없는 것은, 『십문화쟁론』의 내용을 제대로 전달하기 위해서는 가급적 상세한 해석학적 번역이 필요하다는 사정에 기인하는 것으로 보인다.[1]

필자의 관점과 이해를 분명히 담아내기 위해, 이 책의 『십문화쟁론』

---

[1] 선행하는 『십문화쟁론』완역은 이종익 감수(監修)로 간행된 『국역 원효성사전서』권5(대한불교원효종 원효전서국역간행회, 1988)에 실린 장무구(張無垢)의 번역과 김영일이 학위논문 말미에 부록으로 담은 축약 번역(『원효의 화쟁논법 연구』, 동국대대학원박사학위논문, 2008)이 있다. 전자의 번역은 완역이기는 하지만 번역내용상 많은 문제점을 안고 있고, 후자는 요약 번역이어서 『십문화쟁론』의 구체적 내용이 제대로 전달되지 않으며 축약번역 내용에도 되짚어보아야 할 부분이 많아 보인다. 번역자의 관점과 이해가 명확히 드러나는 새로운 번역의 필요성을 확인시켜 준다.

번역 부분은 '직역(直譯)/의역(意譯)/해의(解義)'의 세 부분으로 구성하였다. '의역'과 '해의'를 덧붙임으로써 필자의 해석학적 관점을 분명하게 전달할 수 있을 것이라 판단했기 때문이다. 또한 현존 잔간에는 없지만 다른 문헌에서 인용 형태로 전하고 있는 『십문화쟁론』 내용도 번역하여 추가하였다.

집필 순서로는 먼저 『십문화쟁론』 잔간 전문(全文)에 대해 직역과 의역을 한다. 이어 내용에 따라 임의로 단락을 구분한 후, 각 단락의 내용을 압축한 소제목을 달고 문단별로 직역과 의역 및 그에 대한 해의(解義)를 제시한다. 이어서 두 가지 화쟁이론(공/유 화쟁, 불성 화쟁)에 대한 불교철학적 해설을 덧붙여, 필자의 해석학적 관점을 충분히 드러낸다. 한문(漢文) 경론에 대한 해석학적 번역의 한 형식 사례일 수 있을 것으로 기대해 본다.

『십문화쟁론』은 어떤 논서인가?

『십문화쟁론』은 가히 원효의 대표 저술이라 할 만하다. 주어진 경전 내용을 따라가며 이해를 돕기 위한 설명을 붙이는 주석서(註釋書) 형태가 아니라 저자가 설정한 주제를 독자적 체계로 전개하는 단독 저술이라는 점, 잔간(殘簡)의 내용만으로도 확인할 수 있는 광활한 불교 이해와 탁 트인 사유 지평, 정밀한 논리와 수준 높은 논의는, 원효의 수많은 저술 가운데서도 특히 『십문화쟁론』을 부각시키며 이에 대한 세인들의 찬탄을 전하고 있는 서당화상비문(誓幢和上碑

文)²의 증언이나 후인들의 극찬을 충분히 수긍케 한다. 형인 무착(無著 Asanga, 310-390경)과 함께 유식학을 개창한 세친(世親 Vasubandhu, 316-396경)의 제자로서 불교논리학인 신인명(新因明)을 체계화한 진나(陳那 Dignāga, 480-540경)의 문도가 당나라에 왔다가 『십문화쟁론』을 읽고 감탄하여 범어로 번역하여 인도에 전했다는 기록도 『십문화쟁론』의 위상과 가치를 증언해 준다.

"(당나라에 왔던 진나의 문도가 『십문화쟁론』을 읽고는) 찬탄하여 덩실덩실 춤을 추었다. (『십문화쟁론』을) 범어로 번역하여 곧 (?) 사람에게 부쳐 보냈으니, 이것은 (바로) 그 나라(천축) 삼장(三藏)법사가 (『십문화쟁론』을) 보배처럼 귀하게 여기었던 까닭에서였음을 말하는 것이다."³

"원효는 『십문화쟁론』을 지었다. 진나의 문도가 당나라에 왔다가 원효가 입멸한 후 그 『십문화쟁론』을 가지고 인도로 돌아갔는데, 〈원효는 진나의 후계가 아닌가?〉 등으로 말했다."⁴

∽∾∽∾∽∾∽∾∽∾∽∾∽

2. 신라 애장왕(재위 800-809) 때에 만들어진 것으로, 일연(一然, 1206-1289)의 『삼국유사(三國遺事)』 '원효불기(元曉不羈)' 및 찬녕(贊寧, 918-999경)의 『송고승전(宋高僧傳)』 '신라국(新羅國) 황룡사(黃龍寺) 원효전(元曉傳)'와 함께 원효의 일생을 전하는 3대 전기에 속한다.
3. 『서당화상비(誓幢和上碑)』, "…讚歎婆娑. 翻爲梵語, 便附□人, 此□言其三藏寶重之由也."
4. 순고(順高), 『기신론본소집청기(起信論本疏聽集記)』 제2권 말, "元曉和諍論制作. 陳那門徒, 唐土來有, 滅後取彼論, 歸天竺國了, '是陳那末第歟?' 云云(大日本佛教全書 92, p.103a).

『십문화쟁론』의 원본인 경판은 해인사 사간장경전(寺刊藏經殿)에 봉안되어 있는데, 상권(上卷) 가운데 2판(二板) 4장(四張)(9, 10, 15, 16)이 남아 현전하고 있다. 해인사 팔만대장경은 국가에서 간행한 경판인 국간장(國刊藏)경판과 해인사에서 간행한 사간장(寺刊藏)경판으로 구분되는데, 1937년에 고려대장경을 2부 인간(印刊)할 때 국간장(國刊藏) 이외에 사간장(寺刊藏) 장경도 인간(印刊)하여 정리하면서 사간장 가운데서 『십문화쟁론』의 잔간(殘簡) 4장을 발견하게 되었다고 한다. 이 4장 가운데 제9, 제10의 2면에는 공(空)과 유(有)에 관한 해석학적 논란이 거론되면서 그 쟁론에 대한 화쟁이 전개되고 있고, 제15, 제16의 2면에는 불성(佛性)의 존재에 관한 보편성 주장(모든 중생은 불성을 지니고 있다)과 차별성 주장(불성이 없는 중생도 있다)의 쟁론과 그 화쟁이 펼쳐지고 있다.

『십문화쟁론(十門和諍論)』이라는 서명(書名)은 '열 가지 유형의 쟁론(諍論; 견해의 배타적 주장)을 화쟁하는 이론'이라는 의미로 이해되고 있는 것이 일반적이다. '십문(十門)'을 '열 가지 주제에 관한 쟁론들'로 이해하는 것이다. 예컨대 이종익은 『십문화쟁론』을 '불교사상의 열 가지 주제에 관한 쟁론의 화쟁'으로 간주한 후, 현존하는 내용을 각각 '공유이집화쟁문'(空有異執和諍門: 空과 有가 다른 것이라고 주장하는 집착을 풀어주는 화쟁 이론)과 '불성유무화쟁문'(佛性有無和諍門: '모두가 불성을 가지고 있다'는 견해와 '불성이 없는 자도 있다'는 견해의 배타적 다툼을 해소시켜 주는 화쟁 이론)이라 부르는 한편, 일실(逸失)된 나머지 8가지 주제에 대한 화쟁을 다른 저서들 가운데서 취합하여 십문(十門)을 재구성하고 있다.[5] '십문'을 '열 가지 주제에 관한 쟁론들'로 보고 다른 문헌들 속에서 나머지 여덟 가지 주제에 관한 쟁론과 그 화쟁 내용을 취합하여 십문을 복원하려는 이러한 시도에 대해, 이후 연구자들은 긍정적으로 계승하고 있으며[6] 별다른 이견이 제시되지 않고 있다.

그러나 '십문(十門)'이 '열 가지 주제에 관한 쟁론들'을 의미하는 것으로 단정하기는 어렵다. 원효가 극찬을 하면서 탁월한 주석을 남기고 있는 『대승기신론(大乘起信論)』에서는 마음의 두 지평 혹은 계열을 '두 가지 문(二門: 心眞如門과 心生滅門)'이라 표현하고 있는데, 원효는 그의 저술에서 이 '문(門)'이라는 개념을 즐겨 채용한다. 특히 그가 전개하는 화쟁 논법은 '문(門)의 식별과 구분'에 의거하는 경우가 많은데, 그러한 화쟁 논법에서 채용되고 있는 '문(門)'의 개념은 '견해/관점/이해를 성립시키는 조건들의 인과 계열', 다시 말해 '견해 계열의 의미 맥락'이라는 의미를 지니고 있다.

이 점에 대해서는 '불성의 보편성/차별성 화쟁사상 해설'에서 자세히 논의하겠지만, 원효가 활용하고 있는 '문(門)'이라는 개념은 단순한 '가지'나 '종류'를 구분하는 것이 아니다. '십문(十門)'은 '열 가지 주제에 관한 쟁론들'이 아니라 '관점을 성립시키는 조건들의 열 가지 연기(緣起)적 인과계열'로 보는 것이 적절하다. 그렇다면 '십문화쟁론(十門和諍論)'은, '열 가지 주제에 관한 쟁론을 화쟁하는 이론'이 아니라, '관점을 성립시키는 조건들의 열 가지 연기적 인과계열에 관한 화쟁이론' 혹

5. 이종익, 「원효의 십문화쟁론 연구」(『원효의 근본사상』, 동방사상연구원, 1977; 『원효』, 예문서원, 2002. 재수록).
6. 예컨대 김운학의 「원효의 화쟁사상」(『불교학보』15집, 1978), 이만용의 『원효의 사상』(전망사, 1983), 오법안의 『원효의 화쟁사상연구』(홍법원, 1989).

은 '관점을 성립시키는 조건들의 열 가지 연기적 인과계열로써 화쟁하는 이론'이라는 의미가 된다. 필자는 십문을, '관점을 성립시키는 조건들의 열 가지 연기적 인과계열로써 화쟁하는 이론', 다시 말해 '견해 계열의 열 가지 의미 맥락으로써 화쟁하는 이론'으로 보고 있다. '십문'의 '문(門)'은 화쟁의 소재나 대상이 아니라 화생의 방식인 것이다.

현존 『십문화쟁론』에는 없는 내용을 인용으로 전하는 다른 문헌들을 보면, 흥미롭게도 '견해 계열의 의미 맥락'이라는 의미로서의 '문(門)의 식별에 의한 화쟁'을 『십문화쟁론』의 특징으로 인식하고 있음을 확인하게 된다. 예컨대 고려 균여(均如, 923-973)의 『석화엄교분기원통초(釋華嚴敎分記圓通抄)』는 『십문화쟁론』에서 전개되는 〈'(차이가) 의존적 관계로 수립되는 계열(依持門)'과 '연기의 통찰에 의해 (하나로 보는) 계열(緣起門)'의 구분에 의한 화쟁 논법〉[7]을, 신라 견등(見登)의 『대승기신론동이약집(大乘起信論同異略集)』에서는 〈'원인(因)에 따라 생겨나는 계열(從因生起之門)'과 '(생멸하게 되는) 조건(緣)을 그치고 근원으로 돌아가는 계열(息緣歸原之門)'의 구분에 의한 화쟁논법〉[8]을, 그리고 균여의 『석화엄교분기원통초』와 견등의 『대승기신론동이약집』 모두 〈'원인을 지어서 과보를 받는 계열(作因受果之門)'과 '바탕에 따라 과보를 이루는 계열(從性成果之門)' 그리고 '생겨나게 함과 결과를 이루는 법칙성을 종합해서 보는 계열(和合生果門)'로 구분하여 화쟁하는 논법〉[9]을 인용하여

---

7. 균여, 『석화엄교분기원통초(釋華嚴敎分記圓通鈔)』, 한불전4, p.311c, p.325b-c, p.326a.
8. 견등, 『대승기신론동이약집(大乘起信論同異略集)』, 한불전3, p.695a.
9. 균여, 『석화엄교분기원통초』, 한불전4, p.315a; 『대승기신론동이약집』, 한불전3, p.709a.

전하고 있다. 원효 화쟁 논법의 정수(精髓)가 담겨진 저술로 추정되는 『십문화쟁론』을 인용하고 있는 문헌들이 하나같이 '문(門) 구별에 의한 화쟁 논법'을 주목하고 있다는 점은 그 의미가 결코 예사롭지 않다.

『십문화쟁론(十門和諍論)』을, '열 가지 주제에 관한 쟁론을 화쟁하는 이론'이 아니라, '관점을 성립시키는 조건들의 열 가지 연기적 인과계열에 관한 화쟁 이론' 혹은 '관점을 성립시키는 조건들의 열 가지 연기적 인과계열로써 화쟁하는 이론'으로 읽는다면, 『십문화쟁론』이라는 저술의 성격과 내용은 기존의 통념적 이해와는 다른 것이 된다. 『십문화쟁론』은, '불교사상의 열 가지 주제에 관한 쟁론들을 화쟁하고 있는 논서'라기보다는, '상이한 관점들을 각기 성립시키는 열 가지 견해 계열의 의미 맥락을 식별하여 불교사상에 대한 해석학적 관점들의 불화와 충돌을 치유하는 논서'로 볼 수 있기 때문이다.

다만 『십문화쟁론』이 오직 '문(門) 구별'에 의한 화쟁 이론을 전개하는 것은 아닌 것으로 보인다. 공(空)과 유(有)에 관한 이견, 불성의 유무(有無) 문제에 관한 쟁론들을 화쟁하고 있는 현존 잔간의 내용에서는 명시적인 '문(門) 식별에 의한 화쟁 방식'이 보이지 않고 있다. 그러나, 비록 현존 잔간이 이들 주제에 대한 화쟁 이론의 일부만을 전하는 것이기는 하지만, 그 가운데서도 다양한 화쟁 논리가 구사되고 있다. 일실(逸失)된 원래의 『십문화쟁론』에는 이들 주제에 관한 '문(門) 식별에 의한 화쟁'이 전개되고 있을 가능성이 있긴 하다. 그럴 가능성을 상정한다고 하더라도 현존 내용만으로도 다양한 화쟁 논리를 확인할 수 있다. 따라서 '십문화쟁론'이라는 서명은 '오직 열 가지 문(門) 구별에 의한 화쟁 논서'라는 의미가 아니라 '열 가지 문(門) 구별에 의한 화쟁을 보여주는 논서'라는 의미로 보는 것이 적절해 보인다. 쟁론을 치유하기 위해서는 다양한 화쟁 논법이 필요하지만, 원효가 가장 중시하는 화쟁의 기본원리는 '견해 계열의 식별에 의한 화쟁'이었기에, '열 가지의 문(門) 구별에 의한 화쟁이 이 논서를 대변하는 특징'이라는 의도를 담아 『십문화쟁론』이라는 명칭을 붙인 것으로 보인다. 『십문화쟁론』을 인용하고 있는 문헌들이 하나같이 '문(門) 구별에 의한 화쟁 논법'을 주목하고 있다는 점, 『십문화쟁론』 현존 잔간에는 명시적인 '문(門) 구별'이 보이지 않지만 다양한 화쟁 논법이 확인된다는 점을 묶어서 생각하면 이와 같은 추정을 가능케 한다.

만약 『십문화쟁론』이 '쟁론적 관점들을 성립시키는 조건들의 연기적 인과계열'을 열 가지로 정리하여 화쟁하는 방식을 보여주는 것을 대표적 개성으로 삼는 논서라고 한다면, 이 논서에서 거론하고 있는 불교사상이나 교학을 둘러싼 쟁론적 주제의 유형들은 열 가지 이상일 가능성이 높다. 다수의 쟁론 유형들일지라도 단수 혹은 소수의 '연기적 인과계열'로 수렴될 수 있기 때문이다. 그리고 이런 이해를 채택한다면, 십문(十門)을 '열 가지 주제에 관한 쟁론들'로 간주하고 현존 원효 저술 가운데서 확보할 수 있는 쟁론과 화쟁이론들을 취합하여 십문의 내용을 복원하려는 시도는 부적절하거나 한계를 지닌다고 할 수 있다. 『십문화쟁론』 전체 면모를 만날 수 없다는 점이 못내 아쉽다.

현재 확인되는 『십문화쟁론』의 화쟁 이론은, 일부일 뿐만 아니라 그조차 완결된 형태가 아니다. 그러나 비록 제한된 내용일지라도, 불교이론에 대한 해석학적 관점들의 배타적 불화와 충돌을 해소시켜 가는 원효 화쟁사상의 심도를 본격적으로 확인시켜 준다. 또한 그의 화쟁사상의 적용 범주가 불교 이론에 국한되지 않고 세간의 쟁론 일반에까지 미칠 수 있게 하는 근원적 통찰들이 번득이고 있다.

원효의 화쟁사상에 관한 필자의 궁극적 관심은 '화쟁사상의 보편성'에 놓여 있다. 화쟁 논법이 비록 원효가 7세기에 대면했던 불교 이론에 관한 쟁론을 대상으로 하는 것이지만, 불교적 쟁론들을 화쟁시켜 가는 원효의 논법과 통찰에서 '모든 시, 공간의 인간사 쟁론 상황에도 적용시켜 유효할 수 있는 화쟁 원리'를 읽어내는 것이 가능할까? 원효의 화쟁사상에서 쟁론의 보편적 치유 공능을 확보할 수 있을까? 혹 그것이 가능하다면, 그 쟁론 치유력의 수준과 내용은 어떤 것일까? ─『십문화쟁론』을 번역하고 그에 담긴 화쟁사상을 불교철학적으로 음미하는 이 글의 시선은 결국 '화쟁사상의 보편적 쟁론 치유력'의 문제로 향하고 있다.

원효 화쟁사상의 범주와 대상

'화쟁(和諍)'이라는 말이 원효사상의 개성을 담고 있는 것은 분명하다. 비록 잔간(殘簡)으로 전해지기는 하나, '화쟁'만을 저술 테마로 삼고 있는 『십문화쟁론』은 그 점을 선명하게 증언한다. 원효에 대한 역사의 평가도 화쟁에 초점을 맞추고 있다. 신라 애장왕(재위 800-809) 때에 만들어진 서당화상비문(誓幢和上碑文)에서는 원효의 저술 가운데 특히 이 『십문화쟁론』을 부각시키며 이에 대한 세인들의 찬탄을 전하고 있고, 고려 시대에는 의천이 원효를 "백가(百家) 이쟁(異諍)

의 실마리를 화해시켜 일대의 지극히 공정한 이론을 얻었다"[10]고 평가하였으며, 원효에게 화쟁국사(和諍國師)라는 시호가 추증되는 한편(숙종6년, 1101), 명종(재위 1170-1197) 때에는 분황사에 화쟁국사비가 건립되어 조선시대 초기까지 전해지고 있었다.[11] 신라와 고려시대에도 원효사상의 특징 내지 업적이 '화쟁'을 초점으로 삼아 인식되고 있었다는 것은, 원효사상에서 '화쟁'이 지니는 비중과 의미를 확인시켜 준다.

원효사상을 연구하는 오늘의 학계 역시 예외 없이 화쟁을 주목하고 있다. 적어도 화쟁은 원효사상의 돋보이는 개성이며 원효사상의 중심축을 형성하는 요소라는 점에서는 이견 없는 공감대가 형성되어 있다. 그런데 그간의 화쟁사상 연구사를 살펴보면, 화쟁사상의 이해를 위해 반드시 정리되어야 할 혼란 한 가지에 직면하게 된다. 원효의 화쟁사상을 탐구하려면 우선 '원효사상 전체 체계와 화쟁사상을 구별하여 다루어야 하는가, 아니면 구별할 필요 없이 함께 묶어 취급해야 하는가?'의 문제 인식과 그에 대한 입장 선택이 선행되어야 하는데, 그렇지 못하고 있는 데에 따른 혼란이 존재하는 것이다.

화쟁사상은 원효사상의 대표적 면모이며, 또한 원효사상의 일관된 개성인 통섭적(通攝的) 사유와 화쟁사상은 상호 내밀하게 얽혀 있는 것

10- '和百家異諍之端 得一代至公之論'(「제분황사효성문」, 『대국국사문집』 권16).
11- 金時習(1435-1493)은 분황사의 화쟁국사비를 보고 「無諍碑」라는 시를 남기고 있다(매월당시집 권12). 秋史 金正喜(1786-1856)가 분황사를 찾았을 때에는 이미 비신은 없어지고 대좌만 남아 추사는 그 대좌에 '此和諍國師之碑跡'이라 기록하였는데 이는 현재까지 전하고 있다. 정유재란(1597)의 병화로 소실된 것으로 추정되는 화쟁국사비의 탁본 단편이 『大東金石書』에 수록되어 있다〈김상현, 『원효연구』(민족사, 2000), pp.292-293 참조〉.

이 명백하다. 그럼에도 불구하고 원효의 일심(一心)사상이나 통섭사상 전체 체계와 화쟁사상을 같은 범주로 취급할 것인가, 구별하여 접근해야 할 것인가를 따져보는 일은 필요하고도 중요하다. 특히 화쟁사상에 대한 연구는 이 문제에 대한 입장 선택에서부터 출발해야 할 필요가 있다. 그러나 의외로 많은 연구자들이 이 문제의 중요성을 심각하게 생각하지 않은 채 화쟁사상을 거론해 왔고, 그에 따른 혼란의 누적은 급기야 화쟁사상 탐구와 이해의 장애물로까지 작용하고 있는 것으로 보인다.

화쟁사상의 범주와 화쟁 대상을 둘러싼 이견(異見)들은 바로 이러한 혼란의 연장선에서 등장하고 있다. 화쟁사상을 원효의 일심이나 통섭사상 전체 체계와 무차별하게 묶어 다룰 것인가, 구별하여 접근할 것인가? 만약 구별의 필요성을 선택한다면, 그럴 때 화쟁사상의 범주와 대상은 무엇으로 보아야 하는가? —원효 화쟁사상의 연구에는 반드시 이러한 질문에 대한 입장 선택이 선행되어야 한다. 이 질문에 어떤 입장을 취하느냐에 따라, 원효 화쟁사상에 대한 독법과 독해의 유형과 방식이 결정되기 때문이다.

기존의 화쟁사상 연구들은 크게 두 가지 상이한 태도 위에 진행되고 있다. 화쟁사상과 원효의 일심 및 전체사상을 무차별하게 결합시켜 다루는 경우가 하나이고, 양자를 구별하여 취급하는 경우가 다른 하나이다. 그리고 화쟁사상의 범주와 대상을 제한시켜 탐구하는 연구들은 다시 그 범주와 대상을 무엇으로 보느냐에 대해 입장이 갈라진다.

화쟁사상의 범주와 관련해서는, 화쟁을 '견해 다툼들의 화쟁'에 국한시키려는 관점과 '원효사상 전체 체계의 문제'로 보는 관점으로 구분된다. 그리고 화쟁사상의 범주를 '견해 다툼들의 화쟁'으로 제한시키려는 관점은, 화쟁의 대상을 보는 시선에 따라 다시 두 유형으로 나뉜다. 화쟁의 대상을 '모든 쟁론(諍論)들'로 보는 관점과 '불교 내부의 교리적 쟁론들'로 국한하는 관점으로 갈리고 있다.

원효사상은 일관되게 '상호 개방과 포섭(通攝)'의 논리를 전개한다. 또한 화쟁사상 역시 통섭 논리를 구사한다. 이런 점에서 화쟁과 원효사상 전체를 결합시키거나 환치시켜 파악하고 싶은 유혹이 연구자의 마음에 자리 잡는 것은 자연스럽다. 그러나 현존 원효 저술에 의거하는 한, '화쟁'은 원효사상을 구성하는 하나의 제한된 문제 범주로서 '통섭사상의 부분집합'으로 보는 것이 합리적이다. 확인 가능한 자료에 의거하는 한,[12] 화쟁은 분명 '불교 이론에 관한 상이한 견해들로 인해 생겨나는 문제 상황'을 해결하려는 특수한 관심을 초점으로 하는 논의들에 국한된다. 따라서 화쟁 논법이 비록 일심이나 원효사상의 전 체계와 밀접하게 연관되어 있기는 하지만, 화쟁사상의 범주는 원효사상의 전체 체계와는 구별되어야 한다. '화쟁'은 구체적 쟁론들을 염두에 둔 문제 해결의 태도를 담고 있는 언어이며, 원효 자신도 그러한 의미로서 사용했다고 보아야 한다.

─────────────

12 김영일의 조사에 의하면, 현존 원효의 저서에서 원효가 구체적인 논점을 가지고 화쟁 회통을 한 사례들은 모두 67개를 발견할 수 있으며, 이들을 삼보(三寶)를 기준으로 분류해 본다면, 불보(佛寶)에 관련된 것이 19개(불신16, 불토2, 전륜왕1), 법보(法寶)에 관련된 것이 25개(본체5, 연기3, 지혜10, 경전6, 법회1), 승보(僧寶)에 관련된 것이 23개(계율1, 수행2, 일승4, 불성10, 열반6)라고 한다(「원효의 화쟁논법 연구—화쟁의 실례를 중심으로—」, 동국대대학원 박사학위논문, 2008).

화쟁사상이 원효사상 전체맥락 속에서 유효하다는 점은 명백하다. 그럼에도 불구하고 화쟁의 대상 및 내용은 그 특유의 맥락과 범주를 형성하고 있음도 간과해서는 안 된다. 만일 화쟁사상을 원효사상 전체의 문제로 환치시켜 파악한다면, 원효가 품었던 화쟁의 문제의식과 의지 그리고 구체적 대상이 증발되어 버린다. 화쟁사상의 범주는 '불교 이론에 관한 상이한 견해들'로 국한시키는 것이 적절하다.

화쟁사상의 범주를 이렇게 제한시켜 접근할 때라도, 화쟁의 대상을 무엇으로 볼 것인가의 문제가 남는다. 이와 관련하여 종래에 크게 네 가지 관점이 제시되어 있다. 화쟁의 대상은 '불교 내부의 다양한 이론들 사이의 다툼이며, 종파 간의 다툼은 포함되지 않는다'는 관점, '신역불교의 등장에 따른 신·구역불교 사이의 교리 논쟁으로 인한 동아시아불교계의 사상적 분열과 갈등이 원효의 화쟁 대상이며, 구체적으로는 신·구유식 간의 갈등, 중관·유식의 논쟁, 일승·삼승의 대립이 화쟁의 대상'이라는 관점, '사람들 사이의 견해의 다툼이 아니라 경전에 제시된 상이한 내용들이 화쟁의 대상'이라는 관점, 그리고 '화쟁의 대상은 논쟁이 아니라 불통이며, 화쟁은 다툼과 대립의 화해라는 의미보다는 상이한 주장들을 모아 소통의 가능성을 확보하고자 했던 것'이라는 관점이 그것이다.

화쟁의 대상을 불교의 이론적 쟁론으로 보면서도 그 불교 이론의 쟁론 범주를 동아시아불교로 확대시켜 '원효는 신(新), 구(舊)유식의 차이와 중관과 유식의 공·유 논쟁을 화쟁의 대상으로 삼아 화쟁 논법을 수립하고 있는 것'이라 보는 관점[13]을 전면적으로 수긍하기는 어렵다. 신, 구유식의 전반적 갈등이나 중관과 유식의 공·유 대립을 원효가 전개

한 화쟁 논법의 대상이라 말하기는 어렵기 때문이다.[14]

---

[13] 남동신, 「동아시아불교와 원효의 화쟁사상」, 『원효학연구』 10권, 원효학회, 2005.

[14] 필자는 이전의 논구들에서 원효의 통섭(通攝)적 논의를 흔히 '화쟁적'이라는 말로 다루었었다. 그러나 원효의 화쟁 논법을 유심히 음미하다 보니, 화쟁사상의 범주와 화쟁 대상을 엄밀히 제한할 필요를 절감하게 되었다. 이전의 논구들에서 '화쟁적'이라는 말로 거론했던 내용들 가운데는 화쟁사상의 범주와 화쟁 대상으로 취급하기 어려운 내용들이 있는데, 그것들은 '통섭적'이라는 말로 바꾸는 것이 적절하다. '화쟁'은 '통섭'의 하위 개념이고 부분집합이기 때문이다. 예컨대 '중관·유식의 공·유 대립' 문제를 해결하기 위한 원효의 노력과 관련하여, 「『금강삼매경』·『금강삼매경론』과 원효사상(1)—중관/유식의 화쟁적 종합을 중심으로—」(원효학연구 제5집, 원효학연구원, 2000)('『원효사상연구』, UUP—울산대출판부, 2011'에 재수록)라는 논문에서는 다음과 같은 견해를 피력한 바 있는데, 여기서의 '화쟁'이라는 말은 '통섭'이라는 말로 바꾸는 것이 적절하다.(밑줄 부분)

"원효는 중관과 유식의 대립적인 개성을 숙지하고 있었다. 모든 불교사상을 一味로 회통시키려는 원효는, 중관·유식의 空·有 대립을 화쟁적으로 종합하려는 의지를 품는다. 처음에 그는 이 空·有 대립의 화쟁적 종합이라는 사상적 과제를 기신론사상을 통해 해결할 수 있다고 생각하였다. 그러나 비록 그가 기신론을 一味的 불교 회통의 토대로 삼기는 하였지만, 기신론사상의 내용과 체계로 볼 때, 중관과 유식을 等價的으로 竝立시키며 기신론사상을 중관·유식의 지양, 종합이라 말하는 것은 적절치 않다고 판단했을 것이다. 기신론은, 비록 중관적 논의를 흡수하고는 있지만, 기본적으로 유식사상의 맥락에서 나름대로의 독자적 개성을 추가로 확보해 나간 논서이기 때문이다. 그래서 『소』를 지을 때는 문제의 대의문 구절을 삭제하고 그 내용을 재구성하였다. 그러나 그가 『별기』 대의문에서 천명한 '중관·유식의 지양, 종합 의지와 그 논리'가 의미를 잃은 것은 아니었다. 단지 기신론사상에 대한 평가에 적용하는 것이 부적절했을 뿐이었다. 空·有 대립의 화쟁에 대한 사상적ₘ 의지와 관점은 지속되었으며, 원효는 그 과제를 해결하기에 더욱 적절한 문헌을 기다리고 있었다. 『별기』 대의문에서 천명하였던, 그러나 기신론사상의 특성상 부적절한 천명이라 생각되어 기신론 주석에서는 더 이상 발전, 적용시킬 수 없었던, 중관·유식의 화쟁적 종합 논리를 충분히 전개할 수 있는 문헌을 꾸준히 탐색하고 있었다. 『금강삼매경』이 바로 그 문헌이었을 것이다. … 중관과 유식의 대립적 개성을 화쟁적으로 종합하는 길은 없을까? 진리 실현을 위한 두 개성적 접근의 가치를 모두 인정하는 것을 전제로, 크게 두 가지 방안을 생각해 볼 수 있다. 양자의 공통 목표인 空의 진실(眞如)에 접근해 가는 상이한 방식 자체를 하나로 결합하는 길이 그 하나요, 진여의 경지를 지칭하는 언어이면서 유식의 有的 긍정과 중관의 無的 부정을 지양, 종합할 수 있는 화쟁적 용어를 마련하는 동시에, 실체화의 소지가 많은 유식의 언어들에 중관의 無的 부정을 결합시켜 버리는 길이 다른 하나다.

상이한 접근 방식을 하나로 통합하려는 前者의 길은, 나름대로의 체계성을 지닌 두 문법을 하나로 합치려는 것과 같아서 사실상 불가능하다. 이에 비해 중관과 유식의 공통 목표인 공의 진실(眞如) 및 유식의 識에 대한 서술에 있어서는 양자의 태도를 종합하는 일이 가능하다. 유식의 긍정적·有的 표현을 채택하는 동시에, 중관에서 우려하는 실체화의 가능성을 막기 위해 중관적 부정으로써 心識 등의 空性을 강조하거나, 진여의 유식적 표현인 阿摩羅識을 대체하는 제3의 언어로써 중관적 부정과 유식적 긍정을 화쟁적으로 종합하는 방식을 생각해 볼 수 있다. 결국 중관과 유식의 대립적 개성을 화쟁적으로 종합하기 위해서는 두 가지 방식을 시도할 수 있다. ① 중관의 절대 부정 방식과 유식의 인식 전환의 방식을 개성대로 모두 긍정하여 수용하며, ② 실체화의 오류를 초래할 수 있는 유식적 언어들에 중관적 부정을 결합하여 실체적 오해를 방지하는 동시에, 진여의 경지를 지칭하는 언어이면서 유식의 有的 긍정과 중관의 無的 부정을 지양, 종합할 수 있는 화쟁적 용어를 마련하는 일이다. 그런데 『금강삼매경』에서는 바로 이 두 가지 방식을 통해 중관과 유식의 대립적 개성을 화쟁적으로 종합하려는 시도가 목격된다. 舊唯識을 적극 수용하고 있는 『금강삼매경』에서는, 覺(本覺)이라는 말로 阿摩羅識의 경지를 대체하는 방식을 채택하여 阿摩羅識의 실체화를 극복하려고 시도한다. 覺은 유식의 有的 肯定과 중관의 無的 否定을 지양, 종합하는 언어가 될 수 있기에, 진여에 대한 중관적 접근과 유식적 접근을 화쟁적으로 포용할 수 있는 길을 열어주기 때문이다. 『금강삼매경』은 覺을 매개로 中觀·唯識의 화쟁적 종합을 시도하고 있는 것이다.

『금강삼매경』 사상의 핵심이자 가장 뚜렷한 개성이 바로 覺사상(始覺·本覺)임을 꿰뚫고 있는 원효는, 『금강삼매경』의 覺사상이 지니는 '중관·유식의 화쟁적 종합'이라는 성격을 적극적으로 부각시키며 활용한다. 원효는 眞如인 唵摩羅識의 경지를 本覺 이외에도 一心·一心本覺·本覺如來藏心·本覺一心之原 등의 언어로 지칭하면서, 진여의 경지에 관하여 중관과 유식을 화쟁적으로 종합시킨 서술을 전개하고, 이 화쟁의 경지를 '얻을 것 없는 一味'라는 말로 총괄시킨다. '無所不立 無所不破'의 화쟁 논리를 마침내 『금강삼매경』의 주석을 통해 완결시키고 있다

『금강삼매경』과 『금강삼매경론』이 공유하는 문제의식의 하나는 '중관·유식의 화쟁적 종합'이다. 대승불교의 두 축인 중관과 유식의 대립적 개성을 갈등 없이 소화해 내는 일은, 원효의 시대인 7세기 중반의 신라불교계가 대면한 중요한 사상적 과제였다. 『금강삼매경』·『금강삼매경론』에는 이 시대적 과제가 반영되어 있다. 원효와 종교적, 사상적 호흡을 같이하는 一群의 불교인들은 동시대 신라불교계의 과제에 대한 자신들의 해법을, 佛說의 권위를 빌린 『금강삼매경』의 찬술을 통해 설득력 있게 천명하고자 하였던 것으로 보이는데, '중관·유식의 화쟁적 종합'이라는 사상 과제에 대해 『금강삼매경』과 『금강삼매경론』은 호흡을 맞추며 나름대로의 해법을 구성하여 펼치고 있는 것이다."

원효 시대에 당(唐) 현장(玄奘, 602-664)이 인도에서 호법(護法) 계통의 신유식(新唯識/有相唯識)을 연구한 후 귀국하여 신유식을 소개하면서 새로운 유식 해석학적 학풍이 일게 된다. 이에 따라 종래의 것과 차별화되는 해석학적 관점들이 전통적 관점과 충돌하면서 교학적 혼란과 갈등을 초래한다. '불성(佛性)'과 '일승(一乘) 및 삼승(三乘)의 위상'에 대한 관점의 차이가 그 대표적 사례에 속한다. 또 유식학(唯識學)이 번성함에 따라 유식학과는 사상적 개성을 달리하는 중관학(中觀學)과의 사상적 차이에 대한 문제의식도 첨예화된다.

현장이 번역한 『유가사지론(瑜伽師地論)』은 중생 자질(種性)의 차별성 분류를 5가지로 시도하고 있는데(五性各別說), 현장의 역경에 의해 성립된 새로운 유식학인 법상학(法相學), 특히 현장 문하 규기(窺基, 632-682)의 자은파(慈恩派)에서는 『유가사지론(瑜伽師地論)』의 이 분류체계를 계승하여 '부처 성품이 없는 중생(無性有情種性)'을 설정하고 있다. 이러한 관점은 불교 및 대승불교의 전통적 관점에는 맞지 않는 이색적 주장이었고, 그로 인해 불성 존재의 보편성과 차별성 주장을 둘러싼 교학적 갈등이 빚어졌다. 그리고 원효는 『십문화쟁론』에서 불성 존재의 보편성 주장에 동의하는 입장에서 이 문제를 화쟁의 대상으로 다루고 있다. 따라서 현장의 역경으로 인해 촉발된 불성 문제의 교학적 갈등을 원효가 화쟁의 대상으로 삼은 것은 맞지만, 신/구 유식 양 진영의 전반적 갈등을 화쟁의 대상으로 삼았다고 말하기는 어렵다. 정확히 말하자면, 원효의 화쟁 대상은 신유식의 등장으로 인한 교학적 혼란과 갈등을 '배경으로 하는 것'이지, 신/구유식의 갈등을 '화쟁시키려 한 것은 아니다.' 원효는 기본적으로 양 유식설을 구애받지 않고 채용한다.

군이 경향성을 따지자면 구유식의 기반 위에서 신유식을 갈등 없이 소화하고 있다.[15]

원효는 유식학의 위상 강화로 인해 부각된 중관과 유식의 상이한 사상적 개성을 정확하게 이해하여 그 차이와 불화를 주목하기는 했지만, 중관과 유식을 화쟁의 대상으로 삼은 화쟁 논법을 전개했다고 보기는 어렵다. 원효의 저술 속에서 이 문제와 간접적으로 연관된 내용은 찾을 수 있지만, 원효가 이 문제들을 화쟁의 직접 대상으로 설정하여 성공적이고 완결된 화쟁 논법을 구사한 것은 찾아볼 수 없다. 중관과 유식이라는 상이한 정체성은 애초에 화쟁의 대상인 '배타적 쟁론거리'가 되기 어렵다. 초기불전인 니까야에서 혜학과 정학의 두 계열 개성이 상호 지지하고 상호 작용하는 관계이듯, 중관과 유식의 상이한 계열 개성도 그렇게 보아야 할 것이다. 각각 '공(空)'과 '유(有)'로 지칭되는 중관과 유식의 개성을 배타적 선택의 문제로 파악하는 시선이 만약 역사적 공·유 논쟁의 토대였다고 한다면, 그러한 시선은 불교에 대한 불충분한 이해에서 비롯된 잘못된 문제 설정이다.

중관·유식의 대조적 개성과 그에 관한 원효의 직접적 언급은 두 곳에서 확인된다. 하나는 『대승기신론별기』에서 중관과 유식의 특징을 각각 부정(破/往)과 긍정(立/與)으로 규정하면서 '기신론은 부정과 긍정을 모두 보여주는 탁월한 논서'라고 극찬하는 대목이다.[16] 그러나 『별

15_ 이에 관한 논의는 필자의 『대승기신론사상연구(1)』에 있다.
16_ 원효, 『대승기신론별기』, 한국불교전서1, p.678상.

기』이후에 저술된 본격적이고도 체계적인 기신론 주석인 『대승기신론소』에서는 이 구절의 내용이 바뀌어, '생멸연기적 전개(開)와 환멸연기적 수렴(合)', '긍정(立)과 부정(破)'을 일심이문(一心二門)의 구조적 특징으로 설명할 뿐, 부정과 긍정을 중관과 유식의 문제로 연결시켜 거론하던 구절을 삭제하고 있다. 이것은 원효가 중관과 유식의 대조적 특징은 주목하면서도, 이 두 개성의 차이를 화쟁이 필요한 '배타적 쟁론거리'로 취급할 수 없다는 점을 간파하였다는 의미로 볼 수 있다.[17]

중관과 유식의 대조적 개성과 관련한 원효의 또 하나의 언급은 태현(太賢)의 『성유식론학기(成唯識論學記)』에 인용되어 나타난다. 전후 문맥으로 보아 원효의 말로 간주할 수 있는 이 구절의 내용은 다음과 같다.

"어떤 이는 말하기를, 이 둘(청변·호법)은 말은 다투지만 뜻은 같다. 마치 부도(浮圖)의 '아래가 큼직함'과 '위의 섬세함'을 두고 다투는 것과 같으니, 반드시 상대를 인정해야 자신이 비로소 성립하기 때문이다. 호법종(護法宗)은 반드시 집착하는 바를 거론하지만, 사구(四句)를 여윔을 밝히는 것은 없다. 공(空)·유(有) 등의 성(性)이 모두 집착하는 바이기 때문이며, (空性과 有性의) 두 성(性)은 '묘하게 있음(妙有)'이지 완전히 없는 것이 아니기 때문이다. 이로 말미암아 말하길, 〈두 가지 다 공

─────────────

17- 이 문제에 관한 자세한 논의는 필자의 『대승기신론사상연구(1)』(민족사, 1994), pp.66-112에 있다.

하다는 것은 진리가 아니다. 공(空)은 한편으로는 또한 불공(不空)이라고 말하기 때문이며, 공(空)과 유(有)의 길이 끊어진 것을 진여(眞如)라 하기 때문이다〉라고 하였다. 청변(淸辨)보살은 세속의 유(有)를 거론하여 모든 '무(無)'를 여의고 '진무(眞無)'를 드러내니, 세속도 무(無)이기 때문이다. (空性과 有性의) 두 성(性)은 '묘하게 없음(妙無)'이니 얻을 것이 없기 때문이다. 만약 오직 유(有)를 버리면 곧 무(無)를 얻게 되는데, 무(無) 또한 버리기 때문에 얻을 것이 없다고 말한다. 얻을 것이 없다는 것은 사구(四句)를 여읜다는 뜻이니, 무착(無着)의 『반야론(般若論)』에서 말하기를, 〈사구(四句)는 모두 법에 대한 집착에 해당하는 것이기 때문이다〉고 하였다. 이러한 바른 도리로 말미암아 원효 등이 〈말은 다투지만 뜻은 같다〉고 한 것이니, 지금 말세의 둔한 근기들이 이 쟁론에 의하여 교묘하게 알음알이를 내기 때문이다."[18]

원효는 여기서 중관과 유식의 대조적 개성은 '서로 의지하여 온전함을 이루는 관계'라고 보면서, 중관·유식의 '공·유 논쟁'이 빗나간 대립이라고 말하고 있다. 현재 확인되는 문헌적 근거에 의하여 본다면, 원효는 중관과 유식의 상이한 개성과 그로 인한 대립적 논쟁을 주목하고

18_ 태현(太賢), 『성유식론학기(成唯識論學記)』, 한국불교전서3, p.484상. "有說 此二語諍意同 如諍浮圖下麤上細 必由許他 自始成故 護法宗必擧所執 無表離四句 空有等性 皆所執故 二性妙有 不全無故 由此說言 二空非眞 空謂一邊亦不空故 空有路絶 名眞如故 淸辨菩薩擧世俗有 離諸無 簡諸眞無 俗亦無故 二性妙無 無所得故 若唯遣有 便可得無 亦遣無故言無所得 無所得者 離四句義 無着般若論云 四句皆是法執攝故 由此正理 元曉師等 語諍意同 爲今末代鈍根之徒 依此諍論 巧生解故."

있지만, 중관·유식의 대조적 개성은 배타적 선택을 요구하는 쟁론의 대상이 아니며, '상호 지지'와 '상호 작용'의 관계를 지닌 상이한 두 계열이기에 하나의 이론계열 안에 통합하려는 것이 애초에 부적절하다는 점을 간파하였던 것 같다. 사실 그렇게 보아야 불교철학의 실제 내용과 구조에 부합된다.

원효가 중관과 유식이라는 상이한 언어체계의 개성을 각각 '부정/해체(破)'와 '긍정/수립(立)'으로 포착하는 것은 일정한 타당성을 지닌다. 그런데 원효의 시선은 중관적 해체와 유식적 수립이 상호 지지하고 상호 작용할 수 있도록 하는 상위(上位)의 통섭(通攝)적 논리 지평과 마음 지평의 확보로 향하고 있지, 중관·유식의 상이한 개성을 화쟁 논법이 적용되어야 할 배타적 쟁론거리로 보는 것은 아니다. 원효의 화쟁 논법이 '한 주제나 이론에 관해 배타적 선택을 요구하는 상이한 견해들의 대립'을 대상으로 삼는 것이라 본다면, 중관과 유식의 '공·유 대립'은 '서로 다른 이론의 서로 다른 개성'에 관한 관계와 수용의 문제이기 때문이다. 또한 『십문화쟁론』에서 전개되고 있는 '공(空)과 유(有)'에 관한 화쟁 논법은 중관과 유식의 공·유 대립 문제가 아니다.

『십문화쟁론』이나 『열반종요』 등에서 전개되고 있는 화쟁 논법에서 원효가 거론하고 있는 상이한 견해들 및 설정한 문답들을 볼 때, 원효는 서적이나 대화 및 토론 등을 통해 불교 이론에 대한 상이한 견해들의 배타적 대립과 불화 및 불통들을 경험한 것으로 추정하는 것이 합리적이다. 비록 불교 이론과 관련된 견해들의 배타적 대립과 다툼의 양상을 전하는 별도의 기록들을 확보할 수는 없지만, 원효의 화쟁 논법이 다양한 이견들을 거론하고 있다는 사실 자체가, 당시에 실재하였을 '불

교 이론의 이해'를 둘러싼 견해들의 불화와 불통 및 배타적 대립 정황'
에 대한 유력한 증언일 수 있다.

원효 시대는 다양한 불교 문헌들이 소개되고 유통되면서, 그 이론들
을 이해하기 위한 한반도 불교 지성들의 관심과 노력이 한껏 고조되어
있었던 정황이었다. 원효가 읽고 주석한 불교 문헌들의 그 방대하고
다채로운 목록은, 그 시대의 풍요롭던 불교 언어상황을 고스란히 증언
하고 있다. 활성화된 불교 담론 환경에서는 다양다층의 불교 이론들을
둘러싼 이견들이 고조되는 것이 당연하다. 그리고 그 이견들이 단지
'단절되고 고립된 차이'로 머물러 있었을 가능성보다는, 상이한 견해들
이 직, 간접으로 활발하게 조우하면서 '불화와 불통 및 배타적 대립'의
문제 상황으로까지 발전되었을 개연성이 더 높다. 그리고 견해들의 그
러한 불화와 배타적 대립이, 동일 원천을 지닌 불교 이론들을 모순 없
이 파악하는 데 심각한 장애 요인으로 작용하였고, 따라서 이러한 혼란
의 해결 필요성이 고조되었을 정황이었다고 추정하는 것은 무리가 없
다. 원효 입적 이후 약 120년이 지난 9세기 초에 건립된 『서당화상비
(誓幢和上碑)』가 전하는 『십문화쟁론』의 등장 배경도 이러한 추정의 신
뢰도를 높여준다.

"(화상의 저술) 가운데 『십문화쟁론』은, 여래가 세상에 계실 적에는
온전한 가르침(圓音)에 의지하였지만, 중생들이 … 빗방울처럼 흩뿌리
고 헛된 주장들이 구름처럼 내달리며, 나는 맞고 다른 사람은 틀리다고
말하기도 하고, 나는 타당한데 다른 사람은 타당하지 않다고 주장하여,
(그 상이한 견해들의 배타적 주장이) 황하(黃河)와 한수(漢水)처럼 큰 강물

을 이루었다."[19]

원효를 비롯한 동시대 불교 지성들의 상호 교류는 매우 활발하였던
것으로 보아야 한다. 원효와 의상의 구도 행각은 그 시대 불교 지성들
의 활발한 교류를 증언한다. 원효는 구도 과정에서의 대화와 토론을
통해, 경전과 불교 이론에 대한 다양한 선호와 상이한 견해들이 존재
한다는 것, 그리고 상이한 견해들 간의 불화와 불통, 배타적 대립이 불
교 이론의 모순 없는 이해에 장애가 되고 있다는 것을 확인하였을 것이
다. 원효의 화쟁 논법에서 등장하는 상이한 관점들이나 문답들은, 비록
학파나 종파 차원의 이론대립은 아닐지라도, 불교 이론에 대한 이견들
의 대립이나 불화와 충돌이 꽤나 고조되어 있었던 상황을 반영하고 있
다고 할 수 있다.

　이러한 정황에서 원효가 설정했던 '화쟁'이라는 문제의식을, '다양한
견해들의 차이를 모아 상호 대면하게 하여 소통의 가능성을 높이려는
것'[20]으로 보거나 '경전이나 이론에 대한 견해들의 차이를 해소할 수 있

19_ 『誓幢和上碑』, "就中 十門論者, 如來在世 已賴圓音 衆生等 … 雨驟 空空之論雲奔, 或言我
　　是 言他不是 或說我然 說他不然 遂成河漢矣."
20_ '쟁(諍)'은 '말다툼이 아니라 단지 자신의 주장과 견해를 드러낸 說'로 보는 것이 적절하
　　고, '이쟁(異諍)'이라는 말도 그저 '같은 문제에 대한 다른 견해'로 보아야 한다는 관점(김
　　영태, 「『열반종요』에 나타난 和會의 세계」, 『원효』, 예문서원, 2002, p.286)이나, '화쟁사
　　상은 화해이론이 아니라 단지 견해들의 차이를 모아놓음으로써 소통의 가능성을 높이려
　　는 소통이론'(박재현, 「원효의 화쟁사상에 대한 再考 ─화쟁의 소통(疏通)적 맥락」, 불교
　　평론 8호, 2001년)이라는 관점이 이에 해당한다. 그러나 원효가 '화쟁'이라는 말로써 풀
　　어보려고 했던 문제 상황은, 단지 '교설에 대한 상이한 견해들의 존재'라기보다 '상이한

는 종합이론의 수립'[21] 정도로 보는 것은 부족해 보인다. '화쟁'의 의지는 아무래도 '언어적 다툼(諍)'이라고까지 지칭할 수 있는 '견해들의 배타적 불화와 대립 상황'을 조건으로 삼아 형성된 것이라 보는 것이 자연스럽다. 다시 말해, '화쟁'이라는 의지로써 풀어보려고 했던 문제 상황은 단지 '교설에 대한 상이한 견해들'이라기보다, '상이한 견해들의 배타적 대립과 불화 및 불통'이라는, '이견들의 비생산적, 소모적 관계'로 보는 것이 더 적절할 것이라 생각한다. 따라서 화쟁의 대상은 '불교 이론에 관한 상이한 견해들로 인해 생겨난 배타적 대립과 불화 및 상호불통 상황'이라 하겠다. 원효의 화쟁 논법은 '배타적 선택을 요구하는 상이한 견해들의 불화와 불통 및 대립'을 대상으로 삼는 것이라 볼 수 있다. 그리고 화쟁의 대상과 화쟁 논법의 구체적 내용은 『십문화쟁론』 잔간(殘簡)과 『열반종요』 등 현존 여러 저술에 산재하고 있는 내용이 확인 가능한 전부이다.[22]

화쟁사상의 범주는 원효사상 전체가 아니라 '불교 이론에 관한 상이한 견해들'이고, 화쟁의 대상은 '불교 이론에 관한 상이한 견해들로 인

견해들의 배타적 대립과 불통'이라는 '이견(異見)들의 비생산적, 소모적 관계'로 보는 것이 더 적절할 것이다. 필자는 화쟁의 '화(和)'는 '누그러뜨리다'로, '이쟁(異諍)'은 '다르게 주장하면서 다툼'으로 읽어, 화쟁은 배타적 언어 다툼을 누그러뜨리는 일종의 치유 행위로 간주한다.

[21]_ 최유진(「원효의 화쟁사상 연구」, 서울대대학원박사학위논문, 1988)이나 최연식(「원효의 화쟁사상의 논의방식과 사상사적 의미」, 『보조사상』 25집, 2006)이 이러한 관점을 피력하고 있다.

[22]_ 기존의 연구들을 음미하다 보면, 원효의 현존 저술에서 화쟁 논법으로 분류될 수 있는 내용들을 종합하여 그 각각의 구체적인 철학적 의미를 해명하는 작업의 필요성을 절실히 느끼게 된다. 이 작업이 가능한 기회를 마련해 볼 것이다.

해 생겨난 배타적 대립과 불화 및 상호불통 상황'이라 한다면, 화쟁이
론의 성격은 무엇일까? 굳이 성격을 정의해야 한다면, '화해이론으로서
의 종합주의'라기보다는, '통섭(通攝)이론으로서의 화회(和會)주의'라 부
르는 것이 적절하다고 생각한다. '화해(和解)'나 '종합'이라는 말은 다툼
의 해소를 반영하기는 하지만, 대립하는 상이한 견해들의 무원칙한 용
인도 허용할 수 있는 용어이기 때문이다. 화쟁이론은 '불교 내부의 배
타적 이론다툼과 불화를 해소하려는' 측면도 있고, '경전 상의 상이한
이론들을 모순 없이 이해시키려는' 측면도 있다. 그런데 이러한 두 측
면을 '종합이론'이나 '종합주의'라는 말로 지칭하는 것은, 화쟁이 단순
한 '차이의 모음'이 아니라 '차이들로 하여금 서로를 향해 열려 만나게
하고 상호 지지하게 하는 상호 포섭'이라는 것을 담아내기에는 부적절
해 보인다. 차이들이 서로를 향해 열리고, 상호 지지하며 포섭되어, 차
이를 안으면서도 더 높고 온전한 지평을 열어가는 것이 화쟁사상이라
는 점에서, 화쟁이론의 성격은 '통섭(通攝)이론으로서의 화회(和會)주
의'라 하는 것이 적절해 보인다.

제2장
십문화쟁론 전문 번역
(직역과 의역)

공(空)과 유(有)에 관한 잘못된
이해를 바로잡고 집착을 풀어주는 화쟁
— 공·유(空·有) 화쟁 —

이 '있음(有)'이라고 인정한 것은 '비었음/실체 없음(空)'과 다르지 않다. 따라서 비록 '있음(有)'이라고 하여도 늘어나는 것이 아니다. '있는 것(有)이다'라고 방편으로(가설적으로) 인정한 것이기에 실제로 '있음(有)'이 되는 것은 아니지만, 이 '있음(有)'이라고 인정한 것이 '있음(有)'이 되지 않는 것도 아니다. 따라서 비록 '비었음(空)'이라 하여도 줄어드는 것이 아니다. 앞에서 말한 '실제로 이것이 있음(有)'이라는 것은 '비었음(空)과 다르지 않은 있음(有)'이고, 뒤에서 말한 '있음(有)이 되지 않는다'라는 것은 '비었음(空)과는 다른 있음(有)'이 되지 않는 것이다. 그러므로 모두 허용되어 서로 어긋나지 않는다. 그렇지 않은 것이 아니기 때문에 모두 허용되고, 또한 그렇지 않기 때문에 모두 허용되지 않는다. 이 '그렇지 않음'은 '그러함'과 다르지 않으니, 마치 '있음(有)'이 '비었음(空)'과 다르지 않음과 같다. 그러므로 비록 모두 허용되지 않지만 또한 본래의 근본취지를 잃지 않으니, 따라서 (유/무 개념의 네 가지 조합인) 4구(四句)를 함께 세워도 모두 잘못이 되지 않는다.

묻는다. 비록 미묘한 말을 하여 모든 난점에서 벗어나지만 그 말의 뜻은 더욱 이해할 수 없다. 당신 말처럼 '그 있음(有)이 비었음(空)과 다르지 않다'는 것은 비유를 끌어들여도 본래의 뜻이 아직 이해가 되지 않는다. 왜냐하면, 만약 '실제로 이것이 있음(有)'이라고 한다면 곧 '없음(無)'과 달라야 한다. 마치 소의 뿔이 토끼의 뿔과 같지 않은 것과 같다. 만약에 '비었음(空)과 다르지 않다'고 하면 분명 이것은 '있음(有)'이 아니다. 마치 토끼의 뿔은 '비었음/없음(空)'과 다름이 없는 것과 같다. 지금 '이것이 있음(有)이지만 비었음(空)과 다르지 않다'고 말하니, 세상에 이와 같은 것은 없다. 어떻게 이럴 수 있는가? 설사 같은 비유를 들어 '비었음(空)과 다르지 않음'을 주장해도 앞의 추리로써 본다면 (타당성을 확정할 수 없는 논거인) 부정인(不定因)을 설정하는 것이 되어 주장을 관철할 수 없는 오류를 범하게 된다.

답한다. 당신이 비록 교묘한 방편으로 여러 가지 힐난을 하고 있지만, 다만 말을 힐난하는 것이지 뜻을 뒤집지는 못하며, 끌어들인 비유들도 모두 성립되지 않는다. 왜냐하면, 소의 뿔은 '있음(有)'이 아니고('있음'이라는 말로 지시하는 뜻에 해당하는 것이 아니고) 토끼의 뿔은 '없음(無)'이 아니기('없음'이라는 말로 지시하는 뜻에 해당하는 것이 아니기) 때문이다. 당신이 선택한 것은 (나타내려는 뜻이 아니고) 다만 언어일 뿐이다. 따라서 나는 언어에 의지하여 언어 환각이 사라진 진리를 드러내고자 한다. 마치 손가락에 의지하여 손가락을 떠난 달을 내보이는 것과 같은 것이다. 당신은 지금 오직 말대로 뜻을 취하여(언어 환각에 붙들려 실체를 설정하여) 말로 할 수 있는 비유를 끌어들여(실체를 전제로 한 비유를 들어) 언설을 여읜(실체라는 언어 환각을 벗어버린) 진리를 힐난하는데, 단지 손가락 끝을 보고 그것이 달이 아니라고 비난하는 것과 같다. 그러므로 비난이 정밀해지면 질수록 진리에서 더욱 멀어진다.

그러나 이제 다시 부처님이 설한 '말 여읨'의 비유를 인용해 보겠다. 비유하건대 허공은 길고 짧은 등의 모든 형색과 구부리거나 펴는 등의 모든 행위를 다 수용하는데, 만일 모든 형색과 유형의 행위들을 제거할 때에는 형태 없는 허공이 그 제거된 형태만큼 드러난다. 이를테면 한 길 크기의 나무를 제거한 곳에는 곧 한 길만큼의 허공이 나타나고, 한 자 크기의 나무를 제거한 곳에는 곧 한 자만큼의 허공이 나타나며, 구부러진 것을 제거한 곳에는 구부러진 만큼의 허공이, 펴진 것을 제거한 것에는 펴진 만큼의 허공이 나타나는 것과 같다.

그러므로 이렇게 알아야 한다. '이렇게 해서 나타난 허공은 긴 것 같기도 하고 짧은 것 같기 하니, 언어를 여읜 일들도 이와 같은 허공의 일과 같다'라고. 그것이 응하는 바에 따라 앞에서처럼 길거나 짧은 등의 형색을 수용하는데, 그러나 수용된 형색과 허공은 다른 것이라고 범부들은 잘못된 인식과 분별로써 집착한다. 그러므로 (唯識의) '두루 헤아려 집착한 것들(遍計所執諸法)'에 비유할 수 있다. 비록 있는 것이 아니지만 공(空)과 다른 것을 헤아리기 때문이다. 능히 (허공에) 수용한 것들은 허공과 다르지 않으니, (이 도리는) 모든 범부의 분별로써 알 것이 아니다. 그러므로 (유식의) '의지하여 생겨난 것들(依他起相諸法)'에 비유할 수 있다. 비록 실제로 존재하지만 공(空)과 다르지 않기 때문이다. 또 저 '두루 헤아려 집착한 자성(遍計所執自性)'은 의지하는 것이 없이 독자적으로 성립하는 것이 아니고, '의지하여 생겨난 것(依他起相)'이 의지하는 바가 되어 '두루 헤아려 집착한 것(遍計所執)'이 비로소 성립하게 된다. 비유컨대 허공의 '말 여읜 것(離言之事)'이 그 응하는 바에 따라 모든 형색을 수용하는 것과 같다.

보살이 만약에 망상의 분별을 여의어, 분별한 것에 집착하는 모습을 없애버리면, 바로 그때에 언설을 여읜(언어 환각이 사라진) 진리를 드러내어 볼 수 있게 된다. 그럴 때에는 모든 것의 언설을 여읜(언어 환각이 사라진) 모습이 나타나게 된다. 비유하자면, 마치 모양 있는 모든 것을 제거해 버릴 때, 그 제거한 곳을 따라 모양을 여읜 허공이 나타나는 것과 같다. 이와 같은 유비추리들로 인해 모든 것이 허공과 같은 것이라고 알아야만 한다. 마치 『금고경(金鼓經)』에서, "만약 그것이 다른 것이라고 말한다면 모든 부처님과 보살의 행위들은 곧 집착이다. (그러나 부처와 보살의 행위는 집착이 아니다.) 왜 그런가? 모든 성인은 행하거나 행하지 않거나 모두 지혜의 행위이므로 다르지 않다. 따라서 (성인에게는) 오온(五蘊)의 몸은 있음이 아니고(非有) 인연을 좇아 생겨난 것이 아니다. 그러나 있지 않음도 아니니(非不有), 오온이 성스러운 세계이기 때문이다. (이것은) 언어가 도달할 수 있는 것이 아니다"[23]라고 말하는 것

23_ 『합부금광명경』 권4(T16, p.380b18-23) "若言其異者。一切諸佛菩薩行相, 即是執著。(未得解脫煩惱繫縛。則不能得阿耨多羅三藐三菩提。) 何以故。一切聖人於行非行法中同智慧行。是故不異。是故五陰非有。不從因緣生。非不有五陰。不過聖境界故。非言語之所能

과 같다.

『대혜도경(大慧度經)』에서는 "비록 생사의 길이 길고 중생 성품이 많지만 생사의 범주는 허공과 같고 중생 성품의 범주도 허공과 같다"[24]라고 하였고, 『중관론(中觀論)』에서는 "열반의 세계와 세간의 세계, 이 두 세계는 털끝만큼도 다름이 없다"[25]라고 하였으며, 『유가론(瑜伽論)』에서는 "만일 중생들이 부처님이 설한 심오한 공성(空性)에 상응하는 경전에서 은밀한 뜻을 이해하지 못하면, 이 경 가운데서 설하는 〈모든 것에는 실체(自性)가 없고, '있다고 할 일(有事)'이 없으며, 생겨남도 없고 사라짐도 없다〉는 것이나 〈모든 것이 하나같이 허공과 같고 환몽(幻夢)과 같다〉는 것을 듣고는, 마음이 놀라움과 두려움을 일으켜 이 경전을 비방하면서 〈부처님 말씀이 아니다〉라고 말한다." 보살은 그들을 위하여, 이치대로 '만나서 통하게(會通)'하고 진실과 '어울려 만나게(和會)'하여, 그 중생들을 포섭한다. 저들을 위하여 보살은, 〈이 경전은 모든 것이 전혀 없다고 설하는 것이 아니라, 단지 모든 것에는 실체(자성)라는 것이 전혀 없다고 설하는 것이다〉라고 말한다.

비록 온갖 말을 하더라도, 중생들에 의지하기에 모든 언설을 굴린다. 그런데 중생들이 '실체(자성)라고 할 수 있다'고 말하는 것은, 진리대로 보자면 실체가 아니다. 비유하자면, 허공 가운데 온갖 종류의 많

及." 괄호 안의 구절은 생략하여 인용하고 있다. 또 '不過聖境界故'를 '五陰不過聖境界故'로 바꾸어 인용하고 있다.

[24]_ 『마하반야바라밀경』 권17(T8, p.349b7-9) "雖生死道長、衆生性多、(爾時應如是正憶念)「生死邊亦如虛空、眾生性邊亦如虛空". 괄호 안의 구절은 생략되어 있다.

[25]_ 『중론』 권4(T30, p.36a10-11) "涅槃之實際及與世間際, 如是二際者, 無毫釐差別"

은 존재와 행위들이 있어도, 허공이 그것들을 모두 수용하는 것과 같은 것이다. 허공 가운데 나타나 있는 온갖 것들을 일컫는 것이니, 가고 오고 구부리고 펴는 등의 일이다. 만약 그때에 모든 존재와 행위들을 다 제거해 버리면, 곧 그때에 오직 형체가 없는 청정한 허공 같은 것이 드러난다. 이와 같이 허공 같은 것에서 언어로 지어낸 것을(언어 세계를 실체라고 보는 환각을) 여읜다.

갖가지 언설로 지어낸 삿된 망상과 분별이 있으면, 희론을 따라 집착하여 중생의 업(행위)을 펼쳐간다. 또 이와 같은 갖가지 언설로 지어낸 삿된 망상과 분별로 희론을 따라 집착하여 갖가지 업을 짓지만, 그것들은 모두 허공과 같아서 '언설을 여읜 것'에 수용된다. 만약 이때 보살이 묘한 성스러운 지혜로써 갖가지 언설로 일으킨 삿된 망상과 분별을 없애고 희론을 따라 집착하는 것을 버리면, 이때 보살은 가장 수승한 성자로서 모든 것이 언설을 여의었다는 것을(언어 환각을 여읜 존재의 참모습을) 증득하게 된다. 오직 실체(자성)를 말하는 온갖 언어가 있을 뿐, 실체가 (있어서) 언어로 나타난 것은 아니다. 비유하자면 허공의 청정한 모습이 나타난 것과 같아서, 언어 밖의 실체(자성)가 따로 있는 것이 아니다. 다른 실체(자성)들도 응당 분별하는 생각을 일으키고 지속시켰기 때문에(언어 환각에 지배된 사유에 의해) 있는 것이다.[26]

26_ 『유가사지론』 권45(T30, p.541a13-b12) "若諸有情於佛所說甚深空性相應經典。不解如來密意義趣。於此經中說一切法皆無自性皆無有事無生無滅。說一切法等虛空皆如幻夢。彼聞是已如其義趣不能解了。心生驚怖。誹謗如是一切經典言非佛說。菩薩為彼諸有情類。方便善巧如理會通如是經中如來密意甚深義趣。如實和會攝彼有情。菩薩如是正會通時。為彼說言。此經不說一切諸法都無所有。但說諸法所言自性都無所有。是故說言一

(有) 此所許有, 不異於空. 故雖如前而非增益. 假許是有, 實非墮有, 此所許有, 非不墮有. 故雖如後而非損減. 前說實是有者, 是不異空之有, 後說不墮有者, 不墮異空之有. 是故俱許而不相違. 由非不然, 故得俱許, 而亦非然, 故俱不許. 此之非然不異於然, 喩如其有不異於空. 是故雖俱不許而亦不失本宗, 是故四句並立而離諸過失也.

問. 雖設徵言, 離諸妨難, 言下之旨, 彌不可見. 如言其有不異於空, 此所引喩, 本所未解. 何者? 若實是有, 則異於無. 喩如牛角不同兔角. 若不異空, 定非是有. 喩如兔角無異於空. 今說是有而不異空, 世間無類. 如何得成? 設有同喩, 立不異空, 由前比量, 成不定過.

答. 汝雖巧便, 設諸妨難, 直難言說, 不反意旨, 所引譬喩, 皆不得成. 何以故? 牛角非有, 兔角不無故. 如汝所取, 但是名言. 故我寄言說, 以示絕言之法. 如寄手指, 以示離指之月. 汝今直爾如言取義, 引可言喩, 難離言法, 但看指端, 責其非月. 故責難彌精, 失理彌遠矣.

切諸法皆無自性。雖有一切所言說事。依止彼故諸言說轉。然彼所說可說自性。據第一義非其自性。是故說言一切諸法皆無有事。一切諸法所言自性理既如是。從本已來都無所有。當何所生當何所滅。是故說言一切諸法無生無滅。譬如空中有眾多色色業可得容受一切諸色色業。謂虛空中現有種種若往若來若住起墮屈伸等事。若於爾時諸色色業皆悉除遣。即於爾時唯無色性。清淨虛空其相顯現。如是即於相似虛空離言說事。有其種種言說所作邪想分別隨戱論著。似色業轉。又即如是一切言說邪想分別隨戱論著似眾色業。皆是似空離言說事之所容受。若時菩薩以妙聖智。遣除一切言說所起邪想分別隨戱論著。爾時菩薩最勝聖者。以妙聖智證得諸法離言說事。唯有一切言說自性。非性所顯。譬如虛空清淨現現。亦非過此有餘自性應更尋求。是故宣說一切諸法皆等虛空。" 원효가 인용하고 있는 내용은 『유가사지론』 원문과 대체로 유사하지만 여러 부분에서 순서가 바뀌어 있다.

然今更引聖說離言之喩. 喩如虛空容受一切長短等色屈申等業, 若時除遣諸色色業, 無色虛空, 相似顯現. 謂除丈木處, 卽丈空顯, 除尺木處, 卽尺空顯, 除屈, 屈顯, 除申, 申顯等.

當知. 卽此顯現之空, 似長似短, 離言之事, 如是空事. 隨其所應, 前時容受長短等色, 然所容受色, 異於虛空, 凡夫邪想分別所取. 故喩遍計所執諸法. 雖無所有, 而計異空故. 能容受事, 不異虛空, 非諸凡夫分別所了. 故喩依他起相諸法. 雖實是有, 而不異空故. 又彼遍計所執自性, 非無所依獨自成立, 依他起相爲所依止, 遍計所執方得施設. 喩如虛空離言之事, 隨其所應, 容受諸色.

菩薩若離妄想分別, 除遣遍計所執相時, 便得現照離言之法. 介時諸法離言相顯. 喩如除遣諸色相時, 隨其除處, 離色空顯. 由如是等比量道理, 應知諸法皆等虛空. 如〈金鼓經〉言, "若言其異者, 一切諸佛菩薩行相, 則是執着. 何以故? 一切聖人於行非行法中, 同智慧行, 是故不異. 是故五陰非有, 不從因緣生. 非不有, 五陰不過聖境界故. 非言語之所能及."

『慧度經』言, "雖生死道長, 衆生性多, 而生死邊如虛空, 衆生性邊亦如虛空." 『中觀論』云, "涅槃之實際及與世間際, 如是二際者, 無毫氂許異." 『瑜伽論』云, "若諸有情於佛所說甚深空性相應經典, 不解密意, 於是經中說〈一切法皆無自性, 皆無有事, 無生無滅〉, 說〈一切法皆等虛空, 皆如幻夢〉, 彼聞是已, 心生驚怖, 誹謗此典, 言〈非佛說〉. 菩薩爲彼, 如理會通, 如實和會, 攝彼有情. 爲彼說言, "此經不說一切諸法都無所有, 但說諸法所言自性都無所有."

雖有一切所言說事, 依止彼故諸言說轉. 然彼所說可說自性, 據第一義非其自性. 譬知空中有衆多色色業, 可得容受一切諸色色業. 謂虛空中現有種種, 若往若來屈申等事. 若於尒時, 諸色色業皆悉除遣, 卽於尒時, 唯無色性清淨虛空相似顯現. 如是卽於相似虛空, 離言說事.

有其種種言說所作邪想分別, 隨戲論着, 似色業轉. 又卽如是一切言說邪想分別, 隨戲論着, 似衆色業, 皆是似空, 離言說事之所容受. 若時菩薩, 以妙聖智除遣一切言說所起邪想分別隨戲論着, 尒時菩薩, 最勝聖者, 證得諸法離言說事. 唯有一切言說自性, 非性所顯. 喩如虛空清淨相顯, 亦非過此. 有餘自性, 應更尋思故."(『한국불교전서』1, pp.838a-839a.)

의역

'있음(有)'이라고 인정한 것일지라도 그 '있음'은 불변의 독자적 실체로 있는 것이 아니어서 '비었음(空)'과 다르지 않다. 따라서 '있다'고 말할지라도 어떤 실체를 설정하는 것이 아니다. '있다'라는 말은 그것을 지시하기 위해 언어 방편을 시설한 것이므로 '있다'라는 말로 지시한 것이 그 어떤 불변의 독자적 실체가 되는 것은 아니지만, 실체가 아니라고 해서 그것이 아무것도 없는 것은 아니고, '있다'라고 부를 만한 '어떤 것(존재나 현상)'이기는 한 것이다. 그러므로 비록 '비었다(空)'라고 말하여도, (본래 실체가 없으므로 있던 실체가 없어져서) 아무것도 없는 상태가 되는 것이 아니다. 앞에서 말한 '실제로 이것이 있음(有)'이라는 것은, (실체가 아닌 존재라는 점에서) '비었음(空)과 다르지 않은 있음(有)'이고, 뒤에서 말한 '있음(有)이 되지 않는다'라는 것은 '실체 없는 것(空)이 아닌 있음(有)'이 (즉 '실체로서의 있음'이) 되지 않는다는 것이다. 그러므로 ('있음(有)'과 '비었음(空)'이라는 말과 그 말을 사용하는 앞의 설명들은) 모두 허용되어 서로 모순이 되지 않는다. 실체를 설정하는 말들이 아니기 때문에 '있음'이나 '비었음(없음)'이라는 말이 모두 같은 의미로 통용될 수 있고, 또한 '실체가 없다'는 말이 '아무것도 없다'는 뜻은 아니기 때문에 '있음'이나 '비었음(없음)'이라는 말이 서로 다른 뜻으로 사용될 수도 있다. '아무것도 없는 것은 아님'이라 해도 그것은 또한 '실체 없이 있음'이니, '있음(有)이 비었음(空)과 다르지 않다'고 말하는 경우가 그것이다. 그러므로 비록 '있음'과 '비었음(혹은 없음)'이라는 말을 서로 다른 뜻으로 사용할 수 있지만, 그럴 때라도 '실체는 없다'는 본래의 근본 취지를 잃지 않는다. 따라서 '있다/없다(비었다)/있기도 하고 없기도(비었기도) 하다/있는 것도 아니고 없는(빈) 것도 아니다'는 등으로 판단명제의 조합을 자유롭게 구사해도 모순에 빠지지 않는다.

아마도 다음과 같이 힐난하는 사람이 있을지 모른다. "묻는다. 비록 말을 교묘하게 하여 모든 힐난에서 벗어나고 있지만, 당신이 하는 말의 뜻은 더욱 이해할 수 없다. 당신의 말처럼 '있음(有)'이 '비었음(空)'과 다르지 않다는 것은, 비유를 끌어들여 보아도 그 본래의 뜻이 아직 이해가 되지 않는다. 왜냐하면, 만약 '실제로 이것이 있음(有)'이라고 한다면 곧 '없음(無)'과는 달라야 하기 때문이다. 마치 소의 뿔이 토끼의 뿔과 같지 않은 것과 같다. 만약에 '있음(有)이 비었음(空)과 다르지 않다'고 한다면 이때의 '있음(有)'은 분명 '있는 것'이 아니다. 마치 토끼의 뿔은 '있는 것(有)'이 아니므로 공(空)이라 하는 것과 같다. 그런데도 당신은 지금 '이것이 있음(有)이지만 비었음(空)과 다르지 않다'고 말하니, 세상에 이와 같은 것은 없다. 어떻게 이럴 수 있는가? 설사 당신이 같은 비유를 들어 '있음(有)이 비었음(空)과 다르지 않다'고 주장해도, 내가 제시한 유비추리로써 본다면 당신은 주장을 관철할 수 없는 과오를 범하게 된다."

　이러한 비판에 대해 답해 보겠다. 당신이 비록 교묘한 방편으로 여러 가지 힐난을 하고 있지만, 그것은 실체 관념에 젖어 있는 세간의 언어 용법에 의거하여 그저 실체를 전제로 한 말의 논리로써 따지는 것이다. 언어에 해당하는 실체를 인정하지 않으면서 무실체의 도리를 밝히려는 언어 용법은 아직 알지 못하므로, 내 말의 의미를 공박하지는 못하고 있다. 그리고 당신이 끌어들인 비유들도 모두 성립되지 않는다. 왜냐하면, 당신은 일단 실체를 설정하고 나서 소의 뿔이 있는 것은 '실체로서 있음(有)'에, 토끼의 뿔이 없는 것은 '전혀 없음(無)'에 비유하여 논리를 전개하고 있다. 하지만 당신이 논리의 전제로 삼고 있는 실체라는 것은 본래 없고 모든 것은 단지 '조건적으로 발생하는 연기(緣起) 적 현상'이다. 따라서 '소의 뿔은 있다'고 말해도 그 '있음'은 '실체로서 있음(有)'이 아니며, '토끼의 뿔은 없다'고 말해도 그 '없음'은 '전혀 없음(無)'이 아니다.

　당신이 비판을 위해 채택한 것은 단지 실체적 언어 용법일 뿐이다. 따라서 나는 언어에 의지하여, 실체적 언어 용법에 수반되는 언어 환각에서 벗어난 온전한 진실을 드러내고자 한다. 이것은 마치 손가락에 의지하여 손가락을 떠난 달을 내보이는 것과 같은 것이다. 당신은 지금 오직 실체적 언어 용법에 따라 언어에 실체를 부여하고 있다. 그런 후에 실체를 전제로 삼는 비유를 끌어들여, 언어에 해당하는 실체는 본래 없다는 것을 알려주는 도리를 힐난한다. 이것은 단지 손가락 끝을 보고(실체를 설정하는 언어 용법에만 갇혀) 그것이 달(실체 없음)이 아니라고 비난하는 것과 같다. 그러므로 당신처럼 실체를 설정하는 언어에 의거하는 비판논리는, 정밀해지면 질수록 더욱 진리에서 멀어질 뿐이다.

이제 다시 부처님이 설한 '언어 환각에서 벗어남(離言, 말 여읨)'에 관한 비유를 인용해 보겠다. 비유하건대 허공은 길고 짧은 등의 모든 형색과 구부리거나 펴는 등의 모든 행위를 다 수용하는데, 만일 모든 형색과 유형의 행위들을 제거할 때에는 형태 없는 허공이 그 제거된 형태만큼 드러난다. 이를테면 한 길 크기의 나무를 제거한 곳에는 곧 한 길만큼의 허공이 나타나고, 한 자 크기의 나무를 제거한 곳에는 곧 한 자만큼의 허공이 나타나며, 구부러진 것을 제거한 곳에는 구부러진 만큼의 허공이, 펴진 것을 제거한 것에는 펴진 만큼의 허공이 나타나는 것과 같다.

그러므로 이렇게 알아야 한다. '긴 것이 제거된 만큼 나타난 긴 허공도 허공이고, 짧은 것이 제거된 만큼 나타난 짧은 허공도 허공인 것과 마찬가지로, 실체 관념을 수립하는 언어 환각에서 벗어난 〈실체 없이 존재하는 세상의 본래 면모〉는, 그것을 어떤 언어에 담아내더라도 하나같이 그 면모 그대로라고.' 허공이 긴 형상을 수용해도 허공이고 짧은 형상을 수용해도 허공인 것이지만, 어리석은 사람들은 잘못 알아 수용된 형상과 허공을 다른 것이라고 분별하고는 그 분별에 집착한다. 마찬가지로 '긴 것'이라 말해도 그 말에 해당하는 불변의 실체가 없고, '짧은 것'이라 말해도 역시 그 말에 해당하는 불변의 실체가 없는 것이지만, 어리석은 사람들은 언어마다 각기 그에 해당하는 별개의 다른 실체가 있다고 착각하여 언어에 담긴 것들이 서로 본질적으로 다른 것이라고 분별한 후 그 분별에 집착한다. 따라서 이것은 유식(唯識)에서 설하는 '두루 헤아려 집착한 것들(遍計所執諸法)'에 비유할 수 있다. 비록 불변의 실체가 있는 것이 아니지만, 언어에 따라 실체가 있다고 헤아려 집착하기 때문이다.

허공에 수용된 갖가지 형색들은 모두 허공과 다르지 않은 것처럼 온갖 언어에 담긴 것들은 모두 실체가 없는 공성(空性)의 존재들이니, 이러한 도리는 언어 환각에 지배되어 언어에 실체를 부여하는 어리석은 사람들의 분별로는 알 수가 없는 것이다. 그러므로 이것은 유식에서 설하는 '의지하여 생겨난 것들(依他起相諸法)'에 비유할 수 있다. 비록 실제로 있는 것들이기는 하지만, 무조건적 실체들이 아니라 조건에 의존하여 생겨난 연기적 존재들이기 때문이다.

또 유식에서 설하는 '두루 헤아려 집착한 자성(遍計所執自性)'은 의지하는 것이 없이 독자적으로 성립하는 무조건적 실체가 아니다. '의지하여 생겨난 연기적 존재(依他起相)'를 '의지하는 것이 없이 독자적으로 성립하는 무조건적 실체'로 착각함에 따라, 실체로 오인하여 분별하고 집착하는 '두루 헤아려 집착한 것(遍計所執)'이 성립하게 된다. 비유컨대 마치 허공이 그 응하는 바에 따라 모든 형색을 수용하는 것처럼, 본래 실체 없는 모습(실체라는 언어 환각에 의해 일그러지지 않는 진실한 모습, 離言之事)을 갖가지 언어에 담는 것이지만, 어리석은 사람이 착각하여 그 언어들에 실체를 부여하고 갖가지로 분별하여 집착하는 '망상의 집착분별(遍計所執)'이 생겨난다.

보살이 만약에 망상의 분별을 여의어, 분별한 것에 집착하지 않을 수 있게 된다면, 바로 그때에 언어 환각이 사라져 일그러져 있던 참모습을 볼 수 있게 된다. 그럴 때에는 언어 환각이 걷히어 모든 것의 참모습이 고스란히 나타나게 된다. 비유하자면, 마치 모양 있는 모든 것을 제거해 버릴 때, 그 제거한 곳을 따라 모양을 여읜 허공이 나타나는 것과 같다. 이와 같은 유비추리로 모든 존재의 실체 없는 참모습은 허공과 같은 것이라고 알아야만 한다. 마치 『금고경(金鼓經)』에서, "만약 불변의 본질을 지닌 실체이기에 그것이 다른 것이라고 말한다면, 모든 부처님과 보살의 행위들은 대상들에 대한 집착이 될 것이다. 그러나 부처와 보살의 행위는 집착이 아니다. 왜 그런가? 모든 성인은 행하거나 행하지 않거나 그것들이 모두 지혜의 작용이므로 서로 다르지 않다. 따라서 성인에게는 다섯 무더기로 이루어진 몸(五蘊)이 불변의 실체가 아니고(非有), 존재 환각(無明)을 조건으로 생겨난 것이 아니다. 그러나 실체가 아니라고 해서 아무것도 없다고 보는 것도 아니니(非不有), 실체라는 환각을 덮어씌우지 않고 가변적인 조건적 현상 그 자체로서 보기 때문에 성인에게는 몸(五蘊)이 바로 성스러운 세계이다. 이러한 지평은 실체적 언어 용법이 도달할 수 있는 것이 아니다"라고 말하는 것과 같다.

『대혜도경(大慧度經)』에서는 "비록 어리석어 윤회하며 고통 받는 길이 길고 그 길에서 방황하는 중생이 많지만, 태어남과 죽음이라는 것은 본래 실체가 아니니 마치 허공과 같고, 중생도 불변의 본질을 지닌 실체가 아니니 역시 허공과 같다"라고 하였고, 『중관론(中觀論)』에서는 "열반의 세계와 세간의 세계, 이 두 세계는 모두 불변의 본질로 채워진 실체가 아니라는 점에 털끝만큼도 다름이 없다"라고 하였으며, 『유가론(瑜伽論)』에서는 다음과 같이 말한다. "만일 중생들이 부처님이 설한 심오한 '실체 없는 모습(空性)'을 드러내는 경전에서 그 온전한 뜻을 이해하지 못하면, 이 경전에서 설하는 〈모든 것에는 불변의 본질을 지닌 실체(自性)가 없고, '실체로서의 현상(有事)'이 없으며, 따라서 생겨나는 실체도 없고 사라지는 실체도 없다〉는 것이나 〈모든 것이 하나같이 허공과 같고 환몽(幻夢)과 같아서 실체가 없다〉는 말을 듣고는, 놀라고 두려워하는 마음을 일으켜 이 경전을 비방하면서 〈부처님 말씀이 아니다〉라고 말한다. 보살은 그들을 위하여, 경전의 이치를 제대로 이해시켜 중생들이 그 이치에 계합하고(會) 수용하게(通) 하고, 그들이 진실과 어울리고(和) 만나게(會) 하여, 그 중생들을 진리로 포섭한다. 저들을 위하여 보살은, 〈이 경전은 모든 것이 전혀 없다고 설하는 것이 아니라, 단지 모든 것에는 불변의 본질을 지닌 실체(自性)라는 것이 전혀 없다고 설하는 것이다〉라고 말한다.

부처님과 보살들의 온갖 말들도 결국은 중생들을 조건으로 하는 것이다. 그런데 중생들은 언어가 지시하는 것이 불변의 본질을 지닌 실체(자성)라고 생각하는데, 진리대로 보자면 언어에 해당하는 실체는 없다. 비유하자면, 허공 가운데 온갖 종류의 많은 존재와 행위들이 있어도, 그것들은 모두 그들을 수용하는 허공인 것과 같은 것이다. 말이란 것은 마치 허공 가운데 나타나 있는 온갖 것들을 일컫는 것과 같은 것이니, 허공 가운데의 것들을 일컬어 '간다', '온다', '구부린다', '편다'는 등으로 말한다. 만약 그때에 허공의 모든 존재와 행위들을 다 제거해 버리면, 그때는 곧 형체가 없는 청정한 허공 같은 것만이 드러난다. 이와 같이 허공에 비유할 수 있는 존재 지평에 설 때, 언어 세계를 불변의 본질을 지닌 실체로 착각하는 언어 환각에서 벗어난다.

언어 세계에다가 본래 있지도 않은 실체를 부여하여 환각적인 망상 분별을 세우고, 그 언어 환각을 더욱 키워 그것에 집착하여 행위들을 펼쳐가는 것이 중생이다. 그러나 이와 같이 언어 환각이 만든 실체 관념에 의거하여 망상 분별을 확대시키고 그것에 집착하여 갖가지 행위를 하지만, 그 모든 행위에는 언어 환각인 불변의 실체가 본래 없으니 비유컨대 허공과 같은 것이다. 만약 이때 보살이 묘한 성스러운 지혜로써, 언어 환각이 만든 실체 관념에 의거하여 망상 분별을 확대시키고 그것에 집착하는 것을 버리면, 이때 보살은 가장 수승한 성자로서 언어 환각을 여읜 존재의 참모습을 증득하게 된다. 오직 실체라는 존재 환각을 불러일으키는 온갖 언어가 있을 뿐, 본래 있는 실체가 언어에 담겨 나타난 것은 아니다. 비유하자면 허공의 청정한 모습이 갖가지 모양으로 나타난 것과 같으니, 언어와는 별도로 실체가 따로 있는 것이 아니다. 다른 실체들도 응당 언어 환각에 따라 분별하는 생각을 일으키고 지속시켰기 때문에 있는 것이다."

'중생은 모두가 불성(佛性)을 가지고 있다'는 주장과 '불성이 없는 중생도 있다'는 주장의 다툼을 해소시켜 주는 화쟁

— 불성유무(佛性有無) 화쟁 —

직역

또 『열반경』에서 말하기를, "중생의 불성(佛性)은 같은 것도 아니고 다른 것도 아니다. 모든 부처는 평등하여 마치 허공과 같다. 모든 중생이 똑같이 불성을 지니고 있다"[27]라고 하였다. 또 그 아래 글에서 말하기를, "모든 중생은 똑같이 불성을 지녔으니, 모두 일승(一乘)과 같다. 각각의 원인과 결과가 모두 동일한 감로(甘露)여서 모든 것이 마땅히 (부처 경지의) 상(常)·낙(樂)·아(我)·정(淨)을 얻는다. 이것을 '한 맛(一味)'이라 부른다"[28]라고 하였다. 이 경전 문구에 의할진대, 만약 '어떤 중생

27_ 『열반경』 권27(T12, p.784a25-26) "眾生佛性不一不二。諸佛平等猶如虛空。一切眾生同共有之。"

들은 불성이 없다'는 주장을 세운다면, 곧 대승이 설하는 '존재의 평등한 면모(平等法性)'와 '한 몸으로 여기는 위대한 동정심(同體大悲)은 바다와 같이 한 맛(一味)'이라는 것을 위배한다.

또 만약 (어떤 사람은) '불성이 없는 중생이 반드시 있으니, 모든 중생 세계가 차별이 있을 수 있기 때문이며, 그것은 마치 불의 성질 가운데는 물의 성질이 없는 것과 같다'고 주장하고, 또한 (다른 사람은) '모든 중생은 반드시 불성을 가지고 있으니, (불성의) 한 맛의 면모(一味性)는 평등하게 증득할 수 있기 때문이며, 그것은 마치 형상을 지닌 모든 존재가 근본성품을 지니고 있는 것과 같다'고 주장한다면, (이때는) 곧 반드시 (두 주장이) 서로 위배되는 과실(過失)이 있게 된다. 또 만약 (어떤 사람은) '반드시 불성이 없는 중생이 있으니, 본래 그러하기 때문이다'라고 주장하고, 또한 (다른 사람은) '반드시 불성이 없는 중생은 없으니, 본래 그러하기 때문이다'라고 주장한다면, 이것 역시 반드시 (두 주장이) 서로 위배되는 과실이다.

'불성이 없는 중생이 있다'고 하는 주장이나 '불성이 없는 중생은 없다'고 하는 주장을 견지하는 사람들은 모두 이렇게 말한다. "경전에서 〈중생은 모두 마음을 지니고 있다〉[29]고 말하는 것은, 불성이 있는 중생

28_ 『열반경』 권30(T12, p.805b8-10) "一切衆生同有佛性。皆同一乘(同一解脫)。一因一果同一甘露。一切當得常樂我淨。是名一味." 원효의 인용문에는 괄호 안의 구절이 빠졌고, '是名一味'가 '是故一味'로 바뀌었다. '故'는 '名'으로 교감한다. 필사과정에서 발생한 오기로 보인다.

29_ 『열반경』 권27(T12, p.524c7-9) "衆生亦爾。悉皆有心。凡有心者定當得成阿耨多羅三藐三菩提."

과 없는 중생, 아직 증득하지 못한 중생과 이미 증득한 중생 모두를 아울러 말한 것이다. 무릇 〈마음이 있는 자는 반드시 깨달음을 얻는다〉는 것은, 그 중간에서 불성은 있으나 아직 증득하지 못한 마음을 두고 한 말이다"라고.

만약 '마음을 지닌 중생들은 반드시 모두 깨달음을 증득한다'고 한다면, 이미 깨달음을 증득한 자도 응당 또 증득해야 한다는 것인가? 그러므로 '마음을 지닌 모든 중생이 반드시 모두 깨달음을 증득한다'고 하는 말은 아니라는 것을 알게 된다. 또 "마치 허공처럼 일체 중생이 모두 불성을 지닌다"[30]라고 말하는 것은, 진리의 측면에서 말한 것이지 행위의 측면에서 말한 것이 아니다. 또 "각각의 원인과 결과가 모두 동일한 감로(甘露)여서 모든 것이 마땅히 (부처 경지의) 상(常)·낙(樂)·아(我)·정(淨)을 얻는다"[31]고 하는 것은, (그 '모든'이라는 말은 조건을 지닌) 일정한 양(量)에 의거하여 '모두'라고 하는 것이지 (조건 없는) 전부를 '모두'라고 하는 것은 아니다. 이와 같이 모든 경문(經文)은 다 잘 통하고 있다.

또 만약 '본래 그러하기 때문에 불성이 없는 자가 없다'고 주장한다면, 중생이 반드시 다 없어지게 된다는 것이니 이것은 큰 과오가 된다. 그리고 앞에서 어떤 사람이 주장하는 것처럼 '본래 그러하기 때문에 불성이 없는 자가 있다'고 한다면, '불성이 없다'는 것이 과오가 된다. 그러므로 이 '(두 주장이) 반드시 서로 위배되는 것처럼 보이는 것'이 실제로는 '서로 위배되는 과실'이 되지 않는다는 것을 알아야 한다.

30_ 『열반경』 권27(T12, p.784a25-26) "諸佛平等猶如虛空。一切眾生同共有之。"
31_ 『열반경』 권30(T12, p.805b9-10) "一因一果同一甘露。一切當得常樂我淨。是名一味。"

만약 (어떤 사람이) '불은 습성이 아니니, 본래 그러하기 때문이다'라고 주장하고, 또 (다른 사람은) '불은 습성이니, 본래 그러하기 때문이다'라고 주장한다면, 이것은 '(두 주장이) 반드시 서로 위배되는 것'처럼 보이나 실제로는 '서로 위배되는 과실'이 없다. 불의 성질은 뜨거움이어서 실제로는 습함이 아니기 때문이다. 불성이 없는 중생의 도리도 이와 같은 것이다.

묻는다. "만약 뒤쪽 논사의 뜻을 세운다면, 그 주장이 어떻게 통할 수 있는가?"

『현양론(顯揚論)』에서 [다음과 같이] 말한 것과 같다. "어찌 오직 현재만 열반의 법이 아니라고 하겠는가? 이치에 맞지 않는 것이다. 현재에서만을 말해서는 안 되니, 비록 (현재는) 열반의 법이 아니지만 남은 생애 중에 다시 바뀌어 열반의 법이 될 수 있다. 어째서 그러한가? 결정되어 있는 열반의 법은 없기 때문이다. 또 만약 금생에 해탈로 나아가는 선근을 이미 쌓았다면 무슨 이유로 열반의 법이라 할 수 없겠는가? (마찬가지로) 만일 금생에 아무 선근도 쌓지 못한다면 어찌 내생에 열반을 성취할 수 있겠는가? 그러므로 (이런 경우라면) 열반의 부류가 아닌 중생이 반드시 있는 것이다."[32] 『유가론(瑜伽論)』에도 이와 같은 교설이 있다.

༄༅࿐

[32]_ 『현양성교론』 권20(T31, p.581a27-b4) "云何唯現在世非般涅槃法不應理故。謂不應言於現在生雖非般涅槃法於餘生中復可轉為般涅槃法。何以故。無般涅槃種性法故。又若於此生先已積集順解脫分善根。何故不名般涅槃法。若於此生都未積集(順解脫分善根)。云何後生能般涅槃。是故定有非般涅槃種性有情。" 괄호 안 구절이 생략된 채 인용되어 있다.

또 만일 일체 중생이 모두 반드시 부처가 된다고 하면 중생이 비록 많지만 반드시 끝나 다함이 있게 되니, 부처를 이루지 못하는 자가 없기 때문이다. 그렇다면 모든 부처님의 이타 공덕도 끝나게 된다. 또 만약 중생이 반드시 끝나 다함이 있는 것이라면, 마지막 사람이 부처를 이루면 교화 받을 사람이 없어진다. 교화 받을 사람이 없어지기 때문에 이타행도 없어지게 되는데, 이타행이 없이 부처를 이룬다는 것은 도리에 맞지 않는다. 그리고 만약 '일체 중생이 반드시 모두 부처를 이룬다'고 하면서도 '중생은 끝내 다함이 없다'고 말한다면, 자기 말이 서로 위배되는 과실이 된다. 끝내 다함이 없는 중생은 영원히 부처를 이루지 못하기 때문이다.

또 만일 한 부처님이 한 회상에서 백 천 만 억 중생을 능히 제도한다면, 이제 (중생들이) 중생계에서 열반에 들어 점차 줄어들게 된다. 만약 점차 줄어들어 끝나 다함이 있는 것이 아니라면, 줄어듦이 있는데도 다함이 없다는 것이어서 이치에 맞지 않는다. 만약 줄어듦이 없다면 열반에 도달함이 없는 것이니, (실제로는) 열반의 증득이 있는데도 줄어듦이 없다는 것은 이치에 맞지 않는다. 이와 같이 (만약 '일체 중생이 반드시 모두 부처를 이룬다'고 하면서도 '중생은 끝내 다함이 없다'고 말한다면,) 나아가거나 물러가거나 간에 끝내 주장을 세우지 못하게 된다. 일관된 의미를 지닌 주장들이 아니기 때문에 그 뜻을 관철하지 못한다.

'일체 중생이 모두 불성을 지니고 있다'는 이론에 집착하는 자들은 하나같이 말한다. "저 『현양론(顯揚論)』의 글은 〈본래는 불성이 없다가 후에 바뀌어 불성이 있게 되었다〉는 뜻에 대한 집착을 바로 깨뜨리는 것이다. 그 경문에서 〈현재에서만을 말해서는 안 되니, 비록 (현재는)

열반의 법이 아니지만 남은 생애 중에 다시 바뀌어 열반의 법이 될 수 있기 때문이다)[33]고 말하는 것이 바로 그것이다"라고.

지금 세우는 뜻은 '본래부터 불성이 있다'는 것이지 '전에는 없다가 후에 바뀌어 이루어졌다'는 것을 말하는 것이 아니다. 그러므로 『현양론』이 깨뜨린 것에 떨어지지 않는다. 또 그 교의(敎義)에서 '불성이 없음'을 세운 것은 대승의 마음을 구하지 않는 것을 돌이키게 하고자 하는 것이니, 무량한 시간에 의거하여 이러한 주장을 하는 것이다. 이와 같은 은밀한 뜻으로 인해 서로 위배되지 않는다.

저들은 힐난을 하기 위해 이렇게 말한다. "마음을 가진 모든 중생은 마땅히 깨달음을 증득할 수 있다고 하면, 부처님도 마음을 지니고 있으니 또한 응당 다시 깨달음을 얻어야 하는 것인가?"라고. 이것은 그렇지 않다. 그 경전에서 스스로 구별하고 있기 때문이다. 그 경전에서 "중생도 또한 이와 같아서 모두 마음이 있다. 무릇 마음이 있는 자는 마땅히 깨달음을 얻을 수 있다"[34]고 말하는데, 부처는 중생이 아니니 어찌 서로 뒤섞이겠는가?

또 저들이 힐난하여 말하는 "만약 모두 부처를 이루면 반드시 (중생이) 끝나 다함이 있다"는 것은, (오히려) '불성이 없는 중생이 있다'는 자신의 주장을 다시 비난하는 것이다. 왜 그런가? 그대들의 주장처럼, '불

---

[33]_ 『현양성교론』 권20(T31, p.581a27-29) "謂不應言於現在生 雖非般涅槃法 於餘生中 復可轉為般涅槃法。" '現在生'이 '現在世'로, '復'가 생략된 채 인용되어 있다.

[34]_ 『열반경』 권25(T12, p.769a20-21) "眾生亦爾。悉皆有心。凡有心者定當得成阿耨多羅三藐三菩提。"

성이 없는 중생은 본래부터 그러한 종자를 지녀 미래가 다하도록 그 종자는 다함이 없다'고 하자. 그렇다면 내 이제 그대에게 묻노니, 당신의 뜻에 따라 대답하라. 이와 같은 종자는 모두가 응당 결과를 생겨나게 한다고 말해야 하는가, 결과를 생겨나게 하지 않는 것도 있다고 말해야 하는가? 만일 '결과를 생겨나게 하지 않는 것도 있다'고 한다면, 결과를 생겨나게 하지 않으므로 (그것은) 곧 종자가 아니다. 또 만일 '모두가 응당 결과를 생겨나게 한다'고 말한다면, 이것은 곧 종자이니 아무리 많아도 반드시 끝나 다함이 있다. 결과를 생겨나지 않게 하는 것이 없기 때문이다. 만약 "비록 모든 종자가 응당 결과를 생겨나게 하지만, 종자가 무궁하기 때문에 끝나 다함이 없고, 그래서 내 말이 모순되는 바가 없다"라고 말한다면, (그런 논리라면) '일체 중생은 모두 응당 부처를 이루지만 중생이 끝이 없기 때문에 끝나 다함이 없다'라고 믿어 수용해야만 할 것이다.

원문

又彼經言, "衆生佛性不一不二, 諸佛平等猶如虛空. 一切衆生同共有之." 又下文云, "一切衆生同有佛性, 皆同一乘. 一因一果同一甘露, 一切當得常樂我淨. 是故一味." 依此經文, 若立'一分無佛性者', 則違大乘平等法性同體大悲如海一味. 又若立言, '定有無性, 一切界差別可得故, 如火性中無水性者', 他亦立云, '定皆有性, 一味性平等可得故, 如諸麤色聚悉有大種性', 則有決定相違過失. 又若立云, '定有無性, 由法尒故者', 他亦立云, '定無無性, 由法尒故', 是亦決定相違過失.

　執有無性論者通曰, "經言'衆生悉有心者', 汎舉一切有性無性未得已得諸有情也. 凡其有心當得菩提者, 於中簡取有性未得之有心也." 設使一切有心皆當得者, 已得菩提者, 亦應當得耶? 故知非謂一切有心皆當得也. 又言'猶如虛空, 一切同有者', 是就理性, 非說行性也. 又說'一因一果乃至一切當得常樂我淨者', 是約少分一切, 非說一切一切. 如是諸文皆得善通.

又若立云, '由法尒故, 無無性者', 則衆生有盡, 是爲大過. 如前所立'由法尒故, 有無性者', 則無是失. 故知, 是似決定相違, 而實不成相違過失. 如有立言, '火非濕性, 由法尒故', 又有立言, '火是濕性, 由法尒故', 此似決定相違, 而實無此過失. 以火性是熱, 實非濕故. 無性有情, 道理亦尒.

問. "若立後師義, 是說云何通?" 如『顯揚論』云, "云何唯現在世非般涅槃法? 不應理故. 謂不應言於現在世, 雖非般涅槃法, 於餘生中, 復可轉爲般涅槃法. 何以故? 無般涅槃種性法故. 又若於此生, 先已積集順解脫分善根, 何故不名般涅槃法? 若於此生, 都未積集, 云何後生能般涅槃? 是故定有非般涅槃種性有情." 『瑜伽論』中亦同此說.

又若一切皆當作佛, 則衆生雖多必有終盡, 以無不成佛者故. 是則諸佛利他功德亦盡. 又若衆生必有盡者, 最後成佛則無所化. 所化無故, 利他行闕, 行闕成佛, 不應道理. 又若說'一切盡當作佛', 而言'衆生永無盡者', 則爲自語相違過失. 以永無盡者, 永不成佛故.

又如一佛一會, 能度百千萬億衆生, 今入涅槃於衆生界, 漸損. 以不若有漸損, 則有終盡, 有損無盡, 不應理故. 若無損者, 則無滅度, 有滅無損, 不應理故. 如是進退, 終不可立. 無同類故, 其義不成.

執皆有性論者通曰, "彼新論文, 正破執於'先來無性, 而後轉成有性義者.' 如彼文言謂'不應言於現在世, 雖非般涅槃法, 於餘生中, 可轉爲般涅槃法故.'" 今所立宗, 本來有性, 非謂先無而後轉成. 故不墮於彼論所破. 又彼教意立無性者, 爲欲迴轉不求大乘之心, 依無量時而作是說. 由是密意故不相違.

彼救難云, "一切有心皆當得者, 佛亦有心, 亦應更得者." 是義不然. 以彼經中自簡別故. 彼云, "衆生亦介, 悉皆有心. 凡有心者, 當得菩提." 佛非衆生, 何得相濫?

又彼難云, "若皆作佛, 必有盡"者, 是難還心自無性宗. 何者? 如汝宗說, 無性有情, 本來具有法介種子, 窮未來際, 種子無盡. 我今問汝, 隨汝意答. 如是種子, 當言一切皆當生果, 當言亦有不生果者? 若言亦有不生果者, 不生果故則非種子. 若言一切皆當生果者, 是則種子, 雖多必有終盡. 以無不生果者故. 若言"雖一切種子皆當生果, 而種子無窮故, 無終盡, 而無自語相違過"者, 則應信受'一切衆生, 皆當成佛, 而衆生無邊故, 無終盡.'(又汝難云有滅無) (『한국불교전서』1, pp.839a-840a.)

의역

또 『열반경』에서 말하기를, "중생이 지닌 '부처 성품(佛性)'은 모두 같은 것도 아니고 다른 것도 아니다. 모든 부처는 평등하여 마치 허공과 같다. 이처럼 모든 중생은 똑같이 부처 성품(불성)을 지니고 있다"라고 하였다. 또 그 아래 글에서 말하기를, "모든 중생은 똑같이 부처 성품(불성)을 지녔으니, 모두 '같은 수레를 탄 것(一乘)'과 같다. 부처가 되는 각각의 원인과 그 결과는 하나같이 감로(甘露)와 같은 것이어서, 모든 것이 마땅히 부처 경지의 '늘 그러함(常)'과 행복(樂)과 '참된 자기(我)'와 '삶의 온전함(淨)'을 성취한다. 이런 점에서 모든 중생의 부처 성품(불성)은 한 맛(一味)이다"라고 하였다. 이 경전 문구에 의거한다면, 만약 '어떤 중생들은 부처 성품이 없다'는 주장을 세운다면, 이러한 주장은 곧 대승이 설하는 '존재의 평등한 면모(平等法性)'와 '한 몸으로 여기는 위대한 동정심(同體大悲)은 바다와 같이 한 맛(一味)'이라는 진리를 위배한다.

'부처 성품이 없는 중생이 반드시 있으니, 모든 중생세계는 차별이 있을 수 있기 때문이다. 부처 성품이 없는 중생은 마치 불의 성질 가운데 물의 성질이 없는 것과 같다'고 하는 주장과, '모든 중생은 반드시 부처 성품을 가지고 있으니, 모든 것이 한 맛임을 체득하는 경지(一味性)는 평등하게 증득할 수 있기 때문이다. 그것은 마치 형상을 지닌 존재들이 모두가 근본성품을 지니고 있는 것과 같다'고 하는 주장은, 상반되는 것이다. 또 '반드시 부처 성품이 없는 중생이 있으니, 본래 그러하기 때문이다'라는 주장과, '반드시 부처 성품이 없는 중생은 없으니, 본래 그러하기 때문이다'라는 주장도, 역시 상반된다.

'부처 성품이 없는 중생이 있다'고 하는 주장이나 '부처 성품이 없는 중생은 없다'고 하는 주장을 견지하는 사람들은 모두 이렇게 말한다. "경전에서 '중생은 모두 마음을 지니고 있다'고 말하는 것은, 부처 성품이 있는 중생과 없는 중생, 아직 부처 경지를 증득하지 못한 중생과 이미 증득한 중생 모두를 아울러 말한 것이다. 무릇 '마음이 있는 자는 반드시 깨달음을 얻는다'는 것은, 그 중간에서 부처 성품은 있으나 아직 부처 경지를 증득하지 못한 마음을 두고 한 말이다"라고.

만약 '마음을 지닌 중생들은 반드시 모두 깨달음을 증득한다'고 한다면, 이미 깨달음을 증득한 자도 응당 또 증득해야 한다는 것인가? (그렇게 말할 수는 없다.) 그러므로 ('중생은 모두 마음을 지니고 있다'는 말이,) '마음을 지닌 모든 중생이 반드시 모두 깨달음을 증득한다'고 하는 말은 아니라는 것을 알게 된다. 또 "마치 허공처럼 일체 중생이 모두 부처 성품을 지닌다"라고 말하는 것은, 진리의 측면에서 말한 것이지 행위의 측면에서 말한 것이 아니다. 또 "부처가 되는 각각의 원인과 그 결과는 하나같이 감로(甘露)와 같은 것이어서, (원인과 결과의) 모든 것이 마땅히 부처 경지의 '늘 그러함(常)'과 행복(樂)과 '참된 자기(我)'와 '삶의 온전함(淨)'을 성취한다"는 말에서의 '모든 것'은, 일정한 조건의 것들을 '모두'라는 말로 지칭하는 것이지 '조건 없는 전부'를 '모두'라고 하는 것은 아니다. 이와 같이 모든 경전의 문구들은 모순 없이 다 잘 통하고 있다.

또 만약 '본래 그러하기 때문에 부처 성품이 없는 자가 없다'고 주장한다면, 중생이 언젠가는 반드시 다 없어지게 된다는 의미를 지니는 것인데, 불교적 관점으로 볼 때 이런 주장은 근거가 없다. 그리고 앞에서 어떤 사람이 주장하는 것처럼 '본래 그러하기 때문에 부처 성품이 없는 자가 있다'고 한다면, '부처 성품이 없다'는 명제 자체가 불교적 관점이 될 수 없으므로 타당한 주장이 아니다. 이처럼 두 주장이 모두 타당하게 성립하지 않으므로, 이 주장들이 (화쟁이 필요한) '상반되는 주장'인 것처럼 보이지만, 실제로는 (화쟁을 위해 조정하거나 포섭해야 할) '상반되는 주장'에 속하지 않는다는 것을 알아야 한다.(화쟁의 대상이 되기 어려운 주장들이다.)

만약 어떤 사람은 '불은 습성이 아니니, 본래 그러하기 때문이다'고 주장하고, 또 어떤 사람은 '불은 습성이니, 본래 그러하기 때문이다'라고 주장한다면, 이것은 형식상으로는 상반되는 것처럼 보이나, 실제로는 '상반된 주장의 문제'가 되지 않는다. 불의 성질은 뜨거움이어서 실제로는 습함이 아니기에, 불이 본래부터 습성이냐 아니냐에 대한 주장들은 성립할 수 없기 때문이다. '부처 성품이 없는 중생이 있다'는 주장도 이와 같은 것이다.

"만약 (부처 성품이 없는 중생이 있다고 주장하는) 뒤쪽 논사의 뜻이 타당성을 지닐 수 있는 것이라 본다면, 그 주장의 의미를 어떻게 이해해야 그 타당성을 인정할 수 있는가?"라고 묻는다면, 다음과 같이 답할 수 있다.

『현양론(顯揚論)』의 내용을 적용하면 그 주장의 타당성도 수립할 수 있다. 『현양론』에서는 이렇게 말한다. 어찌 오직 현재만을 놓고 (어떤 중생의 삶이) 열반의 법과 무관하다고 하여 (그에게) 부처 성품이 없다고 하겠는가? 이것은 이치에 맞지 않는 것이다. 현재에서만을 말해서는 안 되니, 비록 현재는 (그의 삶이) 열반의 법과 무관하더라도 남은 생애 중에 다시 바뀌어 열반의 법과 연관이 될 수 있다. 어째서 그러한가? 이미 결정되어 있는 열반의 법은 없기 때문이다. (열반의 법은 이미 결정되어 있는 불변의 본질이 아니기 때문에) 만약 금생에 해탈로 나아가는 선근을 이미 쌓았다면 무슨 이유로 열반의 법이라 할 수 없겠는가? 마찬가지로 만일 금생에 아무 선근도 쌓지 못한다면 어찌 내생에 열반을 성취할 수 있겠는가? 그러므로 이런 경우라면 열반의 부류가 아닌 중생이 반드시 있다고 말할 수 있는 것이다. 『유가론(瑜伽論)』에도 이와 같은 교설이 있다.

또 만일 일체 중생이 모두 반드시 부처가 된다고 한다면, 중생이 아무리 많아도 언젠가는 반드시 다 (부처가 되어) 없어질 것이니, 부처를 이루지 못하는 자가 없기 때문이다. 그렇게 된다면 모든 부처님이 남을 이롭게 하는 일(이타 공덕)도 끝나게 된다. 또 만약 모든 중생이 반드시 다 (부처가 되어) 없어지는 것이라면, 마지막 사람이 부처를 이루면 더 이상 교화 받을 사람이 없게 된다. 그리고 교화 받을 사람이 없기 때문에 이타행도 불가능하게 된다. (그런데 이타행이 있어야 자비심이 발달하고 마침내 자비심이 완전한 부처가 되는 것이니) 이타행이 없이도 부처를 이룬다는 것은 도리에 맞지 않는다. 그리고 만약 '일체 중생이 반드시 모두 부처를 이룬다'고 하면서도 '중생은 끝내 다함이 없다'고 말한다면, 자기 말이 서로 모순이 되어 버린다. 끝내 다함이 없는 중생은 영원히 부처를 이루지 못하기 때문이다.

또 만일 한 부처님이 한 회상에서 백 천 만 억 중생을 능히 제도한다면, 이제 (중생들이) 중생계에서 열반에 들어 점차 줄어들게 된다. 그러니 만약 '중생이 점차 줄어들어 다 없어지는 것이 아니다'라고 말한다면, 실제로 줄어듦이 있는데도 다함이 없다고 말하는 것이어서 이치에 맞지 않게 된다. 만약 (중생이 부처가 되어) 줄어듦이 없다면 열반에 도달하는 중생이 없다는 말이 되는데, 실제로는 열반을 증득하는 중생이 있는데도 줄어듦이 없다고 하는 것은 이치에 맞지 않는다. 이와 같이 (만약 '일체 중생이 반드시 모두 부처를 이룬다'고 하면서도 '중생은 끝내 다함이 없다'고 말한다면,) 나아가거나 물러가거나 간에 끝내 주장을 세우지 못하게 된다. 일관된 의미를 지닌 주장들이 아니기 때문에 그 뜻을 관철하지 못한다.

'일체 중생이 모두 부처 성품을 지니고 있다'는 이론에 집착하는 자들은 하나같이 이렇게 말한다. "저 『현양론』의 글은 〈본래는 부처 성품이 없다가 후에 바뀌어 부처 성품이 있게 되었다〉는 뜻에 대한 잘못된 이해를 바로잡아 주는 것이다. 그 경문에서 '현재에서만을 말해서는 안 되니, 비록 현재는 (그의 삶이) 열반의 법과 무관하더라도 남은 생애 중에 다시 바뀌어 열반의 법과 연관이 될 수 있다'고 말하는 것이 바로 그것이다"라고.

지금 ('일체 중생이 모두 부처 성품을 지니고 있다'는 교설에서) 세우는 뜻은 '본래부터 부처 성품이 있다'는 것이지 '전에는 없다가 후에 바뀌어 이루어졌다'는 것을 말하는 것이 아니다. 그러므로 『현양론』의 내용은 '본래는 부처 성품이 없다가 후에 바뀌어 부처 성품이 있게 되었다'는 관점을 인정하는 것이 아니다. 또 그 『현양론』의 교의(敎義)에서 '부처 성품이 없다'는 말을 채용한 것은, (부처 성품을 지니고 있으면서도) 대승의 마음을 구하지 않는 자를 (반성시켜) 돌이키게 함으로써 대승의 마음을 구하게 하고자 하려는 것이니, 무량한 시간에 의거하여 이러한 주장을 하는 것이다. 이와 같은 뜻으로 보면, ('일체 중생이 모두 부처 성품을 지니고 있다'는 교설과 '불성이 없다'는 『현양론』의 말은) 서로 모순되지 않는다.

저들은 ('일체 중생이 모두 부처 성품을 지니고 있다'는 교설을) 힐난하기 위해 이렇게 말한다. "마음을 가진 모든 중생이 마땅히 깨달음을 증득할 수 있다고 한다면, 부처님도 마음을 지니고 있으니 또한 응당 다시 깨달음을 얻어야 하는 것인가?"라고. 이것은 타당한 질문이 아니다. 그 경전에서 이미 그 뜻을 잘 구별하고 있기 때문이다. 그 경전에서 "중생도 또한 이와 같아서 모두 마음이 있다. 무릇 마음이 있는 자는 마땅히 깨달음을 얻을 수 있다"고 말하는데, 부처는 중생이 아니니('마음을 가진 모든 중생은 마땅히 깨달음을 증득할 수 있다'는 것과 '부처님도 마음을 지니고 있다'는 것이) 어찌 서로 뒤섞여 혼동되겠는가?

또 저들이 ('일체 중생이 모두 부처 성품을 지니고 있다'는 교설을) 힐난하여 "만약 모두 부처를 이루면 반드시 (중생이) 끝나 다 없어질 것이다"고 말하는 것은, 오히려 '부처 성품이 없는 중생이 있다'는 자신의 주장을 다시 비난하는 것이다. 왜 그런가? 그대들의 주장처럼, '부처 성품이 없는 중생은 본래부터 그러한 종자를 지녀 언제까지라도 그 종자는 다함이 없다'고 하자. 그렇다면 내 이제 그대에게 묻노니, 당신이 생각하는 대로 대답하라. 이와 같은 종자는 모두가 응당 결과를 생겨나게 한다고 말해야 하는가, 결과를 생겨나게 하지 않는 것도 있다고 말해야 하는가? 만일 '결과를 생겨나게 하지 않는 것도 있다'고 한다면, 결과를 생겨나게 하지 않으므로 그런 것은 곧 종자가 아니다. (그렇다면 '부처 성품이 없는 중생은 본래부터 그러한 종자를 지녀 언제까지라도 그 종자는 다함이 없다'라고 하는 그대의 주장은 성립할 수 없다.) 또 만일 '모두가 응당 결과를 생겨나게 한다'고 말한다면, 이것은 곧 종자이니 아무리 많아도 반드시 끝나 다함이 있다. 결과를 생겨나지 않게 하는 것이 없기 때문이다. (그렇다면 이때에도 '부처 성품이 없는 중생은 본래부터 그러한 종자를 지녀 언제까지라도 그 종자는 다함이 없다'라고 하는 그대의 주장은 성립할 수 없다.) 만약 "비록 모든 종자가 응당 결과를 생겨나게 하지만, 종자가 무궁하기 때문에 끝나 다함이 없고, 그래서 내 말이 모순되는 바가 없다"라고 말한다면, 그런 논리라면 '일체 중생은 모두 (부처 성품이 있어) 응당 부처를 이루지만 중생이 끝이 없기 때문에 끝나 다함이 없다'라는 교설도 수용해야만 할 것이다.

공(空)/유(有) 화쟁에 관한 내용으로서
일본 명혜의 『금사자장광현초(金師子章光顯鈔)』에
인용된 내용

직역

『십문화쟁론』은 말한다. "유한한 마음으로 무한한 진리를 헤아려서는 안 되는 것이니, (항상 있다고 하거나 전혀 없다고 하는 有/無 혹은 常/斷의 견해인) 증감의 견해를 일으키면 일천제(一闡提)의 그물에 떨어진다. 경전에서, '어떤 사부대중이 (항상 있다고 하는 常見이나 有見인) 증견(增見)을 일으키거나 (전혀 없다고 하는 斷見이나 無見인) 감견(減見)을 일으키면, 모든 부처와 여래는 그의 스승이 아니다. 이런 사람은 나의 제자가 아니다'라고 말하는 것과 같다. 이 사람은 (有無/斷常/增減의) 두 가지 견해를 일으킨 인연 때문에 어둠에서 어둠으로 들어가니, 나는 이 사람을 일천제(一闡提)라 부른다."

원문

和諍論云, "不可以有限心, 測量無限之法, 起增減見, 墮闡提網. 如經言,
'若有四部, 若起增見,若起減見, 諸佛如來, 非彼世尊. 如是等人, 非我弟
子.' 此人以起二見因緣, 從冥入冥, 從闇入闇,我說是人, 名一闡提."(明惠
(高弁), 『金師子章光顯鈔』卷下, 『大日本佛教全書』13, p.207a)

의역

『십문화쟁론』에서는 이렇게 말하고 있다. "유한한 마음으로 무한한 진
리를 헤아려서는 안 되는 것이니, 불변의 실체를 설정하는 유한한 마음
으로 실체가 없는 무한한 세계를 향해 '항상 있다'고 하거나 '전혀 없다'
고 하는 견해를 일으키면 성불의 길이 막혀 버린다. 경전에서, 〈재가자
이건 출가자이건 그 누구라도 '항상 있다고 하는 견해(增見)'를 일으키
거나 '아주 없다고 하는 견해(減見)'를 일으킨다면, 모든 부처와 여래는
그의 스승이라 할 수 없다. 이런 사람은 부처와 여래의 제자가 아니다〉
라고 말하는 것이 바로 그러한 의미이다. 이 사람은 불변의 실체를 설
정하여 '항상 있다'와 '전혀 없다'의 두 가지 견해를 일으킨 인연 때문에
미혹한 세상에서 다시 더욱 미혹한 세상으로 들어가니, 나는 이런 사람
을 '성불의 길이 막힌 사람(一闡提)'이라 부른다."

불성(佛性)의 보편성과 차별성 주장에 대한 화쟁으로서 고려 균여의 『석화엄교분기원통초(釋華嚴教分記圓通抄)』에 인용된 『십문화쟁론』

직역

원효는 "다섯 가지 성품이 차별된다(五性差別)는 주장은 '(차이들이) 의존적 관계로 수립되는 계열(依持門)'이고, 모두 불성이 있다는 주장은 '연기의 통찰에 의해 (하나로 보는) 계열(緣起門)'이다"라고 말하여, 두 이론의 배타적 주장(諍)을 이와 같이 '만나게 하여 통하게(會通)' 한다.

원문

曉公云, "五性差別之教, 是依持門, 皆有佛性之說, 是緣起門", 如是會通兩家之諍. (『석화엄교분기원통초(釋華嚴教分記圓通鈔)』, 한불전4, p.311c.)

원효는, "중생의 결정된 근기(種性)가 다섯 가지로 차별된다는 주장은 '차이들이 서로 의존하여 존재한다고 보는 의미맥락'에 의거하여 하는 말이고, 모두 불성이 있다는 주장은 '연기법의 지혜로써 모두를 평등한 공성(空性)이라고 보는 의미맥락'에 의거하여 하는 말이다"라고 말하여, 서로 용납하지 못하는 두 주장을 '만나게 하여 통하게(會通)' 한다.

● ○ ○

『십문화쟁론』에서는, 『유가론』·『현양론』 등에 의거하여 '(차이들이) 의존적 관계로 수립되는 계열(依持門)'을 세우고, 『열반경』 등에 의거하여 '연기의 통찰에 의해 (하나로 보는) 계열(緣起門)'을 세운다. 그러나 항상 『유가론』 등의 문구를 취하는 것이 아니라 단지 '다섯 가지 성품이 차별된다(五性差別)'는 (뜻을 밝히는) 문구에 의거하여 '(차이들이) 의존적 관계로 수립되는 계열(依持門)'을 세우고, 또 항상 『열반경』의 문구를 취하는 것이 아니라 단지 '모두 불성이 있다'는 (뜻을 밝히는) 문구에 의거하여 '연기의 통찰에 의해 (하나로 보는) 계열(緣起門)'을 세운다.

和諍論中, 依瑜伽現揚等, 立依持門, 依涅槃等經, 立緣起門. 然不通取瑜伽等文句, 但依五性差別之文, 立依持門, 亦不通取涅槃經文, 但依皆有佛性之文, 立緣起門. (均如, 『釋華嚴教分記圓通鈔』卷3, 韓佛全 4, p.326a.)

의역

『십문화쟁론』에서는, 『유가론』·『현양론』 등에서 설하는 교설에 의거하여 '(차이들이) 의존적 관계로 수립되는 계열(依持門)'을 설명하고, 『열반경』 등에서 설하는 교설에 의거하여 '연기의 통찰에 의해 (하나로 보는) 계열(緣起門)'을 설명한다. 그런데 원효는 모든 불교 이론을 설명할 때 언제나 『유가론』·『현양론』의 문구를 취하는 것이 아니라, '중생의 결정된 근기(種性)가 다섯 가지로 차별된다(五性差別)'는 견해의 타당성을 수립해야 할 필요가 있을 때, 그 타당성을 지지할 수 있는 『유가론』·『현양론』의 문구들을 취하여 그에 의거하여 '(차이들이) 의존적 관계로 수립되는 계열(依持門)'을 밝힌다. 또 모든 불교 이론을 설명할 때 언제나 『열반경』의 문구를 취하는 것이 아니라, '모두 불성이 있다'는 견해의 타당성을 수립해야 할 필요가 있을 때, 그 타당성을 지지할 수 있는 『열반경』의 문구들을 취하여 그에 의거하여 '연기의 통찰에 의해 (하나로 보는) 계열(緣起門)'을 밝히고 있다.

● ○ ●

직역

『십문화쟁론』에서는 (다음과 같이) 말하고 있다: 묻는다. "모든 중생에게 불성이 있는가? (아니면) 불성이 없는 중생(無性有情)이 있다고 말해야 하는가?" 답한다. 어떤 사람은 "중생세계(有情界)에는 분명 불성이 없는 중생이 있다. 모든 세계가 차별이기 때문이고, 무시이래 그러하기 때문이다(無始法爾)"는 등으로 말하고, 또 어떤 사람은 "모든 중생에게 불성이 있다"는 등으로 말한다. 묻는다. "두 논사의 주장 가운데 어떤 것이 맞는가?" 답한다. 어떤 이(원효)는 말한다. 두 논사의 주장이 모두 맞다. 왜 그런가? 모두 성스러운 가르침(聖教)에 의지하여 세워졌기 때문이고, 진리의 문(法門)은 하나가 아니어서 걸림(障碍)이 없기 때문이다.

이것은 무슨 의미인가? 진리다움(眞)과 속됨(俗)의 상호 관계(相望)에는 두 가지 계열(門)이 있게 된다. '(차이들이) 의존적 관계로 수립되는 계열(依持門)'과 '연기의 통찰에 의해 (하나로 보는) 계열(緣起門)'이 그것이다. '(차이들이) 의존적 관계로 수립되는 계열(依持門)'이라는 것은 큰 허공이 바람(風輪) 등을 의지하는 것과 같고, '연기의 통찰에 의해 (하나로 보는) 계열(緣起門)'이라는 것은 큰 바다가 파도와 물결 등을 일으키는 것과 같다.

'(차이들이) 의존적 관계로 수립되는 계열(依持門)'에 나아가면, 진리다움(眞)과 속됨(俗)이 같지 않아(非一) 중생과 진리의 본래 그러함(本來法爾)이 차별된다. 그러므로 무시이래로 생사에 즐겨 달라붙어 구제해낼 수가 없는 중생이 있다. 이 계열(門)의 의미 맥락에서는, 중생의 세계 경험(六處) 가운데서 출세간법을 생겨나게 할 수 있는 성품(性)을 구하지만 끝내 얻을 수가 없다. 그러므로 이 계열(門)에 의거하여 '불성이 없는 중생(無性有情)'을 주장하는 것이다.

'연기의 통찰에 의해 (하나로 보는) 계열(緣起門)'에 의한다면, 진리다움(眞)과 망령됨(妄)이 별개의 것이 아니며, 일체의 것이 모두 '하나가 된(하나로 보는) 마음(一心)'을 바탕(體)으로 삼는다. 그러므로 모든 중생이 무시이래로 이 진리세계의 흐름(法界流轉)과 같지 않음이 없다. 이 계열(門)의 의미 맥락에서는, 모든 중생의 마음 가운데서 자신의 근원으로 돌아가지 못하는 자를 구하려 하여도 끝내 얻을 수가 없다. 그러므로 이 계열(門)에 의거하여 '모든 중생에게 불성이 있다'고 주장하는 것이다. 이와 같은 두 계열(二門)은 본래 서로 방해함이 없다.

원문

"和諍論云. 問." 一切衆生皆有佛生耶? 當言亦有無性有情耶?"答. 又有說者, "於有情界, 定有無性. 一切界差別故, 無始法爾故"云云. 又有說者, "一切衆生皆有佛性"云云. 問. "二師所說, 何者爲實?"答. 又有說者, "二師所說, 皆是實. 何以故? 皆依聖教而成立故, 法門非一無障礙故. 是義云何? 眞俗相望, 有其二門. 謂依持門及緣起門. 依持門者, 猶如大虛持風輪等, 緣起門者, 猶如巨海起波浪等. 就依持門, 眞俗非一, 衆生本來法爾差別. 故有衆生, 從無始來樂着生死, 不可動拔. 就此門內, 於是衆生六處之中, 求出世法可生之性, 永不可得. 故依此門, 建立無性有情也. 約緣起門, 眞妄無二, 一切法同一心爲體. 故諸衆生從無始來, 無不卽此法界流轉. 就此門內, 於諸衆生心神之中, 求不可令歸自源者, 永不可得. 故依此門, 建立一切皆有佛性. 如是二門, 本無相妨."(均如, 『교분기원통초(敎分記圓通抄)』卷3, 한불전4, p.325b-c.)

의역

『십문화쟁론』에서는 다음과 같이 말하고 있다: 묻는다. "모든 중생에게 불성이 있는가? (아니면) 불성이 없는 중생(無性有情)이 있다고 말해야 하는가?" 답한다. 어떤 사람은 "중생세계(有情界)에는 분명 불성이 없는 중생이 있다. 모든 세계가 차별이기 때문이고, 무시이래 그러하기 때문이다(無始法爾)"는 등으로 말하고, 또 어떤 사람은 "모든 중생에게 불성이 있다"는 등으로 말한다. 묻는다. "두 논사의 주장 가운데 어떤 것이 맞는가?" 답한다. 어떤 이는 말한다(나는 이렇게 생각한다). 두 논사의 주장이 모두 나름대로의 타당성이 있다고 할 수 있다. 왜 그런가? (두 주장이) 모두 (같은 목적지로 이끌어 가는) 성스러운 가르침(聖敎)에 의지하여 세워졌기 때문이고, 진리로 나아가는 길(法門)은 단일한 것이 아니어서 (서로 다른 길이라도 동일한 목적지로 나아감에 서로) 장애가 되지 않기 때문이다.

이 말은 구체적으로 어떤 의미를 갖는가? 진리다움(眞)과 속됨(俗)이라는 상반된 것의 상호 관계(相望)를 파악하는 데에는, 관점의 계열(門)에 따라 두 가지 방식이 있게 된다. 상반되는 것들이 서로를 성립시키는 차이라고 파악하는 '(차이들이) 의존적 관계로 수립되는 계열(依持門)'이 하나이고, 상반된 것들이 모두 독자적 실체가 아니라는 무아/연기/공의 관점에서 파악하는 '연기의 통찰에 의해 (하나로 보는) 계열(緣起門)'이 다른 하나이다. '(차이들이) 의존적 관계로 수립되는 계열(依持門)'이라는 것은 큰 허공이 (강한 바람, 약한 바람 등) 차이를 지닌 바람들로 채워져 있다고 보는 것과 같고, '연기의 통찰에 의해 (하나로 보는) 계열(緣起門)'이라는 것은 파도와 물결 등의 차이가 모두 같은 바다의 여러 양상이라고 보는 것과 같다.

'(차이들이) 의존적 관계로 수립되는 계열(依持門)'에 입각하여 보면,

진리다움(眞)과 속됨(俗)은 같은 것이 아니라서(非一) 어리석은 중생과 본래의 진리다움(本來法爾)이 분리된다. 그러므로 이런 의미 맥락에서 보면, 그 시점을 말할 수 없는 까마득한 과거부터 생사윤회를 즐기며 집착하기에 도무지 구제해 낼 수가 없는 중생이 있다. 이 계열(門)의 의미 맥락에서는, 중생의 세계 경험(六處) 가운데서 출세간법을 생겨나게 할 수 있는 성품(性)을 구하지만 끝내 얻을 수가 없다. 그러므로 이 계열(門)의 의미 맥락에 의거하여 '불성이 없는 중생(無性有情)이 있다'고 주장하는 것이다.

'연기의 통찰에 의해 (하나로 보는) 계열(緣起門)'에 입각하여 보면, 진리다움(眞)과 망령됨(妄)이 (불변의 본질을 지닌 실체가 아니라서) 별개의 것이 아니며, 일체의 것이 모두 '하나가 된(하나로 보는) 마음(一心)'으로 본 것이 된다. 그러므로 모든 중생이 그 시점을 말할 수 없는 까마득한 과거부터 (생사윤회의 세계를 떠돌아다니는 것이 아니라) 바로 진리 세상의 펼쳐짐에 몸을 싣고 있는 것이다. 이 계열(門)의 의미 맥락에서는, 모든 중생의 마음 가운데서 자신의 근원으로 돌아가지 못하는 자를 찾으려 하여도 끝내 발견할 수가 없다. 그러므로 이 계열(門)의 의미 맥락에 의거하여 '모든 중생에게 불성이 있다'고 주장하는 것이다. 이와 같은 두 계열의 의미 맥락(二門)은 본래 서로 방해함이 없다.

다른 문헌에 인용되어 전하는
『십문화쟁론』의 기타 내용들

균여의『석화엄교분기원통초(釋華嚴教分記圓通抄)』에 인용된 내용

직역

원효의 『화쟁론』에서는 세 논사의 주장을 인용하고 (이렇게) 말하고 있다: 묻는다. "여러 논사의 주장들 가운데 어떤 것이 틀리고 어떤 것이 맞는가?" 답한다. 어떤 이는 말한다. "여러 주장이 모두 맞다. 어째서 그러한가? 각기 (부처님의) 성스러운 가르침에 의거하여 성립하기 때문이다."

이 뜻이 무엇인가? 만약 '원인을 지어서 과보를 받는 계열(作因受果之門)'로 본다면, 새로 훈습하는 종자(新熏種子)가 바로 인연이 된다. 자기 과보를 생겨나게 하는 데 공능이 있기 때문이다. 등등. 만약 '바탕에 따라 과보를 이루는 계열(從性成果之門)'로 본다면, 오직 '본바탕(본성)의 요소(本性界)'가 바로 종자가 된다. 등등. 만약 '생겨나게 함과 결과를 이루는 법칙성을 종합해서 보는 계열(和合生果門)'로 본다면, 새로 훈습하는 종자(新熏種子)만 (과보를 생겨나게 하는) 공능이 있는 동시에, (또한) 만약 바탕(性)이 없다면 과보가 생겨나지 않는다. 과보를 생겨나게 하는 것은 바탕 때문이니, 바탕이 바로 원인이 된다. (그런데) 비록 본바탕(本性)이 있어도 만약 새로운 훈습(新熏)이 없다면 곧 공능이 없다. 공능이 과보를 생겨나게 하는 것이니, (그렇다면 새로운 훈습이) 어찌 종자가 아니겠는가? 그러므로 이 계열(門)로 본다면, 마땅히 다음과 같이 말할 수 있다. '두 가지 종자가 있어 함께 하나의 과보를 생겨나게 한다'라고.

원문

曉公和諍論, 引三師說. 問. "諸師所說, 何非何是?" 答. 又有說者, "諸說皆是. 何以故? 各依聖教而成立故." 是義云何? 若依作因受果之門, 新熏種子, 正爲因緣. 於生自果, 有功能故. 云云. 若依從性成果之門, 唯本性界, 正爲種子. 云云. 若就和合生果門者, 新熏種子, 雖有功能. 如其無性, 果卽不生. 生果由性, 性卽爲因. 雖有本性, 若無新熏, 卽無功能. 功能生果, 豈非種子? 故依此門, 卽當說云, "有二種子, 共生一果." (均如, 『釋華嚴教分記圓通鈔』卷3, 韓佛全 4, p.315a. 『대승기신론동이약집』에는 같은 내용이 보다 완전한 내용으로 인용되어 있다. 아래에 소개해 두었다.)

원효의 『화쟁론』에서는 세 논사의 주장을 인용하고 이렇게 말하고 있다: 묻는다. "여러 논사의 주장들 가운데 어떤 것이 틀리고 어떤 것이 맞는가?" 답한다. 어떤 이는 이렇게 말한다(나는 이렇게 생각한다). "각각의 주장이 모두 나름대로의 타당성이 있다. 어째서 그러한가? 각각의 주장은 모두 같은 목적지로 안내하는 부처님의 성스러운 가르침에 의거하기 때문이다."

이 말의 구체적 의미는 무엇인가? 만약 '원인을 지어서 과보를 받는 계열(作因受果之門)'에 입각하여 본다면, 새로 훈습하는 종자(新熏種子)가 바로 인연이 된다. 자기 과보를 생겨나게 하는 공능이 있기 때문이다 등등. 만약 '바탕에 따라 과보를 이루는 계열(從性成果之門)'에 입각하여 본다면, '본바탕의 요소(本性界)'만이 종자가 된다 등등. 만약 '생겨나게 함과 결과를 이루는 법칙성을 종합해서 보는 계열(和合生果門)'에 입각하여 본다면, 새로 훈습하는 종자(新熏種子)만 과보를 생겨나게 하는 공능이 있는 동시에, 또한 만약 바탕(性)이 없다면 과보가 생겨나지 않는다. 과보를 생겨나게 하는 것은 바탕 때문이니, 바탕이 바로 원인이 된다. 그런데 비록 본바탕(본성)이 있어도 만약 새로운 훈습(新熏)이 없다면 과보를 생겨나게 하는 공능이 없다. 공능이 과보를 생겨나게 하는 것이니, 그렇다면 새로운 훈습이 어찌 종자가 아니겠는가? 그러므로 '생겨나게 함과 결과를 이루는 법칙성을 종합해서 보는 계열(和合生果門)'에 입각한다면, 마땅히 다음과 같이 말할 수 있다. '두 가지 종자가 있어 함께 하나의 과보를 생겨나게 한다'라고.

직역

『십문화쟁론』에서, "거대한 바다가 파도를 일으키는 것과 같다는 것은, 그 거대한 바다가 바로 진여(眞如)인 불성(佛性)을 비유한 것이기 때문이다"라고 하였다.

원문

和諍論中, "猶如巨海起波浪者, 其巨海則喩眞如佛性故." (均如, 『釋華嚴敎分記圓通鈔』卷3, 韓佛全 4, p.326a.)

의역

『십문화쟁론』에서는 이렇게 말하고 있다. "거대한 바다가 파도를 일으키는 것과 같다는 것은, 그 거대한 바다를 진여(眞如)인 불성에 비유하고 있기 때문이다."

신라 견등의 『대승기신론동이약집(大乘起信論同異略集)』에 인용된 내용

직역

구룡(원효)의 『화쟁론』에서는 말한다. "무릇 부처자리(불지)의 온갖 덕에는 대략 두 가지 계열(門)이 있다. 만약 '원인(因)에 따라 생겨나는 계열(從因生起之門)'로 본다면, 과보로 성취한 부처의 공덕(報佛功德)은 찰나에 생멸한다. 앞의 논사가 말한 것은 또한 이 계열(門)을 취한 것이다. 만약 '(생멸하게 되는) 조건(緣)을 그치고 근원으로 돌아가는 계열(息緣歸原之門)'로 본다면, 과보로 성취한 부처의 공덕(報佛功德)은 분명히 상주한다. 뒤의 논사가 말한 것은 또한 이 계열(門)을 취한 것이다. 각각의 덕을 따라 이 두 계열(二門)이 있는데, 두 계열(二門)은 서로 통하는 것이지 서로 위배되는 것이 아니다."

원문

丘龍和諍論云. "夫佛地萬德, 略有二門. 若從因生起之門, 報佛功德, 刹那生滅. 初師所說, 且得此門. 若就息緣歸原之門, 報佛功德, 凝然常住. 後師所說, 亦得此門. 隨一一德, 有此二門, 二門相通, 不相違背."(『大乘起信論同異略集』, 한불전3, p.695a.)

의역

원효의 『화쟁론』에서는 이렇게 말하고 있다. "모름지기 부처의 경지가 지니는 온갖 공덕을 이해하는 데에는 대략 두 가지 맥락의 의미 계열(門)이 있다. 만약 '원인(因)에 따라 생겨나는 계열(從因生起之門)'에 입각하여 본다면, 과보로 성취한 부처의 공덕(報佛功德)은 무상하여 찰나찰나 생멸한다. 앞의 논사가 말한 것은 이 의미 계열(門)에 의거한 것이다. 그리고 만약 '(생멸하게 되는) 조건(緣)을 그치고 근원으로 돌아가는 계열(息緣歸原之門)'에 입각하여 본다면, 과보로 성취한 부처의 공덕(報佛功德)은 분명히 상주한다. 뒤의 논사가 말한 것은 이 의미 계열(門)에 의거한 것이다. 두 가지 의미 계열(二門) 가운데 어느 것에 의거하느냐

에 따라 공덕의 의미가 달라지는 것인데, 이 두 가지 의미 계열(二門)은
서로 포섭적으로 열려 있는 것이지 서로 배제하는 것이 아니다."

● ○ ●

직역

이러한 뜻 때문에 구룡화상은 말한다. "만약 '원인을 지어서 과보를 받
는 계열(作因受果之門)'로 본다면, 새로 훈습하는 종자(新熏種子)가 바로
인연이 된다. 자기 과보를 생겨나게 하는 데 공능이 있기 때문이다. (이
때) '본바탕(本性)'이라는 것은 바로 '결과를 이루는 법칙성(果法)'이다.
(본성은 무엇을) 생겨나게 할 수 있는 바탕(性)이지만, 과보를 생겨나게
하는 데에는 공능이 없다. (그래서) 단지 '과보가 될 수 있는 바탕(果性)'
이라고 부를 뿐 '작용'이라고는 부르지 않는다. 따라서 만약 이 계열(門)
로 본다면, 오직 '새로 성립한 종자(新成種子)'만 있지 '본래 성립한 종
자(本成種子)'는 없다. 저 '새로운 훈습(新熏)'을 주장하는 논사들의 뜻은
이 계열(門)을 취한 것이다. 만약 '바탕에 따라 과보를 이루는 계열(從
性成果之門)'로 본다면, 오직 '본바탕(본성)의 요소(本性界)'가 바로 종자
가 된다. 이것이 '결과를 이루는 법칙성(果法)'의 바탕(自性)이기 때문이
다. '새로운 훈습(新熏)'은 '결과를 이루는 법칙성의 바탕(果法自性)'을 만
들지는 못한다. 그러므로 이 계열(門)로 본다면, 저 새로운 훈습(新熏習)
은 오직 '본바탕(본성)의 종자(本性種子)'를 훈습하여 작동하게 할 수 있
지 본바탕의 종자를 이룰 수는 없다. 저 '오직 본래 있는 종자(本有種子)'
만을 주장하는 논사들의 뜻은 이 계열(門)을 취한 것이다. 만약 '생겨나

게 함과 결과를 이루는 법칙성을 종합해서 보는 계열(和合生果門)'로 본다면, 새로 훈습하는 종자(新熏種子)만 (과보를 생겨나게 하는) 공능이 있는 동시에, (또한) 만약 바탕(性)이 없다면 과보가 생겨나지 않는다. 과보를 생겨나게 하는 것은 바탕 때문이니, 바탕이 바로 원인이 된다. (그런데) 비록 본바탕(本性)이 있어도 만약 새로운 훈습(新熏)이 없다면 곧 공능이 없다. 공능이 과보를 생겨나게 하는 것이니, (그렇다면 새로운 훈습이) 어찌 종자가 아니겠는가? 그러므로 이 계열(門)로 본다면, 마땅히 다음과 같이 말할 수 있다. '두 가지 종자가 있어 함께 하나의 과보를 생겨나게 한다'라고. 저 '새로운 훈습(新熏)과 본래 있는 것(法爾)이 함께 하나의 과보를 세운다'고 주장하는 논사의 뜻은 이 계열(門)을 취한 것이다."

원문

由如是義, 故丘龍和上云. "若依作因受果之門, 新熏種子正爲因緣. 於生自果, 有功德故. 彼本性者, 直是果法. 可生之性, 而於生果, 無有功能. 但名果性, 不名爲用. 故若依此門, 唯有新成種子, 而無本性種子. 彼新熏師意, 得此門也. 若依從性成果之門, 唯本性界正爲種子. 以是果法之自性故. 新熏不作果法自性. 故約此門, 彼新熏習但能熏發本性種子, 不能則成自體種子. 其唯本有種子意, 得此門也. 若就和合生果門者, 新熏種子唯有功能, 如其無性, 果則不生. 生果由性, 性則爲因. 雖有本性, 若無新熏, 則無功能. 功能生果, 豈非種子? 故依此門, 則當說云. '有二種子, 共生一果.' 其新熏法爾竝立一果師意, 得此門也. (『大乘起信論同異略集』, 한불전3, p.709a.)

이러한 뜻 때문에 원효는 이렇게 말한다. "만약 '원인을 지어서 과보를 받는 계열(作因受果之門)'에 입각해 본다면, 새로 훈습하는 종자(新熏種子)가 바로 인연이 된다. 자기 과보를 생겨나게 하는 데 공능이 있기 때문이다. 이때 '본바탕(本性)'이라는 것은 바로 '결과를 이루는 법칙성(果法)'이다. 본성은 무엇을 생겨나게 할 수 있는 바탕(性)이지만, 과보를 생겨나게 하는 공능은 없다. 그래서 단지 '과보가 될 수 있는 바탕(果性)'이라고 부르지 '작용'이라고는 부르지 않는다. 따라서 만약 이 계열(門)에 입각해 본다면, 오직 '새로 성립한 종자(新成種子)있지 '본래 성립한 종자(本成種子)'는 없다. '새로운 훈습(新熏)'을 주장하는 논사들의 뜻은 이 계열(門)에 의거한 것이다. 만약 '바탕에 따라 과보를 이루는 계열(從性成果之門)'에 입각해 본다면, 오직 '본바탕(본성)의 요소(本性界)'가 바로 종자가 된다. 이것이 '결과를 이루는 법칙성(果法)'의 바탕(自性)이기 때문이다. '새로운 훈습(新熏)'은 '결과를 이루는 법칙성의 바탕(果法自性)'을 만들지는 못한다. 그러므로 이 계열(門)'에 입각해 본다면, 새로운 훈습(新熏習)은 오직 '본바탕(본성)의 종자(本性種子)'를 훈습하여 작동하게 할 수 있지 본바탕의 종자를 이룰 수는 없다. '오직 본래 있는 종자(本有種子)'만을 주장하는 논사들의 뜻은 이 계열(門)에 의거한 것이다. 만약 '생겨나게 함과 결과를 이루는 법칙성을 종합해서 보는 계열(和合生果門)'에 입각해 본다면, 새로 훈습하는 종자(新熏種子)만 과보를 생겨나게 하는 공능이 있는 동시에, 또한 만약 바탕(性)이 없다면 과보가 생겨나지 않는다. 과보를 생겨나게 하는 것은 바탕 때문이니, 이때는 바탕이 바로 원인이라 할 수 있다. 그런데 비록 본바탕(本性)이 있어도 만약 새로운 훈습(新熏)이 없다면 곧 공능이 없다. 공능이 과보를 생겨나게 하는 것이니, 그렇다면 새로운 훈습이 어찌 종자가 아니겠는가? 그러므로 이 계열(門)에 입각해 본다면, 다음과 같이 말할 수 있게 된다. '새로 성립한 종자(新成種子/新熏種子)와 본래 있는 종자(本有種子/本性種子)의 두 가지 종자가 있어 둘이 함께 하나의 과보를 생겨나게 한다'라고. '새로운 훈습(新熏)과 본래 있는 것(法爾)이 함께 하나의 과보를 세운다'고 주장하는 논사의 뜻은 이 계열(門)에 의거한 것이다."

제3장
십문화쟁론 단락별
해의(解義) 및 화쟁사상 해설

공(空)과 유(有)에 관한 잘못된 이해를 바로잡고 집착을 풀어주는 화쟁(空·有 화쟁)

— 단락별 원문 및 해의(解義) —

공(空)과 유(有)는 다르지 않다

(有)此所許有, 不異於空. 故雖如前而非增益. 假許是有, 實非墮有, 此所許有, 非不墮有. 故雖如後而非損減. 前說實是有者, 是不異空之有, 後說不墮有者, 不墮異空之有. 是故俱許而不相違. 由非不然, 故得俱許, 而亦非然, 故俱不許. 此之非然不異於然, 喩如其有不異於空. 是故雖俱不許而亦不失本宗, 是故四句竝立而離諸過失也.)

불변의 본질을 독자적으로 간직하는 존재, 이른바 실체는 세계의 그 어디에도 존재하지 않는다. 존재 상태를 기술하는 불교의 모든 언어는 이러한 무실체의 통찰에 의거하고 있다. 불교가 채용하는 '있음(有)'과 '비었음(空)'은 하나같이 '실체 없음'을 반영하고 있다.

실체를 설정하는 세간의 실체적 언어 용법에서, '있음(有)'은 '불변의 본질을 독자적으로 지닌 실체의 존재'를 의미하고, '비었음(空)' 혹은 '없음(無)'은 그러한 실체의 부재로서 허무를 지시한다. 그러나 실체를 설정하지 않는 불교의 무실체적 언어 용법에서는, '있음(有)'은 '가변적으로 조건에 따라 발생한 실체 없는 현상의 발생'을, '비었음(空)' 혹은 '없음(無)'은 '실체의 부재' 혹은 '가변적으로 조건에 따라 발생한 실체 없는 현상의 소멸'을 의미한다. 따라서 무실체적 언어 용법에서는, '있음(有)'과 '비었음(空)' 혹은 '없음(無)'이라는 말이 공통점과 차이점을 동시에 지닌다. 모두가 '실체의 부재'를 전제로 한다는 점에서는, '있음(有)'과 '비었음(空)' 혹은 '없음(無)'이 다르지 않다. 그러나 양태의 차이를 반영한다는 점에서는, '있음(有)'과 '비었음(空)' 혹은 '없음(無)'은 같지 않다.

실체적 언어 용법에서는 '있음(有)'과 '비었음(空) 혹은 '없음(無)'은 상호 부정적이다. 따라서 '있음과 비었음(없음)이 다르지 않다'라거나 '있기도 하고 없기도(비었기도) 하다'라고 말하는 것은 모순으로서 허용될 수 없다. 그러나 무실체적 언어 용법에서는 '있음(有)'과 '비었음(空) 혹은 '없음(無)'은 모두 '실체의 부재'를 담고 있다는 점에서 상호 개방적, 상호 포섭적이다. 따라서 '있음과 비었음(없음)이 다르지 않다/있기도 하고 없기도(비었기도) 하다/있는 것도 아니고 없는 것도 아니다'는 등, 필요와 맥락에 따라 긍정/부정의 조합을 얼마든지 자유롭게 할 수 있다.

'공(空)과 유(有)가 다르지 않다는 주장은 억지다'라고 하는 비판

원 문

問. 雖設徵言, 離諸妨難, 言下之旨, 彌不可見. 如言其有不異於空, 此所引喩, 本所未解. 何者? 若實是有, 則異於無. 喩如牛角不同兎角. 若不異空, 定非是有. 喩如兎角無異於空. 今說是有而不異空, 世間無類. 如何得成? 設有同喩, 立不異空, 由前比量, 成不定過.

해 의

세간의 실체적 언어 용법에 지배되어 무실체적 언어 용법을 이해하지 못하는 사람이 제시할 수 있는 전형적 반론을 설정하고 있다. 실체적 언어 용법으로 볼 때, '있음(有)과 비었음(空)이 다르지 않다'는 말은, 마치 실재하는 소의 뿔과 아예 존재하지 않는 토끼의 뿔을 다르지 않다고 주장하는 것처럼 억지 주장으로 보일 것이다.

비판에 대한 역비판─언어 환각을 일깨워주다

원 문

答. 汝雖巧便, 設諸妨難, 直難言說, 不反意旨, 所引譬喩, 皆不得成. 何以故? 牛角非有, 兎角不無故. 如汝所取, 但是名言. 故我寄言說, 以示絶言之法. 如寄手指, 以示離指之月. 汝今直爾如言取義, 引可言喩, 難離言法, 但看指端, 責其非月. 故責難彌精, 失理彌遠矣.

언어에는 크게 두 가지 용법이 있는데, 하나는 실체를 설정하는 것이고 다른 하나는 실체를 설정하지 않는 것이다. 실체 관념에 지배받는 사람은 실체를 전제로 하지 않는 언어 용법이 가능하다는 것조차 알지 못한다. 그가 구사하는 논리와 비유는 모두 실체를 전제로 하는 것이다. 따라서 그 논리와 비유는 실체를 전제로 하지 않는 언어 용법에는 적용되지 않는다. '있음(有)과 비었음(空)이 다르지 않다'는 것은 실체를 설정하지 않는 언어 용법인데, 이것을 실체를 전제로 삼은 논리와 비유로써 비판하는 것은 전제의 오류를 범하는 것이므로 비판 자체가 성립하지 않는다.

실체는 무지의 산물이고 허구다. 따라서 실체를 전제로 삼는 논리는 정밀해질수록 진실과 실재에서 멀어진다. 그리고 이 실체라는 허구를 생성하고 보존하며 강화시키는 결정적 매개가 바로 실체적 언어 용법이다. 그런데 이 실체적 언어 용법의 덫에서 탈출하는 결정적 매개 역시 언어다. 언어를 통해 언어 환각을 치유하는 것, 언어를 통해 실체적 언어 용법을 무실체적 언어 용법으로 전환시키는 것이, 불교의 언어 방편이며 깨달음의 언어다.

'언어 환각에 의한 실체 관념의 수립'과 '언어 환각에서 벗어남(離言)'을 허공 비유와 유식(唯識)의 삼성(三性)으로 설명하다

원문

然今更引聖說離言之喩. 喩如虛空容受一切長短等色屈申等業, 若時除遣諸色色業, 無色虛空, 相似顯現. 謂除丈木處, 卽丈空顯, 除尺木處, 卽尺空顯, 除屈, 屈顯, 除申, 申顯等. 當知. 卽此顯現之空, 似長似短, 離言之事, 如是空事. 隨其所應, 前時容受長短等色, 然所容受色, 異於虛空, 凡夫邪想分別所取. 故喩遍計所執諸法. 雖無所有, 而計異空故. 能容受事, 不異虛空, 非諸凡夫分別所了. 故喩依他起相諸法. 雖實是有, 而不異空故. 又彼遍計所執自性, 非無所依獨自成立, 依他起相爲所依止, 遍計所執方得施設. 喩如虛空離言之事, 隨其所應, 容受諸色.

해의

언어로 인한 환각에서 벗어나는 일을 불교에서는 '말 여윔(離言)'이라 하고, 허공을 드러내는 일에 비유하곤 한다. 허공 가운데 길거나 짧은 등의 갖가지 형상이 있다고 하자. 그 형상들은 사실 허공의 다양한 표현이다. 허공 가운데의 형상이 '한 길 길이의 나무 모습'이라면 그것은 '한 길 길이의 나무 모습을 한 허공'이고, '구부러진 모습'이라면 '구부러진 모습을 한 허공'이다. 그러기에 한 길 길이의 나무 모습이 없어지면 그만큼의 모습 없는 허공이 나타나고, 구부러진 모습이 사라지면 역시 그만큼의 모습 없는 허공이 나타난다.

'실체 없음'을 허공이라 한다면, 허공 가운데의 갖가지 모양과 그것들을 지시하는 언어들도 모두 허공으로서 '실체 없음'이다. 긴 나무에는 '긴 실체'가 없고, 구부린 나무에도 '구부린 실체'가 없다. 실체 없이 존재하는 '긴 나무'이고, 실체 없이 모습을 취한 '구부린 나무'다.

실체적 언어 용법에 지배받는 중생들이 언어에 해당하는 불변의 실체가 따로 있다고 착각하는 것은, 마치 허공 가운데의 이런저런 모양을 보고는 그것들을 허공과는 다른 별개의 사물이라고 생각하는 것과도 같다. 나무 모습을 한 허공을 보고 허공이 아닌 별개의 나무라고 착각하듯이, 불변의 실체가 없는 '나무'라는 가변적 인연 복합체를, '나무'라는 명칭에 해당하는 불변의 실체가 있다고 착각하여 '나무'와 '나무 아닌 것'을 본질적으로 분리시켜 이런저런 판단과 평가를 펼쳐간다. 사실이 아닌 허구를 세워놓고, 그 허구에 입각하여 판단하고 평가한다. 따라서 그 판단과 평가는 원천적으로 진실에서 일탈해 있다. 이처럼 언어에 의거한 존재 환각을 조건으로 펼쳐지는 사유를 '희론적 분별 망상'이라 부른다. 대승불교의 마음의 철학인 유식학(唯識學)에서 거론하는 '의지하여 생겨난 연기적 존재들(依他起相諸法)'과 '두루 헤아려 집착한 존재들(遍計所執諸法)'은 희론적 분별 망상을 인식의 차원에서 해명해 주는 것이다.

망상 분별에 달라붙지 않으면 언어 환각에 가려졌던 참모습이 나타난다

원문

菩薩若離妄想分別, 除遣遍計所執相時, 便得現照離言之法. 介時諸法離言相顯. 喩如除遣諸色相時, 隨其除處, 離色空顯. 由如是等比量道理, 應知諸法皆等虛空. 如『金鼓經』言, "若言其異者, 一切諸佛菩薩行相, 則是執着. 何以故? 一切聖人於行非行法中, 同智慧行, 是故不異. 是故五陰非有, 不從因緣生. 非不有, 五陰不過聖境界故. 非言語之所能及."

해의

언어 환각에 의거하여 펼치던 망상 분별을 망상 분별인 줄 알아 그것에 대한 집착을 놓으면, 언어 환각에 의해 가려지고 일그러져 있던 세상의 온전한 모습을 볼 수 있게 되어 참된 세상이 고스란히 드러나게 된다. 마치 허공 가운데의 모든 형상이 제거될 때, 모양이 아닌 허공이 드러나는 동시에 갖가지 모양들도 허공이었음을 알게 되는 것처럼, 언어에 의해 분별하고 식별하던 모든 것은 별개의 실체가 아니라, 허공에 비유할 수 있는 '실체 없는 것들'임을 알게 된다.

『금고경(金鼓經)』에서 설하듯, 부처와 보살의 모든 행위가 집착이 아닐 수 있는 것은, 그분들이 모든 것을 실체 관념 없이 대하기 때문이다. 그분들은 몸에다가 불변의 실체라는 환각을 씌우지 않고 '있는 그대로' 보기 때문에, 그분들에게 몸은 성스러운 진리 그 자체이다. 이런 경지는 언어 환각을 떨쳐버린 무실체적 언어 용법을 성취한 분들이 누리는 것이니, 언어 환각을 붙들고 있는 실체적 언어 용법에 지배되는 사람들은 넘보지 못한다.

공(空) — 아무것도 없다는 것이 아니라, 단지 불변의 본질을 지닌 무조건적 실체(自性)가 없다는 것이다

원문

慧度經言, "雖生死道長, 衆生性多, 而生死邊如虛空, 衆生性邊亦如虛空." 中觀論云, "涅槃之實際及與世間際, 如是二際者, 無毫氂許異." 瑜伽論云, "若諸有情於佛所說甚深空性相應經典, 不解密意, 於是經中說'一切法皆無自性, 皆無有事, 無生無滅', 說'一切法皆等虛空, 皆如幻夢', 彼聞是已, 心生驚怖, 誹謗此典, 言'非佛說.'" 菩薩爲彼, 如理會通, 如實和會, 攝彼有情. 爲彼說言, "此經不說一切諸法都無所有, 但說諸法所言自性都無所有."

해의

삶과 죽음을 연달아 이어가며 길고 긴 존재 타향의 외로움과 아픔을 겪는 중생. 그러나 삶과 죽음 그리고 중생은 불변의 본질을 지닌 실체가 아니다. 또한 열반과 세간 역시 그러하다. 무실체의 공성(空性)이라는 점에서 삶과 죽음, 중생과 부처, 세속과 열반은 다르지 않다. 이러한 공성의 지평이 마음의 차원에서 열릴 때 삶/죽음, 중생/부처, 세속/열반이 '둘 아니게(不二)' 만나고 통하여 망각했던 고향의 품에 안긴다.

그러나 실체라는 환각에 달라붙어 놓지 못하는 중생들이 이러한 공성의 도리를 들으면 놀라고 두려워한다. 보물처럼 아끼면서 붙들고 있던 실체라는 허깨비가 공성의 빛 앞에서 사라져버릴까 불안하기 때문이다. 오랫동안 의지하고 있던 실체를 잃어버릴 것 같다는 상실감, 실체가 사라져버린 자리의 텅 빈 허무에 대한 두려움이, 그들이 품는 불안과 공포의 원천이다.

이런 중생의 심리와 사정을 꿰뚫고 있는 부처와 보살들은, '공성의 도리가 허무로 이끄는 것이 아니라 오직 근거 없는 실체라는 환각을 제거해 주는 것이니 불필요한 걱정을 할 필요가 없다'라고, 정확하고 친절하게 길안내를 한다. 공성의 도리는 삶과 존재의 박탈이 아니라 진실이 충만한 지고의 행복을 구현시켜 주는 것임을 납득시켜 준다. 그리하여 중생들로 하여금 공성의 도리에 계합하고(會) 수용하게(通) 하고, 그들이 진실과 어울리고(和) 만나게(會)하여 진리의 품에 안기게 한다.

언어에 해당하는 본질이나 실체는 없다

원문

雖有一切所言說事, 依止彼故諸言說轉. 然彼所說可說自性, 據第一義非其自性. 譬知空中有衆多色色業, 可得容受一切諸色色業. 謂虛空中現有種種, 若往若來屈申等事. 若於介時, 諸色色業皆悉除遣, 即於介時, 唯無色性清淨虛空相似顯現. 如是即於相似虛空, 離言說事.

부처와 보살들은 말을 한다. 그들이 말하는 것은 중생들 때문이다. 그런데 중생들은 부처와 보살들의 말을 들으면서 그 언어 세계에 불변의 본질을 지닌 실체를 부여한다. '부처', '열반', '공', '중생', '윤회' 등의 모든 언어가 불변의 본질이나 실체를 지니고 있다고 생각한다. 그러나 그런 본질이나 실체는 없다. 중생의 언어뿐 아니라 부처와 보살의 언어에도 불변의 본질이나 실체는 없다. 언어는 조건에 따른 부호의 발생일 뿐이다. 부처와 보살의 언어는 이러한 무실체의 도리를 알려 주려는 방편이고, 공성의 지평으로 안내하는 길이다. 언어 환각을 붙들고 있는 실체적 언어 용법을, 언어 환각을 놓아버린 무실체적 언어 용법으로 전환시켜 주는 언어가, 부처와 보살의 언어다.

언어 환각과 망상 분별의 증폭은 본래 공(空)하다

有其種種言說所作邪想分別, 隨戲論着, 似色業轉. 又卽如是一切言說邪想分別, 隨戲論着, 似衆色業, 皆是似空, 離言說事之所容受. 若時菩薩, 以妙聖智除遣一切言說所起邪想分別隨戲論着, 尒時菩薩, 最勝聖者, 證得諸法離言說事. 唯有一切言說自性, 非性所顯. 喻如虛空淸淨相顯, 亦非過此. 有餘自性, 應更尋思故.

언어에 수반하는 속성인 고정/동일/상반성은 언어 세계에 불변의 실체를 부여하게 한다. 그리고 실체화된 언어 세계에 의거한 사유 과정은, 실체 관념이 본래 허구이기 때문에, 진실에서 일탈한 왜곡된 판단과 평가로 채워진다. 이것이 분별 망상이다. 그런데 이 분별 망상은 다시 언어 세계에 작용하여 언어 환각을 강화하고 발전시킨다. 언어와 분별 망상의 이 상호 작용으로 인해, 중생의 삶은 존재 환각을 발생/유지/발전시키는 실체적 언어 용법의 노예가 된다. 사유와 욕구 그리고 행위가 온통 언어 환각에 사로잡힌 분별 망상을 움켜쥐고 전개된다.

그러나 언어 환각의 어둠이 짙고 망상 분별의 망동이 맹렬할지라도, 망상 분별의 토대로 작용하는 '불변의 본질이나 실체'는 본래 없다. 오직 실체라는 환각을 불러일으키는 언어가 있을 뿐, 언어 속에 자리 잡고 있거나 혹은 언어가 대변하는 별도의 본질이나 실체는 애초부터 존재하지 않는다. 중생이 본능처럼 설정하는 모든 본질이나 실체들은 언어 환각에 속은 망상 분별이 지어낸 것일 뿐이다. 대승의 길을 걷는 보살이 이러한 사정과 도리를 꿰뚫어 언어 환각에서 벗어나고 망상 분별을 놓아버려, 실체 없이 연기적으로 발생하는 존재의 참모습을 있는 그대로 직면하게 되면, 그는 최고로 수승한 성자다.

공(空)/유(有) 화쟁에 관한 내용으로서
일본 명혜의 『금사자장광현초(金師子章光顯鈔)』에 인용된 내용

원문

和諍論云, "不可以有限心, 測量無限之法, 起增減見, 墮闡提網. 如經言, '若有四部, 若起增見, 若起減見, 諸佛如來, 非彼世尊. 如是等人, 非我弟子.' 此人以起二見因緣, 從冥入冥, 從闇入闇,我說是人, 名一闡提." (明惠(高弁), 『金師子章光顯鈔』 卷下, 『大日本佛敎全書』 13, p.207a.)

해의

일천제(一闡提, icchantika/욕망을 끊지 못한 사람)라는 불교 용어가 있다. 워낙 해탈과는 반대되게 살기 때문에 도무지 부처가 될 수 있는 가능성이 없어 보이는 사람을 일컫는 말이다. 당나라 현장의 유식경론 한역(漢譯)으로 성립한 법상종에서 '불성(佛性)이 없는 중생이 있다'고 주장할 때 근거로 삼는 개념이기도 하다. 법상종의 이러한 주장으로 인해, '모든 중생은 불성을 지닌다'고 하는 불성의 보편성 주장과 '불성이 없는 중생이 있다'고 하는 차별성 주장 사이의 상호 배타적 불화가 생겨난 모양이다. 그래서 원효는 이 쟁론을 화쟁 대상의 하나로서 선택하고 있는데, 『십문화쟁론』의 한 주제이기도 하다.

원효는 '성불의 길이 막힌 사람'으로 평가받는 '일천제'를 실체 관념과 관련시켜 파악한다. 허구인 불변의 실체 관념에 의거하여 세계를 '항상 있음(有/常見/增見)'이나 '전혀 없음(無/斷見/減見)'으로 읽어내는 한, 온전한 진리 세상과 만날 수는 없다. 그런 사람은 존재 환각이 드리운 어둠 속을 이리저리 헤매며 거기에서 벗어날 수가 없다. '성불의 길이 막힌 사람(一闡提)'이라 불러야 한다면 바로 이런 사람이 그에 해당한다. 그러나 실체 관념은 결정된 본질이 아니다. 성찰과 수행에 의해 언제든지 털어버릴 수 있다. 그런 점에서 '본질적으로 성불할 수 없는 사람'은 없다. '일천제'는 본질적 실체가 아니다. 막혔던 성불의 길은 언제든지 열릴 수 있다. 원효는 이러한 입장을 천명하고 있다.

공(空)/유(有) 화쟁사상 해설
— 공(空)과 유(有)에 관한 잘못된 이해를 바로잡고
집착을 풀어주는 화쟁 —

쟁론과 화쟁의 분기점—언어와 마음

『십문화쟁론』 공/유 화쟁이론은 쟁론과 화쟁의 분기점으로서 언어와 마음의 문제를 주목하고 있다. 그리하여 '인식의 언어적 환각'과 '견해의 배타적 다툼'이 맺고 있는 연관성(혹은 조건성)을 밝혀주는 동시에, 실체 관념을 그 내용으로 하는 언어 환각의 치유가 화쟁의 핵심 관건이라는 통찰을 전개하고 있다. 공(空)과 유(有)라는 언어를, 서로 섞일 수 없는 이질적 본질을 지닌 실체의 표현이라고 간주하는 마음이 '공과 유를 서로 다른 것이라 주장하는 잘못된 집착'의 토대라는 것, 따라서 이 잘못된 집착에서 풀려나려면 '언어적 환각'에서 깨어나는 마음 국면을 열어야 한다는 것이, 이 화쟁 이론의 핵심이다.

언어와 인지 왜곡의 상관성을 밝혀가는 화쟁 이론을 통해, 언어와 인식, 마음에 관한 원효의 깊은 철학적 혜안을 만나게 된다. 또한 존재의 '있음(有)'과 '실체 없음(空)'의 의미에 관한 오해들을 치유해 가는 화쟁 논의를 통해, 세계를 '실체 없이 존재하는 것'으로 파악하는 동시에 그러한 세계관으로써 세상과 '하나로 만나는' 원효의 '막힘없는 삶의 지평'이 어떤 통찰을 토대로 삼고 있는 것인지도 확인하게 된다.

'있음(有)'과 '없음(無)'에 관한 연기론(緣起論)적 관점과 실체론(實體論)적 관점 그리고 공성(空性)

존재를 보는 인간의 시선은 크게 두 유형의 전통으로 대별된다. 실체 혹은 본질에 의거하여 존재를 이해하는 전통과, 그렇지 아니하는 전통이 그것이다. 그리고 존재론의 전통을 주도해 온 것은 전자이다. 불변의 속성(본질)을 배타적으로 소유하는 독자적 존재가 실재한다고 생각하는 실체론이나 본질주의가, 존재를 보는 인간의 시선을 압도적으로 지배해 왔다. 이 실체론이나 본질주의는, 비록 포스트모더니즘 계열의 사상들에 의해 집중적으로 비판받고 있지만, 아직까지도 철학과 종교는 물론 인류의 상식을 광범위하게 장악하고 있다.

동일한 속성을 지닌 불변의 본질이 있다는 생각, 그리고 그러한 본질을 영원히 소유하면서 타자들과 본질적으로 격리된 채 독자적으로 존재하는 배타적 실체가 있다는 생각은, 인간의 내면에 마치 본능처럼 자연스럽고 깊게 뿌리내려 있다. 본질이나 실체 관념은 장구한 세월 동안 축적되고 전승되어 온 일종의 '존재론적 유전자'다.

감관에 의거한 상식으로 볼 때, 나의 몸과 타자의 몸, 사물들은 명백히 개별적으로 분리되고 고정되어 있는 것으로 보인다. 정신이든 몸이든 물질이든 간에, 그것 혹은 그 속에는, 동일한 본질을 지닌 채 변치 않으며 그 어떤 것에도 의지할 필요 없이 독자적으로 존재하는 '그 무엇'이 있을 것처럼 생각된다. 불변의 본질이요 실체라 할 수 있는 바로 '그것' 때문에, 내 몸과 정신은 '나의 것'일 수 있고, '남의 것'과 본질적으로 다른 개체일 수 있으며, 세계는 각기 분리된 그 개체들의 나열인 것으로 보인다. 만약 그렇다면 세상은 서로 섞이거나 공유할 수 없는 불변의 순일한 본질을 지닌 배타적 실체들의 병렬 조합이다. 모든 유, 무형의 존재는 그 명칭에 해당하는 불변의 본질 혹은 실체를 소유한 분리된 개체일 것이다. 언어로 지시하는 주관과 객관의 모든 것은 배타적 자립성을 지닌 불변의 독자적 개체들로서, 자폐적이고 자기 충족적으로 분립되어 있는 것이 세계의 실재일 것이다.

그런데 이러한 본질주의 내지 실체론적 세계관의 허구성을 간파한 후, 본질이나 실체를 설정하지 않고 존재를 파악하려는 일련의 통찰들이 있다. 불교나 노장사상을 핵심으로 하는 동아시아 현학(玄學) 전통이 그 오래된 뿌리라면, 실체론과 본질주의를 해체하려는 포스트모더니즘 계열의 통찰들은 가장 젊은 가지요 열매들이다. 이 비본질주의, 무실체론의 통찰을 전면에 내세운 지혜의 전통, 면밀한 체계적 이론과 검증 방법(수행론)으로 그 통찰을 뒷받침했던 가장 오래되고 성공적인 전통은, '불교'라는 이름의 통찰 계보이다. 불교라는 혜안은, 불변의 본질이나 실체가 '근거 없는 존재 환각'이라는 점을 조목조목 밝혀낸다. '있음(有)'과 '실체 없음(空)'의 의미에 대한 오해를 치유해 가는 원효의 화쟁 논의는, '실체 없이 존재하는 세계'를 포착해 내는 불교적 혜안의 통찰과 그 언어 계보의 핵심을 정확하게 소화해 내고 있다.

불변의 본질이나 실체의 부재를 밝히는 붓다의 통찰은 니까야(Nikāya)가 전하는 초기불교의 연기(緣起 paṭicca-samuppāda, 緣하여 paṭicca 함께sam 일어남uppāda, 조건적 생성) 및 무아(無我 anattan, 실체의 부재) 이론에서 잘 나타나고, 대승불교는 같은 통찰을 중관(中觀)의 공(空, śūnyatā) 이론 및 유식(唯識)의 마음 이론으로 계승한다.

'연기/무아/공' 등으로 드러내는 통찰의 핵심은 '조건적 발생'이다. 어떤 존재나 현상도 독자적/무조건적/불변의 것이 아니라, 조건적/가변적으로 생성/유지/변화/소멸한다는 것이 연기적 통찰이다. '조건적'이라는 말은 조건들의 인과적 관계와 작용을 지시하는데, 존재와 현상의 조건적/인과적 발생과 상호적 의존/연루/개방/작용의 면모를 밝혀준다. 또한 무상(無常)이라는 '가변성'이 모든 조건적 발생을 관통하고 있다. 따라서 모든 존재와 현상은 조건적 관계/작용의 무단(無斷)한 흐름/과정이다.

정신이건 물질이건, 주관이건 객관이건, 경험 가능한 모든 현상과 존재의 생성/유지/변화/소멸은 이처럼 '조건적으로' 발생하며, 게다가 그 '조건들'은 가변적이다. 따라서 그 어떤 조건도 필요로 하지 않는 절대적 자기 충족성과 불변의 동일성을 지닌 실체나 본질은 실재하지 않는다. 모든 본질주의나 실체론은 무조건적 독자성과 불변의 동일성을 전제로 하는 것인데, 인간이 대면하고 경험하는 세계 그 어디에서도 그러한 실체나 본질은 확보되지 않는다.

신체의 그 어떤 물질적 존재나 현상들도 예외 없이 '조건적으로' 발

생한다. 보고 듣고 먹고 마시고 냄새 맡는 모든 행위, 호흡, 보행, 손동
작, 발동작 등, 그 어떤 것도 '독자적'이거나 '불변하는' 것이 아니라 '조
건적'이고 '가변적'이다. 어떤 현상을 발생시키는 조건들을 어떻게 분류
하고 분석하며, 또 그 조건들의 상호 연관과 인과 관계를 어떻게 포착
하고 기술하는가의 문제는 또 다른 과제이지만, 어쨌거나 모든 신체 현
상은 '조건적'이고 '가변적'으로 발생한다. 모든 정신 현상도 마찬가지
이다. 지각 기능, 지각 정보, 인지, 기억, 비교, 분석, 추리, 예측 등 모든
것이 예외 없이 '조건적/가변적'으로 발생한다. 예컨대 지각은 감각 기
관으로부터 얻은 정보뿐만 아니라, 신체의 모든 작용과 정보 및 그 정
보를 통합하는 뇌 작용 등이 일체가 되어 상호 조건적으로 결합하여 이
루어지는 복잡한 지각 시스템의 산물이다.

신체와 정신 현상 역시 상호 조건적으로 관계 맺고 작용한다. 세포,
신경, 근육, 골격, 장기, 뇌, 정신 현상 등, 심신을 구성하는 모든 조건과
현상은 상호 관계와 상호 작용에 의해 시스템적으로 발생한다. 개인의
심신 현상뿐 아니라 세계 내의 모든 현상도 역시 '조건적/가변적'으로
발생하고 전개된다. 물질과 정신 현상의 이 조건적 발생을 법칙적으로
포착하여 면밀하게 기술하려는 행위들을 우리는 과학이라 부른다.

경험과 검증이 가능한 현상과 세계는 이처럼 조건적으로 발생하기
에, 그 어디에도 무조건적 존재나 현상은 없다. '있다'고 지칭하는 것도
'불변의 무조건적 있음'이 아니라 '가변적인 조건적 있음'이고, '없다'고
하는 것도 '불변의 무조건적 실체나 본질의 실종'이 아니라 '가변적인
조건적 없음'이다. '있음'이나 '없음' 모두 가변적 조건에 따른 현상의 어
떤 양상을 지칭한다. '있음'이나 '없음'은 이처럼 '조건적 발생'의 두 양

상이라는 점에서, 양자 모두 연기적 현상이고 공성(空性, 실체의 부재)이다. 만약 '불변의 무조건적 실체나 본질'이 실재하고, '있음'과 '없음'이 각각 그러한 실체나 본질의 현현과 실종을 지시하는 것이라면, '있음'과 '없음'은 본질적으로 격리된 채 상호 부정한다. 이때 '있음'과 '없음'은 상호 포섭되거나 등가적으로 치환될 수 없는 단절로서, '영원히 무조건 같은 것으로 있음(불교 용어로는 常)'이거나 '영원히 무조건 아주 없음(불교 용어로는 斷)'이다. 그러나 '불변의 무조건적 실체나 본질'은 본래 존재하지 않는다.

세계를 포착하는 인간의 인지는 '있음(有)'과 '없음(無)'이라는 상반된 두 개념 항(項)에 의존한다. '있음(有)'과 '없음(無)'은 인지의 존재론적 경험 범주를 구성하는 토대이다. 그런데 이 '있음(有)'과 '없음(無)'에 관한 관점은 두 유형이 엇갈리고 있다. 하나는 '불변의 무조건적 실체나 본질'의 실재를 전제로 '있음(有)'과 '없음(無)'을 상호 배제적으로 읽는 실체론적 관점이다. 다른 하나는 실체나 본질을 전제하지 않고 '가변적인 조건적 발생'이라는 연기의 통찰에 입각하여 '있음(有)'과 '없음(無)'을 동일한 연기성(緣起性)의 두 양상으로 읽는 연기론적 관점이다. 연기론적 관점은 '있음(有)'과 '없음(無)'의 양자를 상호 포섭, 등가적 상호 치환의 관계로 본다. 인지의 광범위한 통념적 관행은 실체론적 관점을 취하고 있지만 그 전제가 허구이고, 연기론적 관점은 실재에 부합하나 인지의 관행에서 소외되고 있다.

'있음(有)'과 '없음(無)'을 동일한 존재 법칙의 두 양상으로 파악하게 하는 연기성(緣起性)을 공(空) 혹은 공성(空性)이라 부른다. 공 혹은 공성은 '있음(有)'과 '없음(無)'이라는 상반된 현상을 동일한 존재 법칙의 두 양상으로 포섭케 하는 상위의 관점이다. 연기의 통찰이나 공성을 제대로 파악하면, '있음'과 '없음'은 같기도 하고 다르기도 하다. '있음'과 '없음'은 모두 연기적 발생인데, '연기적'이라는 측면에서는 '있음'과 '없음'이 '같다'고 할 수 있지만, '발생'의 측면에서는 상이한 양상이므로 서로 '다르다'고 할 수 있다. 그래서 원효는 이렇게 말한다.

"'있음(有)'이라고 인정한 것일지라도 그 '있음'은 불변의 독자적 실체로 있는 것이 아니어서 '비었음(空)'과 다르지 않다. 따라서 '있다'고 말할지라도 어떤 실체를 설정하는 것이 아니다. '있다'라는 말은 그것을 지시하기 위해 언어 방편을 시설한 것이므로 '있다'라는 말로 지시한 것이 그 어떤 불변의 독자적 실체가 되는 것은 아니지만, 실체가 아니라고 해서 그것이 아무것도 없는 것은 아니고, '있다'라고 부를 만한 '어떤 것(존재나 현상)'이기는 한 것이다. 그러므로 비록 '비었다(空)'라고 말하여도, (본래 실체가 없으므로 있던 실체가 없어져서) 아무것도 없는 상태가 되는 것이 아니다. 앞에서 말한 '실제로 이것이 있음(有)'이라는 것은, (실체가 아닌 존재라는 점에서) '비었음(空)'과 다르지 않은 있음(有)'이고, 뒤에서 말한 '있음(有)이 되지 않는다'라는 것은 '실체 없는 것(空)'이 아닌 있음(有)'이 (즉 '실체로서의 있음'이) 되지 않는다는 것이다. 그러므로 ('있음(有)'과 '비었음(空)'이라는 말과 그 말을 사용하는 앞의 설명들은) 모두 허용되어 서로 모순이 되지 않는다. 실체를 설정하는 말들이 아니기 때문에 '있음'이나 '비었음(없음)'이라는 말이 모두 같은 의미로 통용될 수 있고, 또한 '실체가 없다'는 말이 '아무것도 없다'는 뜻은 아니기 때문에 '있음'이나 '비었음(없음)'이라는 말이 서로 다른 뜻으로 사용될 수도 있다. '아무것도 없는 것은 아님'이라 해도 그것은 또한 '실체 없이 있음'이니, '있음(有)이 비었음(空)과 다르지 않다'고 말하는 경우가 그것이다. 그러므로 비록 '있음'과 '비었음(혹은 없음)'이라는 말을 서로 다른 뜻으로 사용할 수 있지만, 그럴 때라도 '실체는 없다'는 본래의 근본취지를 잃지 않는다. 따라서 '있다/없다(비었다)/있기도 하고 없기도(비었기도) 하다/있는 것도 아니고 없는(빈) 것도 아니다'는 등으로 판단명제의 조합을 자유롭게 구사해도 모순에 빠지지 않는다."

언어 환각과 공성(空性)에 관한 오해

1) 언어 환각

연기나 무아/공의 통찰을 왜곡하거나 가로막는 최대의 장애물은, 실체 관념에 의거한 '있음(有)/없음(無)'의 개념 범주와 그에 대한 정신적 습관이다. '있음'과 '없음'에 관한 인간의 시선은, 언제부터인지 그 시초를 확인할 수조차 없는 시간 동안, '불변의 무조건적 실체'라는 존재 환각에 지배받아 왔다. 그 통념의 관습에 지배되는 사람은, '있음(有)'을 '영속하는 본질이나 그러한 본질로 채워진 실체의 존재'로 읽는다. 따라서 그에게 '없음(無)'이란 '실체의 부재로서의 허무'가 된다. 존재인 '있음'은 불변의 본질로써 꽉 채워진 실체의 존치이고, 비존재인 '없음'은 실체의 상실로서 아무것도 남아 있지 않은 허무로 간주된다. 그런데 이 '불변의 실체'라는 존재 환각과 그에 의거한 허구적 통념의 관습을 생성/유지/강화/발전시키는 강력한 매개이자 통로는 언어다.

(1) 언어와 존재 그리고 불교

필경 언어란 놈이 관건이다. 인간 특유의 그 다층 복합적인 욕망과 생각, 감정과 행동은 이미 그 자체가 언어다. 세계를 읽고 구성하며 반응하는 모든 경험물은 속속들이 언어적이다. 인간은 언어로 보고 듣고, 언어로 느끼며, 언어로 생각한다. 보고 듣는 것이 언어요, 느끼고 욕망하는 것이 언어며, 생각하고 궁리하는 것도 언어다. 언어가 곧 인간 존재라고 하는 통찰은 충분히 타당하다.

언어가 사고나 인식을 전달하는 도구적 매체라고 하는 관점은 단면적이고 불충분하다는 것이 명백해지고 있다. 사고나 인식은 언어적 규정력에 의해 비로소 분절된 내용을 확보하게 된다고 보는 것이 언어의 진실에 더 부합한다.[35]

언어는 존재를 조각한다. 언어는 존재의 유사체인 그림을 재현하고 전달할 것이라고 하는 관점은 더 이상 지지받기 어렵다. 인식이란 것은 존재의 유사체인 그림을 파악하는 일이며, 언어는 외계에 대한 일종의 그림이며 전달 매체라고 보는 것이 철학적 상식이지만, 사실은 그 그림 자체가 언어에 의존하고 있다.

언어가 없다면 사유 그 자체는 내용 없는 질료이며 흐름에 불과하다. 언어는 이 무정형의 질료와 흐름에 형태를 부여하고 흐름을 인도한다. 언어는 사유의 틀이자 길이다. 인간의 인식과 체험은 언어를 통

35_ 언어와 사유 및 언어 규정력에 관한 철학적 논의는 남경희의 「언어의 규정력」(『철학적 분석』, 한국분석철학회 학회지 창간호, 2000), 「글, 그림, 그리고 사물」(이화여대 인문대 교수학술제 대회보, 2001) 참조.

해서 비로소 어떤 모습을 지닌 것으로 규정되며 객관적으로 공유 가능한 것이 된다. 감관을 통해 형성된 그 어떤 체험일지라도 언어적으로 규정되지 않으면 체험이라 하기 어렵다.

사유의 도구는 개념이다. 우리는 개념을 통해 경험의 복잡다단한 세계를 질서 있게 정리한다. 개념은 세계를 구체적이고 특수한 내용으로 정리하고 담아내는 틀을 형성하는 기초이다, 그런데 어떤 내용(형상)을 쥐고 있는 개념은 사유만으로 만들어진다고 할 수 없다. 무정형의 질료인 사유는 타자와 구별시키는 어떤 형식이나 틀에 담겨야 비로소 분절된 정체성을 지닌 개념이 된다. 그리고 사유를 분절시켜 특정한 정체성을 지니게 하는 틀을 제공하는 것은 바로 언어기호이다. 언어는 개념의 집이고 틀이다. 따라서 언어기호는 사유의 궤도이며, 사유는 언어에 의존하고 있다.

언어와 사유는 불가분리적으로 밀착되어 있는데, 이들은 상호적으로 접촉하면서 동시적으로 분절되어 정체성을 확보한다. 언어와 사유의 분절적 정체성은 양자 간의 접촉을 통해서만 생성된다. 사유는 언어와 접촉하여 분절되고, 유형적으로 규정되며, 언어는 사유와 접촉하면서 분절되어 객관적 유형성을 확보한다. 양자는 한 몸처럼 상호의존적으로 밀착되어 있다. 굳이 양자를 분리시켜 그 선후를 생각한다면 사유가 언어에 선행한다기보다는 오히려 언어가 사유에 우선적이며, 아니면 적어도 동시적이다.

인식 행위라는 것은 이미 지니고 있는 개념을 잣대로 삼아 외계를 측정하여 그 모습을 드러내거나 부여하는 일이다. 잣대에 맞는 것만이 인식과 사유 세계로 들어온다는 점에서 인식은 개념 선택적이고 능동적이다. 그리고 개념의 틀이 언어기호라는 점에서, 결국 언어는 세계 규정력과 구성력을 지니고 있다. 무엇인가를 생각하고 대상을 인식하며 세계와 만나고 경험하는 모든 과정은 언어적이며, 적어도 언어 의존적이다.

미망(迷妄)의 구속과 해탈의 자유 그 분기점에 언어가 있다는 것을, 그토록 철저하고 일관되게 다루어온 유일한 전통은 불교였다. 해탈 수행법을 구성하는 여덟 가지 수행 항목들(팔정도) 가운데 하나가 '언어 수행(正語)'이라는 점은, 인간 존재와 언어의 불가분리적 밀착성에 대한 불교적 통찰을 대변하고 있다. 존재의 궁극적 평안과 자유를 근원적으로 장애하는 무명(無明)의 핵심 내용인 '허구적 자아 관념/실체 관념'이 언어에 의해 형성/유지/강화되고 있다는 붓다의 통찰[36]은, 언어와 사유/인식의 밀착성과 범부들의 일상 언어적 환상을 놀랍도록 정확하게 지적하고 있다.

세상을, 무엇인가를, 감관을 통해 접하는 순간, 유전자처럼 각인되어 있던 언어 관념은 자기 업력에 맞추어 세상을 구성해 낸다. 마치 모양대로 찍어내는 주물처럼, 그물코 크기대로 건져 올리는 그물처럼, 언어 업력은 감관적 경험의 내용을 만들어 낸다. 이 과정은 찰나찰나 단절됨 없이 이어지지만, 어둡고 둔하고 거친 마음 상태로는 인지는커녕 이해나 상상도 못 한다.

언제부턴지, 어떤 인과 관계를 통해서인지는 알기 어려우나, 언어 업

36_『디가니까야』「뽓따빠다의 경」(전재성 역주, 한국빠알리성전협회, 2011, p.447-448).

력은 이미 층층으로 두텁게 누적되어 있다. 인간은 태어날 때 이미 그 언어 업력을 유전자처럼 가지고 태어난다. 살아가면서 새로운 요소들을 추가하며 가꾸어 가는 이 언어 업력이, 허상(虛像)을 만들어 유지, 발전시켜 가는 것을 불교에서는 희론 분별(戱論分別)이라 부른다. 희론 분별 속에서는 삶의 근원적 평안이 불가능하다는 통찰이 다름 아닌 '고통에 관한 고귀한 진리(苦聖諦)'의 속내이기도 하다.

붓다의 전통은 언어 업력이 어떤 고약한 짓을 벌이고 있는지를 세세하게 들추어 일깨워 준다. 동시에, 어떻게 해야 언어의 덫에서 풀려날 수 있는지를 정확하고 친절하게 일러준다. 흥미로운 것은 이 모든 과정에서 언어가 동원되고 있다는 점이다. 언어를 통해 언어의 함정을 깨우쳐 주고, 언어를 통해 언어의 덫에서 풀려나는 도리와 방법을 알려주고 있다. 언어는 존재 구속과 해방의 두 면모를 동시에 지니고 있는 것이다. 언어는 저주인 동시에 축복이다. 언어의 이 양면성을 있는 그대로 직시하여 언어 부정과 언어 긍정을 쌍으로 굴리는 것이 불교인 셈이다.

(2) 언어 환각과 언어 붙들기—희론(戱論)의 그늘

언어기호에 의해 분절된 정체성을 확보하는 개념의 특징은 '확정성'과 '동일성' 그리고 '상반(相反)관계' 구성이다. 언어에 의해 구획되어진 틀에 담긴 개념의 내용은 분절된 고정적 확정성과 동일성을 담지한다. 그리고 사유와 인식의 구성 단위가 개념이고, 개념의 틀이 언어라는 점을 감안한다면, 사유와 인식 역시 그 내용이 분절적 확정성과 고정성 및 동일성에 의거하여 새겨진다. 사유와 인식이 언어적인 만큼 그에 상응하여 개념적 사유와 인식은 분절된 확정성과 고정성 및 동일성의 씨줄/날줄로 그 내용을 직조해 간다. 실체성의 환각을 수반하는 것이다.

또한 개념은 항상 반대되는 이항(異項)과의 관계를 수반한다. '~인 것'은 언제나 '~이 아닌 것'과 짝을 이루어 성립한다. 언어에 의한 개념적 사유/인식은 긍정/부정의 상반적 이항(異項) 대립 관계와 범주에서 작동한다. 개념적 사유의 이러한 상반적 구조는 개념의 실체적 환각과 결합하여 허구의 이분법적 세계를 구성한다.

이와 같이 언어적 사유/인식의 개념적 직조물은 거대한 언어적 존재 환각을 잉태하고 있다. 경험 가능한 존재들 속에서 불변의 고정적/동일적 내용물은 사실상 존재하지 않는다. 언어기호에 의한 개념적 사유/인식은 언어 그림이 지시하고 있을, 혹은 매개하고 있을 것으로 상정하는 분절된 불변/동일의 존재를 설정하고 있으나, 언어기호에 해당하는 고정불변/동일/독자의 존재는 사실계에서 확보되지 않는다. 붓다의 통찰처럼, 언어는 세속적 관행에 따른 용법일 뿐 그에 해당하는 불변의 자아는 존재하지 않는다.[37] 붓다의 말씀처럼, 경험 가능한 존재들은 보편적으로 무상(無常)하며 무아(無我)이다.

인간의 사유와 인식이 개념을 토대로 구축된다면, 그리고 개념의 내용을 부여하는 틀이 언어기호라면, 언어 의존적일수록 언어 환각은 견고해진다. 언어를 붙들면 붙들수록, 언어에 붙들리면 붙들릴수록, 존

37_ 『디가니까야』「뽓따빠다의 경」, 같은 책.

재 환각도 깊이 뿌리내린다. 언어의 규정적 구성력은 세계 생성의 힘인 동시에, 존재 환각의 원천이기도 한다. 언어에 의한 개념적 사유/인식이 존재 환각을 생성하여 삶을 공격한다는 점을, 아마도 가장 일찍 그리고 깊숙이 간파한 분이 붓다이며, 그분의 통찰을 이어간 것이 불교전통일 것이다.

언어에 의한 개념적 사유/인식의 환각성과 그 덫을 들추어내는 붓다의 통찰은 빠빤짜(papañca, mental proliferation/사념의 확산, 희론)와 빠빤짜싼냐쌍카(papañcasaññāsaṅkhā/희론에 오염된 관념)에 관한 설법에서 잘 드러난다.[38] 『맛지마니까야』의 「꿀과자의 경(Madhupiṇḍikasutta)」은 이 문제를 거론하는 대표적 사례이다.

　　[수행승] "세존이시여, 어떻게 신들의 세계, 악마들의 세계, 하느님들의 세계, 성직자들과 수행자들, 그리고 왕들과 백성들과 그 후예들의 세

38_ 냐냐난다(Ñāṇananda) 스님의 『Concept and Reality in early Buddhist thought—An essay on 'papañca' and 'papañca-saññā-saṅkhā'』(Buddhist Publication Society, 1971)는 빠빤짜(papañca)와 빠빤짜싼냐쌍카(papañcasaññāsaṅkhā)를 중심으로 개념적 사유가 안고 있는 환각적 덫의 문제를 집중적으로 분석하고 있는 탁월한 글이다. 이 책은 아눌라 스님에 의해 번역되어 있다(『위빠사나 명상의 열쇠 빠빤차』, 한언, 2006). 냐냐난다 스님은 빠빤짜 문제와 관련된 니까야 관련 구절들을 망라하면서 빠빤짜와 해탈의 상관성을 세밀하게 파고 있다. 빠빤짜로부터 자유로워지는 방법에 관한 부처님 설법을 이해하는 냐냐난다 스님의 견해가 얼마나 정확하고 충분한 것인지는 신중히 살펴야 할 대목으로 보이지만, 『청정도론』이 지니고 있는 해석학적 권위에서도 비판적 거리를 유지하며 빠빤짜의 불교적 의미를 탐구하고 있는 이 책의 무게와 전반적 타당성은 단연 돋보인다.
　　빠빤짜와 빠빤짜싼냐쌍카의 의미와 관련하여 냐냐난다 스님은, '생각의 착수인 위따까(vitakka)의 결과로 빠빤짜가 나타나기 때문에, 빠빤짜는 관념이 형성되는 과정에서 사색의 상태인 위짜라(vicāra)의 상태보다 일보 나아간 조금 더 복잡한 상태로서, 빠빤짜의 어원이 〈퍼져나가다〉, 〈확산하다〉, 〈발산하다〉, 〈여럿으로 되다〉이므로, 빠빤짜는 개념이 형성되는 과정에서 원래의 어떤 것으로부터 확산된 상태라 볼 수 있다'고 하면서 '위

계에서 어떠한 자와도 싸우지 않는다는 것이며, 그리고 감각적 쾌락에 대한 욕망을 떠나고, 의혹을 벗어나, 회한을 끊고, 존재와 비존재에 대한 갈애를 끊은 그 거룩한 님에게는 어떻게 지각이 경향을 갖지 않는다는 것입니까?"

[세존] "수행승이여, 어떤 원인으로 인간에게 희론에 오염된 지각과 관념[39]이 일어나는데, 그것에 대해 환희하지 않고 주장하지 않고 탐착하지 않는다면, 그것이 탐욕의 경향을 끝내는 것이며, 성냄의 경향을 끝내는 것이며, 견해의 경향을 끝내는 것이며, 의혹의 경향을 끝내는 것이며, 자만의 경향을 끝내는 것이며, 존재에 대한 탐욕의 경향을 끝내는 것이며, 무지의 경향을 끝내는 것이며, 몽둥이 잡는 것, 칼을 드는 것, 투쟁, 싸움, 논쟁, 언쟁, 이간, 거짓을 끝내는 것이다. 여기서 악하고 불건전한 상태는 남김없이 사라진다."

붓다의 말씀을 이해하기 어려웠던 수행승들은 깟짜나 존자에게 찾

따카와 위짜라는 항상 함께 다니는 것으로서 위짜라가 원래의 어떤 것으로부터 벗어난 상태라 할지라도 아직 지적 정교함과 체계적인 면을 유지하는 데 비해, 빠빤짜는 생각의 뿌리로부터 아예 떨어져 나가거나 주제도 없이 사념들이 꼬리를 물고 돌아다니는 경향이 있음을 암시한다. 위짜라가 정신적 영역에서 조화 상태를 말한다면 빠빤짜는 혼돈을 말한다고 할 수 있다. 그리고 빠빤짜싼냐쌍카는 사념의 확산을 거치며 일어난 〈개념화 경향의 특성을 갖는 관념이나 언어적 규정〉을 의미한다'고 이해한다(『위빠사나 명상의 열쇠 빠빤차』, pp.25-27). 그러나 사유 단계인 위따카와 위짜라 역시 언어적 규정과 결합되어 있으므로 이미 개념적이며, 희론적 존재 환각에서 자유롭지 못하다고 보아야 할 것이다.

39_ 전재성은 빠빤짜싼냐쌍카를 '희론에 오염된 지각과 관념'으로 번역한다(전재성 역주, 『맛지마니까야』「꿀과자의 경(Madhupiṇḍikasutta)」, 한국빠알리성전협회, 2009, p.260).

아가 그 의미를 묻자, 깟짜나 존자는 다음과 같이 그 뜻을 설명해 준다. 그리고 붓다는 깟짜나 존자의 설명이 당신의 의중을 그대로 드러낸 것이라고 추인하신다.

> [깟짜나] "벗들이여, 시각과 형상을 조건으로 시각 의식이 생겨나고, 그 세 가지를 조건으로 접촉이 생겨나고, 접촉을 조건으로 느낌이 생겨나고, 느낀 것을 지각하고, 지각한 것을 사유(vitakka)하고, 사유한 것을 희론(papañca)하고, 희론한 것을 토대로 과거, 현재, 미래에 걸쳐 시각에 의해서 인식되는 형상에서 희론에 오염된 지각과 관념(papañcasaññāsaṅkhā)이 일어납니다. (이어서 나머지 다섯 감관과 그 대상을 조건으로 동일한 내용이 설해진다.)"[40]

이 경은 감관을 통한 인식과정에서 어떻게 존재 환각과 그에 의한 삶의 오염이 발생하는가를 분석적으로 설하고 있다. 냐냐난다 스님에 의하면, 이 구절은 비인칭으로 시작하여 이 비인칭 기록이 느낌이 일어나는 시점까지 유지되는데, 이것은 느낌까지는 자동적 발생이고 여기서부터 〈나〉의 개입이 일어나 느낌 이후부터 계획적인 개인적 행위가 일어난다는 것을 암시한다. 그리고 이 인식 과정의 마지막 단계인 '희론(빠빤짜)에 오염된 관념(빠빤짜싼냐쌍카)'이 형성되면, 언어에 의해 만들어진 비실재적 개념이 개념의 주체인 사람을 정복하여 그것에 집착하

40- 위의 책, pp.259-263.

게 만든다.[41]

'느낌-지각-사유-희론-희론에 오염된 관념'의 연기적 연쇄가 사실상 상호 침투되어 있는 의존적 관계라는 점을 감안한다면, 각 단계를 개별 단위로 나누어 단절적 의미를 부여하는 것은 무리다. 느낌이나 사유 단계에서는 존재 환각이 없고, 희론 단계에서 비로소 실재하지 않는 개념적 환각이 발생하여 발달해 간다고 볼 수는 없을 것이다. 느낌과 지각과 사유 단계에서도 이미 언어/개념적 규정과 존재 환각은 개입되어 있다고 보아야 한다. 다만 개인의 삶을 탐/진/치에 종속시키고 사회관계를 다툼과 폭력으로 오염시키는 강력하고도 직접적인 원인이 '희론'과 '희론에 오염된 관념'이라는 점을 강조하는 것이, 이 구절 맥락의 초점이라고 보아야 할 것이다.

한 미국인이 아랍인을 만났다. 눈과 아랍인 형상과 인지 능력이 결합하여 어떤 느낌이 생겨난다. 비호감이라 하자. 이 느낌을 지각하여 수용하게 되면 그 비호감이 사유의 근거 내지 대상이 된다. '이슬람교를 신봉하겠구나. 부인이 여러 명이겠네. 미국을 싫어하겠지' 등등 판단/추리/평가의 사유가 시작(위따카)되고 전개한다(위짜라). 여기까지는 비교적 사실적 근거를 지닌 사유라 하겠다.

문제는 그다음이다. 빈 라덴, 9.11 테러, 이슬람 근본주의의 폭력성 등에 관한 미국적 잣대와 편견, 선입견이 내면에서 올라와 사유에 얽혀들면서 그의 사유 내용은 사실로부터 현저하게 일탈되어 간다. '야만적

41_ 냐냐난다, 앞의 책, pp.28-31.

이교도구나. 미국을 공격하려고 입국하였을 것이다. 저 미소는 자신의 폭력성을 위장하려는 가식이다.' ―이쯤 되면 희론 단계이다. 그 아랍인은 사실 매우 지성적이며, 다른 종교에 관용적이며, 사업차 미국에 입국했을 뿐이다. 사실 관계를 현저하게 비틀어버려 실재를 심하게 왜곡하는 사념의 확산이니, 희론(빠빤짜)에 해당한다고 하겠다.

그의 희론적 인식은 더 갈래치고 나아간다. '저 가방에는 폭탄이 들어 있을 것이다. 방치하면 큰일 나겠네. 저런 나쁜 놈은 제거되어야 해!'―생각이 이에 이르자 그는 처음 본 아랍인에게 달려들어 주먹을 휘두른다. 아랍인에 대한 그의 관념/인식은 사실과 전혀 다른 희론에 지배되어 마침내 그의 행동을 성냄으로 물들였고, 아랍인과의 관계를 다툼으로 훼손시켰다. '희론(빠빤짜)에 오염된 관념(빠빤짜싼냐쌍카)'이 그의 삶을 공격해 버린 것이다.

이 인식 과정에서 '느낌-지각-사유' 단계가 개념적 구성의 초기 과정이라면, '빠빤짜(희론)'는 개념적 구성이 사실 이탈적으로 과도하게 확산되는 단계이고, '빠빤짜싼냐쌍카(희론에 물든 관념)'은 이 비실재적 개념 확산이 인식을 지배해 버리는 단계, 즉 확산된 비실재적 개념이 규정적 힘을 발휘하는 단계라 하겠다.

희론 이전의 '느낌-지각-사유' 단계라고 해서 언어/개념적 규정이나 희론적 존재 환각으로부터 자유롭다고는 할 수 없다. 사유는 언어를 전제로 하기 때문에 사유와 희론은 근접해 있다. 사유는 느낌으로 지각된 것을 자기 잣대로 처리하는 단계이므로 이미 사실의 주관적 각색에 따른 희론적 일탈을 안고 있다. 사유와 희론을 구분하여 분류하는 것은, 인식의 환각과 오염에 대한 분석과 이해 및 수행의 필요에 따른 작업가설적 성격을 지닌 것으로 보아야 한다. 사유의 존재 환각은 희론의 그것에 비해 정도나 수준의 차이 정도이다.

미국 기독교인이 아랍인을 볼 때는 비호감이 지각되지만, 같은 아랍인을 아랍 이슬람교인이 볼 때는 호감이 지각된다. 같은 대상에 대해서도 사람마다 다른 느낌이 발생한다는 것은, 느낌 단계에서부터 이미 언어에 의한 개념적 분별이 작동하고 있다는 것을 의미한다. 게다가 인간은 태어날 때부터 숙생의 업력을 지닌 존재이고, 그 업력은 다름 아니라 지난 생까지 누적된 언어적 분별체계의 경향성이라는 점을 감안한다면, 감관(根)-대상(境)-식(識)의 결합과 그에 따른 느낌의 발생 단계 역시 이미 분별적이고 언어 구성적이다. 다만 사유나 희론 단계에 비해 정도나 양상, 수준의 차이를 말할 수 있을 뿐이다.

사유와 인식 과정이 희론 및 희론에 오염된 관념으로 미끄러지면 질수록, 삶의 존재 환각 예속은 심화된다. 그리고 느낌의 발생에서부터 희론 오염에 이르는 전 과정은 속 깊이 언어적이다. 따라서 언어 환각적 분별 체계에 예속될수록, 허구적 언어 분별이 삶을 지배하고 공격한다. 언어를 붙들수록 삶은 오염되고 훼손된다.

원효의 화쟁 이론은 언어와 사유, 존재 환각과 삶의 오염이 맺고 있는 상관성에 관한 이러한 통찰을 담고 있다. 다시 한 번 그의 말에 귀 기울여 보자.

"언어 세계에다가 본래 있지도 않은 실체를 부여하여 환각적인 망상 분별을 세우고, 그 언어 환각을 더욱 키워 그것에 집착하여 행위들을 펼쳐가는 것이 중생이다. 그러나 이와 같이 언어 환각이 만든 실체 관념에 의거하여 망상 분별을 확대시키고 그것에 집착하여 갖가지 행위를 하지만, 그 모든 행위에는 언어 환각인 불변의 실체가 본래 없으니 비유컨대 허공과 같은 것이다. 만약 이때 보살이 묘한 성스러운 지혜로써, 언어 환각이 만든 실체 관념에 의거하여 망상 분별을 확대시키고 그것에 집착하는 것을 버리면, 이때 보살은 가장 수승한 성자로서 언어 환각을 여읜 존재의 참모습을 증득하게 된다. 오직 실체라는 존재 환각을 불러일으키는 온갖 언어가 있을 뿐, 본래 있는 실체가 언어에 담겨 나타난 것은 아니다. 비유하자면 허공의 청정한 모습이 갖가지 모양으로 나타난 것과 같으니, 언어와는 별도로 실체가 따로 있는 것이 아니다. 다른 실체들도 응당 언어 환각에 따라 분별하는 생각을 일으키고 지속시켰기 때문에 있는 것이다."

"이제 다시 부처님이 설한 '언어 환각에서 벗어남(離言, 말 여읨)'에 관한 비유를 인용해 보겠다. 비유하건대 허공은 길고 짧은 등의 모든 형색과 구부리거나 펴는 등의 모든 행위를 다 수용하는데, 만일 모든 형색과 유형의 행위들을 제거할 때에는 형태 없는 허공이 그 제거된 형태만큼 드러난다. 이를테면 한 길 크기의 나무를 제거한 곳에는 곧 한 길만큼의 허공이 나타나고, 한 자 크기의 나무를 제거한 곳에는 곧 한 자만큼의 허공이 나타나며, 구부러진 것을 제거한 곳에는 구부러진 만큼의 허공이, 펴진 것을 제거한 것에는 펴진 만큼의 허공이 나타나는 것과 같다.

그러므로 이렇게 알아야 한다. '긴 것이 제거된 만큼 나타난 긴 허공도 허공이고, 짧은 것이 제거된 만큼 나타난 짧은 허공도 허공인 것과 마찬가지로, 실체 관념을 수립하는 언어 환각에서 벗어난 〈실체 없이 존재하는 세상의 본래 면모〉는, 그것을 어떤 언어에 담아내더라도 하나같이 그 면모 그대로라고.' 허공이 긴 형상을 수용해도 허공이고 짧은 형상을 수용해도 허공인 것이지만, 어리석은 사람들은 잘못 알아 수용된 형상과 허공을 다른 것이라고 분별하고는 그 분별에 집착한다. 마찬가지로 '긴 것'이라 말해도 그 말에 해당하는 불변의 실체가 없고, '짧은 것'이라 말해도 역시 그 말에 해당하는 불변의 실체가 없는 것이지만, 어리석은 사람들은 언어마다 각기 그에 해당하는 별개의 다른 실체가 있다고 착각하여 언어에 담긴 것들이 서로 본질적으로 다른 것이라고 분별한 후 그 분별에 집착한다. 따라서 이것은 유식(唯識)에서 설하는 '두루 헤아려 집착한 것들(遍計所執諸法)'에 비유할 수 있다. 비록 불변의 실체가 있는 것이 아니지만, 언어에 따라 실체가 있다고 헤아려 집착하기 때문이다.

허공에 수용된 갖가지 형색들은 모두 허공과 다르지 않은 것처럼 온갖 언어에 담긴 것들은 모두 실체가 없는 공성(空性)의 존재들이니, 이러한 도리는 언어 환각에 지배되어 언어에 실체를 부여하는 어리석은 사람들의 분별로는 알 수가 없는 것이다. 그러므로 이것은 유식에서 설하는 '의지하여 생겨난 것들(依他起相諸法)'에 비유할 수 있다. 비록 실제로 있는 것들이기는 하지만, 무조건적 실체들이 아니라 조건에 의존하여 생겨난 연기적 존재들이기 때문이다.

또 유식에서 설하는 '두루 헤아려 집착한 자성(遍計所執自性)'은 의지하는 것이 없이 독자적으로 성립하는 무조건적 실체가 아니다. '의지하여 생겨난 연기적 존재(依他起相)'를 '의지하는 것이 없이 독자적으로 성립하는 무조건적 실체'로 착각함에 따라, 실체로 오인하여 분별하고 집착하는 '두루 헤아려 집착한 것(遍計所執)'이 성립하게 된다. 비유컨대 마치 허공이 그 응하는 바에 따라 모든 형색을 수용하는 것처럼, 본래 실체 없는 모습(실체라는 언어 환각에 의해 일그러지지 않는 진실한 모습, 離言之事)'을 갖가지 언어에 담는 것이지만, 어리석은 사람이 착각하여 그 언어들에 실체를 부여하고 갖가지로 분별하여 집착하는 '망상의 집착분별(遍計所執)'이 생겨난다.″

2) 공성(空性)에 관한 오해

실체 관념을 조건으로 하는 언어 용법에 지배되고 있던 사람이, 불변의 본질이나 실체가 사실은 그 어디에도 존재하지 않는 존재 환각일 뿐이라는 것을 알려주는 통찰을 만날 때, 그는 뿌리 깊은 실체 관념의 저항으로 인한 오해와 혼란의 위험성에 노출된다. 실체의 부재를 알려주는 새로운 통찰과 해묵은 실체 관념이 충돌하는 데 따른 문제가 발생하는 것이다. 오래된 실체론적 사유 관성은 무실체의 새로운 지적(知的) 통찰에 강력하게 저항한다. 그리하여 비록 이지적으로는 실체의 부재를 인정하게 되어도, 그의 인식과 행위는 여전히 그 뿌리 깊은 실체 관념에 지배받는다.

불변의 본질이나 실체 관념은 단순한 지적(知的) 선택 정도로는 좀처럼 자리를 비켜주지 않는 완고한 내면적 경향이다. 그것은 아마도 인간 생명의 역사만큼이나 오래되었을, 거의 무의식 수준에서 확고하게 자리 잡은, 거대하고도 심원한 정신적 유전인자다. 따라서 실체의 허구성을 지적(知的)으로 수긍하는 경우라도, 현실의 지각 경험과 인식은 여전히 그 환각적 실체 관념에 물들어 왜곡되는 것이 대부분일 것이다. 연기/무아/공에 관한 새로운 지적 통찰은 뿌리 깊고 오래된 실체 관념의 저항 앞에 무력해지거나 왜곡되곤 한다.

무아 통찰의 이해를 가로막는 언어적 장애물이 등장하는 것은 이 경우이다. 실체의 부재를 밝혀주는 통찰을 담아내기 위해 채택하는 언어들을 둘러싸고, 오해나 불충분한 이해가 대립하고 충돌하게 된다. 특히 '무아(無我)', '공(空)', '있음(有)', '없음(無)'의 언어와 그 용법들을 중심으로, 오해로 인한 관점의 충돌과 혼란이 무성해진다. '공(空)과 유(有)가 다른 것이라고 주장하는 집착'을 화쟁의 대상으로 설정하는 원효의 화쟁 이론은 이 혼란을 수습하기 위한 것이다.

실체 관념의 저항으로 인해 생겨난 오해의 핵심은, 무아나 공을 일종의 실체론적 허무주의로 파악하는 것이다. 실체 관념이 사실은 근거 없는 존재 환각이라는 통찰을 언어에 담아내려면 어쩔 수 없이 부정 용법을 채택하게 된다. 실체적 자아를 부정하기 위해서는 '자아 없음(無我)'이라는 언어를, 실체적 존재(有)의 부재를 알리기 위해서는 '비었음(空)'이라는 언어를 선택한다. 그런데 거의 본능처럼 뿌리내린 실체 관념은 이 부정 용법의 의미를 연기론이 아닌 실체론에 의거하여 이해하게 만든다.

실체 관념으로 보면, '자아(我)'나 '있음(有)'은 불변하는 무조건적 실체의 존재를 뜻한다. 따라서 '자아의 부정(無我)'이나 '있음의 부정(無)'은 곧 실체의 무화(無化)로서의 허무를 의미하게 된다. 유아(有我)는 무아(無我)와, 유(有)는 무(無)와, '실체의 있음과 없음'으로서 서로를 부정하는 전혀 다른 범주가 된다. 실체론에 의거하는 한, 무아(無我)/공(空)/

무(無)는 모두 동일한 존재 허무주의로 전락한다.

원효가 치유하려고 하는 '공(空)과 유(有)가 다른 것이라고 주장하는 집착'은, 뿌리 깊은 실체 관념이 무실체에 관한 새로운 지적 통찰에 저항하여 그 통찰을 왜곡시켜 버리는 사례이다. 원효가 전하는 실체 관념의 저항을 다시 들어보자.

"묻는다. 비록 말을 교묘하게 하여 모든 힐난에서 벗어나고 있지만, 당신이 하는 말의 뜻은 더욱 이해할 수 없다. 당신의 말처럼 '있음(有)'이 '비었음(空)'과 다르지 않다는 것은, 비유를 끌어들여 보아도 그 본래의 뜻이 아직 이해가 되지 않는다. 왜냐하면, 만약 '실제로 이것이 있음(有)'이라고 한다면 곧 '없음(無)'과는 달라야 하기 때문이다. 마치 소의 뿔이 토끼의 뿔과 같지 않은 것과 같다. 만약에 '있음(有)'이 비었음(空)과 다르지 않다'고 한다면 이때의 '있음(有)'은 분명 '있는 것'이 아니다. 마치 토끼의 뿔은 '있는 것(有)'이 아니므로 공(空)이라 하는 것과 같다. 그런데도 당신은 지금 '이것이 있음(有)이지만 비었음(空)과 다르지 않다'고 말하니, 세상에 이와 같은 것은 없다. 어떻게 이럴 수 있는가? 설사 당신이 같은 비유를 들어 '있음(有)이 비었음(空)과 다르지 않다'고 주장해도, 내가 제시한 유비추리로써 본다면 당신은 주장을 관철할 수 없는 과오를 범하게 된다."

공성(空性)의 수용과 언어 여의기(離言)

실체적 언어 용법에 지배받던 사람이 무아의 통찰을 수긍할 때, 실체 관념의 저항을 뿌리치고 기존의 실체론적 언어 용법에서 과감하게 풀려나와 새로운 무실체의 언어 용법을 받아들이는 경우도 가능하다. '있음/없음', '존재/비존재'라는 개념에 허구적 내용을 부여하던 존재 환각과 미련 없이 결별하고, '불변의 본질이나 실체' 관념을 흔쾌히 놓아버릴 수도 있다. 그럴 때 그에게는, '본질'이나 '실체'라는 존재 환각의 색칠에 의해 왜곡되고 가려 있던 '있음/없음', '존재/비존재'의 온전한 면모가 문득 개현된다. 실체 관념이 제거되었을 때 드러난 세계의 모습은, '모든 현상의 완전한 박탈로서의 허무'가 아니라, 실체라는 환각에 의해 왜곡되었던 '현상의 온전한 모습의 현현'이다.

실체의 부재를 알리는 무아/공의 통찰을 온전히 그리고 제대로 수용하려면, 언어로 인한 존재 환각에서 깨어나야 한다. 그런데 언어로 인한 존재 환각을 깨뜨리기 위해 언어 자체를 폐기할 수는 없다. '있음'과 '없음'이라는 언어가 비록 실체라는 환각에 오염되어 오용되긴 하였지만, '실체 없이 존재하는 현상'의 존재 양태를 기술하기 위해서도 여전히 '있음'과 '없음'이라는 언어를 사용할 필요가 있다. 다만 '실체 없이 존재하는 현상'을 적절히 기술할 수 있는 새로운 논리, 새로운 개념 조합방식이 필요하다. 예컨대 본질이나 실체를 전제로 할 때에는 '있는 것이기도 하고 없는 것이기도 하다'는 개념 조합이 모순율이 되지만, 본질과 실체의 옷을 벗어버린 세계를 기술하려는 언어 용법에서는 동일한 개념 조합이 의미 있고 유효한 논리가 될 수 있다. 같은 언어개념을 다른 의미 용법으로 사용할 수 있는 것이다.

언어를 폐기한다고 해서 언어 환각에서 벗어날 수는 없다. 언어 환각의 해체는 언어 포기로써 성취되는 것이 아니라, 언어 관념을 구성하고 수용하며 구사하는 '언어 능력'을 바꾸어 버림으로써 구현된다. '실체를 설정하는 언어 용법'을, '실체를 설정하지 않는 언어 용법'으로 바꿀 수 있어야 한다. 이처럼 실체적 언어 용법을 무실체적 언어 용법으로 바꾸어 버리는 일을 원효는 '언어 여의기(離言)'[42]라 부른다. 그리고 '언어 여의기'가 성취되어야 공(空)이나 유(有)에 대한 실체론적 오해와 그에 대한 집착에서 풀려나 공성(空性)을 온전히 수용할 수 있게 된다고 말한다.

"당신이 비판을 위해 채택한 것은 단지 실체적 언어 용법일 뿐이다. 따라서 나는 언어에 의지하여, 실체적 언어 용법에 수반되는 언어 환각에서 벗어난 온전한 진실을 드러내고자 한다. 이것은 마치 손가락에 의지하여 손가락을 떠난 달을 내보이는 것과 같은 것이다. 당신은 지금 오직 실체적 언어 용법에 따라 언어에 실체를 부여하고 있다. 그런 후에 실체를 전제로 삼는 비유를 끌어들여, 언어에 해당하는 실체는 본래 없다는 것을 알려주는 도리를 힐난한다. 이것은 단지 손가락 끝을 보고

---

[42] '여읜다'고 번역하고 있는 '離'는 내재적 초월을 의미하는 불교 용어다. '언어를 여의다(離言)'라고 할 때는 '언어를 폐기하지 않고 언어 환각에서 벗어남'을 의미하고, '망상 분별을 여의다(離妄想分別)'라고 할 때는 '망상 분별하는 마음 작용 자체를 버리지 않고 망상 분별하지 않는 마음 작용으로 바꾸는 것, 다시 말해 진실대로 보는 마음 작용으로 바꾸는 것'을 의미한다.

(실체를 설정하는 언어 용법에만 갇혀) 그것이 달(실체 없음)이 아니라고 비난하는 것과 같다. 그러므로 당신처럼 실체를 설정하는 언어에 의거하는 비판논리는, 정밀해지면 질수록 더욱 진리에서 멀어질 뿐이다.

이제 다시 부처님이 설한 '언어 환각에서 벗어남(離言, 말 여읨)'에 관한 비유를 인용해 보겠다. 비유하건대 허공은 길고 짧은 등의 모든 형색과 구부리거나 펴는 등의 모든 행위를 다 수용하는데, 만일 모든 형색과 유형의 행위들을 제거할 때에는 형태 없는 허공이 그 제거된 형태만큼 드러난다. 이를테면 한 길 크기의 나무를 제거한 곳에는 곧 한 길만큼의 허공이 나타나고, 한 자 크기의 나무를 제거한 곳에는 곧 한 자만큼의 허공이 나타나며, 구부러진 것을 제거한 곳에는 구부러진 만큼의 허공이, 펴진 것을 제거한 것에는 펴진 만큼의 허공이 나타나는 것과 같다.

그러므로 이렇게 알아야 한다. '긴 것이 제거된 만큼 나타난 긴 허공도 허공이고, 짧은 것이 제거된 만큼 나타난 짧은 허공도 허공인 것과 마찬가지로, 실체 관념을 수립하는 언어 환각에서 벗어난 〈실체 없이 존재하는 세상의 본래 면모〉는, 그것을 어떤 언어에 담아내더라도 하나같이 그 면모 그대로라고.' … 보살이 만약에 망상의 분별을 여의어, 분별한 것에 집착하지 않을 수 있게 된다면, 바로 그때에 언어 환각이 사라져 일그러져 있던 참모습을 볼 수 있게 된다. 그럴 때에는 언어 환각이 걷히어 모든 것의 참모습이 고스란히 나타나게 된다. 비유하자면, 마치 모양 있는 모든 것을 제거해 버릴 때, 그 제거한 곳을 따라 모양을 여읜 허공이 나타나는 것과 같다. 이와 같은 유비추리로 모든 존재의 실체 없는 참모습은 허공과 같은 것이라고 알아야만 한다. … 부처님과

보살들의 온갖 말들도 결국은 중생들을 조건으로 하는 것이다. 그런데 중생들은 언어가 지시하는 것이 불변의 본질을 지닌 실체(자성)라고 생각하는데, 진리대로 보자면 언어에 해당하는 실체는 없다. 비유하자면, 허공 가운데 온갖 종류의 많은 존재와 행위들이 있어도, 그것들은 모두 그들을 수용하는 허공인 것과 같은 것이다. 말이란 것은 마치 허공 가운데 나타나 있는 온갖 것들을 일컫는 것과 같은 것이니, 허공 가운데의 것들을 일컬어 '간다', '온다', '구부린다', '편다'는 등으로 말한다. 만약 그때에 허공의 모든 존재와 행위들을 다 제거해 버리면, 그때는 곧 형체가 없는 청정한 허공 같은 것만이 드러난다. 이와 같이 허공에 비유할 수 있는 존재 지평에 설 때, 언어 세계를 불변의 본질을 지닌 실체로 착각하는 언어 환각에서 벗어난다.

언어 세계에다가 본래 있지도 않은 실체를 부여하여 환각적인 망상 분별을 세우고, 그 언어 환각을 더욱 키워 그것에 집착하여 행위들을 펼쳐가는 것이 중생이다. 그러나 이와 같이 언어 환각이 만든 실체 관념에 의거하여 망상 분별을 확대시키고 그것에 집착하여 갖가지 행위를 하지만, 그 모든 행위에는 언어 환각인 불변의 실체가 본래 없으니 비유컨대 허공과 같은 것이다. 만약 이때 보살이 묘한 성스러운 지혜로써, 언어 환각이 만든 실체 관념에 의거하여 망상 분별을 확대시키고 그것에 집착하는 것을 버리면, 이때 보살은 가장 수승한 성자로서 언어 환각을 여읜 존재의 참모습을 증득하게 된다. 오직 실체라는 존재 환각을 불러일으키는 온갖 언어가 있을 뿐, 본래 있는 실체가 언어에 담겨 나타난 것은 아니다. 비유하자면 허공의 청정한 모습이 갖가지 모양으로 나타난 것과 같으니, 언어와는 별도로 실체가 따로 있는 것이 아니다. 다

른 실체들도 응당 언어 환각에 따라 분별하는 생각을 일으키고 지속시
켰기 때문에 있는 것이다."

'언어 여의기'와 '망상분별 여의기' 그리고 원효

인간은 언어에 의한 존재 환각에서 깨어날 수 있을
까? 언어로부터 자유로운 순수 사유의 가능성조차 회의적일 정도로 깊
숙하고 강력한 언어의 지위와 힘을 감안하면, 언어 규정력으로부터의
자유는 불가능해 보일 정도이다. 언어가 곧 모든 존재 범주의 가능근
거임을 인정한다면, 언어로부터의 자유 지평을 상정하는 것 자체가 언
어에 기대어 있을 수 있으므로, 언어에서의 해방 자체가 또 다른 언어
환각일 수도 있다. 그렇다면 인간은 언어적 구성과 규정의 풍요로운
창조력을 수긍하고 찬미해야만 하는가? 언어적 존재 환각은 어쩔 수
없는 숙명인가?

붓다의 전통은 언어와 사유 및 인식의 한 몸과도 같은 상호의존성과
밀착성을 일찍부터 간파하여 다루어 왔다. 사유와 인식, 세계 경험의
언어의존성을 직시하는 동시에, 언어에 의한 존재 환각 역시 간과하지
않았다. 또한 인간은 언어적 존재 환각의 덫에서 풀려날 수 있음을 선
언하는 동시에, 직접 경험으로 검증할 수 있는 언어 해방의 길을 체계
적이고도 세밀하게 일러준다.

붓다와 그의 전통이 열어준 언어 해방의 길은, 언어 용법이나 언어적
구성력을 폐기하는 언어 부정의 길이 아니다. 언어에 수반하는 존재

환각을 꿰뚫어 보아 속지 않을 수 있는 '이해의 힘(解脫知見)'이 그 궁극적 해법이다. 언어를 쓰면서도, 수반하는 환각에 속지 않을 수 있는 이해력을 가동하는, '언어 내적(內的) 초월'의 길이다. 언어를 외면하거나 포기하지 않으면서도 언어 환각에 붙들리지 않는 지평이 '언어 여의기(離言)'이다.

그런데 이 궁극적 이해력(해탈지견)은 성찰적 지식이나 사변적 지성과 무관한 것은 아닐지라도, 또한 그들의 범주를 넘어선 것이다. 언어적 개념에 의거한 이해/판단/추론(사변지, 간접지)이 여전히 언어적 존재 환각력에 지배되어 있는 것이라면, 그러한 이해력은 실제의 삶을 언어 환각에 속지 않는 자리로 옮겨 주는 데 있어서 간접적이고 제한적인 역할을 할 뿐일 것이다.

언어적 환각에서 완전히 자유로울 수 있는 '완벽한 이해력'을 성취하는 방법론으로서 붓다가 제시하는 수행체계는 계(戒)/정(定)/혜(慧) 삼학(三學)이고, 팔정도(八正道: 正見, 正思, 正語, 正業, 正命, 正精進, 正念, 正定)로 대변된다. 환각적 언어 구성력(희론)에 길든 행위 영역(말/행동/생계)을 단속하여 희론의 행위 지배력을 일정한 정도로 거세시키는 것이 계학(戒學)이라면, 존재와 세계, 삶에 대한 관점을 오염시키고 있는 희론의 이해/사유 지배력을 이지적(理智的)으로 해체시켜 가는 것이 혜학(慧學)이고,[43] 희론의 마음/인식 지배력에서 빠져 나오게 하는 것이 정

---

[43] 정견(正見)/정사(正思) 수행으로 대표되는 혜학은 희론의 이해/사유 지배력을 개념적으로 교정해 가는 개념적 지침이 아니다. 개념의 언어적 사유는 언제나 상반되는 이항(異項)을 짝으로 동반한다. 그런데 언어에 의한 존재 환각의 핵심인 실체적 동일성/불변성/

학(定學)이다. 삼학의 완성이 궁극적 이해(해탈지견)로 귀결되므로, 삼학은 혜학의 궁극에서 완성되는 것이기도 하다. 삼학은 희론의 존재 환각을 제거하는 체계적/종합적 방법론이며, 따라서 '언어를 여의는 길'이다.

붓다가 열어놓은 이 '언어 여의는 길'을 원효는 대승불교의 언어로 계승하고 있다. 특히 원효는 '언어 여의기'를 화쟁의 원천으로 삼고 있는 점이 돋보인다. 그런데 원효에 의하면 '언어 여의기'의 관건은 '망상 분별 여의기'에 있다. 망상의 분별을 여의어야 실체적 언어 용법을 무실체적 언어 용법으로 바꿀 수 있다.

"보살이 만약에 망상의 분별을 여의어, 분별한 것에 집착하지 않을 수 있게 된다면, 바로 그때에 언어 환각이 사라져 일그러져 있던 참모습을 볼 수 있게 된다. 그럴 때에는 언어 환각이 걷히어 모든 것의 참 모습이 고스란히 나타나게 된다. 비유하자면, 마치 모양 있는 모든 것을 제거해 버릴 때, 그 제거한 곳을 따라 모양을 여읜 허공이 나타나는

이분성에 관한 개념적 성찰이나 비판 및 개념 대체는 근본적으로 개념의 언어 환각 범주에서 벗어나기 어렵다. 예를 들어, 무아(無我)/무상(無常)/고(苦)에 관한 정견 수행을, '유아(有我)/상(常)/낙(樂)'이라는 존재 환각을 '무아/무상/고'라는 개념적 성찰과 이해로 대체하려는 것으로 간주할 경우, '실체적 있음(有/常見)'의 반대항으로서의 '없음(無/斷見)', '불변(常)'이라는 개념을 밑그림으로 하는 '변화(常)', '즐거움(樂)'의 대립항으로서의 '괴로움(苦)'으로써 유아(有我)/상(常)/낙(樂)이라는 존재 환각을 대체할 가능성이 높다. 이럴 경우 언어분별적 존재 환각의 덫에서 풀려나는 것이 아니라, 여전히 언어 분별의 범주 안에서 또 다른 유형의 존재 환각에 지배된다. 따라서 '무아/무상/고' 등 붓다의 정견 언어는 개념적 지침이라기보다는 개념적 존재 환각을 해체시키는 논리적 장치라고 보는 것이 좋다고 생각한다.

것과 같다."

그렇다면 망상 분별은 어떻게 여읠 수 있는가? 초기불교의 삼학(三學) 체계에 비추어 본다면, '분별 여의기'는 참선 공부인 정학(定學)의 핵심 과제이다. 그리고 이 정학의 전통과 생명력의 계승을 전면에 내세운 것이 동북아시아 불교에서 형성된 선종(禪宗)이다. 선종은 비록 초기불교 정학(定學)의 언어를 그대로 답습하지 않고 매우 개성적인 언어로 계승하고는 있지만, 참선을 초점으로 하는 정학(定學)의 맥락에 놓여 있음은 분명하다. 그리고 초기불교 정학의 지도리라 할 정념(正念)의 핵심을 새로운 방식의 언어로 계승하고 있다.[44] 정학의 선종적 전

44_ 선종을 초기불교와 연결시켜 탐구할 때 '선종의 사상적 연원을 어디에서 찾을 것인가?' 하는 문제가 제기될 수 있다. 선종의 소의경전으로 거론되는 것은 『능가경』 같은 대승경전이지 『니까야/아함경』이 아니기 때문이다. 상세한 논의가 필요한 문제이지만, 일단 필자의 관점을 간략하게나마 언급한다. 필자가 볼 때 붓다의 언어는, 팔정도 체계를 기준으로 할 때, 크게 두 사상사적 계열로 전개되고 있다. 하나는 정견 계열로서 공사상/중관사상의 언어가 이 계열을 계승하고 있고, 다른 하나는 정념/정정 계열로서 유식사상의 언어가 이 계열에 놓인다. 그리고 선종은, 흔히 공사상 계열로 간주되곤 하지만, 사실상 유식사상 계열의 언어와 통찰 및 체득을 근간으로 한다. 『능가경』 역시 유식계열의 연장선 위에 있다고 생각한다. 따라서 선종의 사상적 연원은, 비록 간접적 방식이긴 하지만, 니까야 팔정도의 정념/정정으로 소급한다고 본다.

　선종의 연원을 초기불교의 참선과 연결시켜 생각할 수 있는 또 하나의 근거는, 선종 특유의 전법(傳法, 진리의 전승) 방식인 '스승으로부터 직접 이어받는' 사자전승(師資傳承)과 달마의 역할이다. 정념/정정의 참선은 그 속성상 이론적 탐구만으로는 근본적 한계가 있다. 당장의 마음 국면이 정념/정정의 장(場)을 열었는가의 여부는 이미 체득한 스승의 인도와 확인이 결정적 역할을 한다. 달마는 인도불교 전통에서 이 사자전승 법맥과 관련된 인물로 간주되고 있으며, 또 달마로 인해 비로소 중국에 선법(禪法)의 정수가 이식되었다는 전통적 관점은, 충분히 주목해야 한다. 니까야 정념/정정의 참선 생명력을 이어가는 사자전승 법맥이 달마에게 이어지고 있고, 그런 달마의 선법 전수에 의해 중국

개는 돈오견성(頓悟見性)을 축으로 다채로운 결실을 형성하였고, 그 결실은 한국불교에서 아직도 그 생명력을 활발하게 이어가고 있다.

신라 말기 이후 지금까지 한국인들의 선사상을 지배해 온 것은 선종의 선사상이다. 여기에 근자에는 니까야에 의거한 남방 전통의 선사상이 활기차게 자리 잡아가고 있다. 한국 불교지성사에서 선에 관한 이해는 압도적으로 이 두 전통에 의거하고 있다.

그런데 한국불교는 선종 도입 이전의 상당 기간 동안, 후기 대승불교의 통찰에 의거한 선사상을 발전시켰고, 그에 의거하여 선 수행을 했다. 『해심밀경(解深密經)』 등 주로 유식(唯識)계열의 경론(經論)을 문헌과 이론의 의지처로 삼았을 것으로 추정되는, 한국 선사상의 출발이자 토대이기도 한 '선종 이전의 선사상'은, 아직 그 역사적/사상적 위상과 역할에 상응하는 이해와 평가를 제대로 받지 못하고 있다. 선종의 선사상 도입 이전의 한국 불교인들은 선을 어떻게 이해하였을까? 그들의 선사상은 참선에 관한 붓다의 원음과 어떻게 관계 맺을 수 있을까? 선종 이전의 한국 선사상은 붓다 선사상의 연속일까, 불연속일까? 연속이라면 어떤 개성과 기여를 보태고 있고, 불연속이라면 어떤 지점에서 어떻게 달라지고 있을까? 선종 이전의 한국 선사상은 선종 및 남방 선사상의 통찰들과 융섭하면서, 붓다 선사상의 본래 면모와 생명력을 확인/계승/발전시키는 데 어떤 기여를 할 수 있을까? ─이런 질문에 대한 답안을 마련해 가는 데 있어서 원효의 선사상은 중요한 역할을 한다.

━━━━━━━━━━━━━━━━━━━

선종이 등장한 것이라면, 선종의 연원을 초기불교 정념/정정에 소급시키는 것은 무리가 없다.

원효의 선사상은, 남방 상좌부 전통이나 북방 선종의 조사선 내지 간화선 전통 모두에서 비껴난 지점에 서 있다. 원효의 선사상이 두 전통 어디에도 속하지 않지만, 두 전통과 무관한 별개의 내용을 펼치고 있는 것은 아니다. 그러나 두 전통과는 차별화될 수 있는 내용들도 선명하게 드러나고 있다. 그리고 이 차별성은 두 전통의 선(禪) 이해를 보완해 주는 측면을 지니고 있다.『금강삼매경론』에서 펼쳐지는 원효의 선사상은 그런 점에서 한국불교 지성사에서 각별한 의의를 지닌다.

분별을 여의는 방법으로서 붓다가 설하는 정학의 핵심 의미를 살펴보는 것이, 원효의 '망상분별 여의기'를 이해하는 데 도움이 될 것이다. 특히 붓다가 설한 '분별 여의기' 수행을 이해하기 위해서는 팔정도의 정념(正念 sammāsati: 알아차려 지켜보기/알아차려 쫓아가지 않기/알아차려 빠져나오기/알아차려 빠져들지 않기/알아차려 휘말려들지 않기/알아차려 휘말려나가지 않기/알아차려 붙들지 않기/알아차려 돌아오기)[45]을 주목해야 한다.

─────────

[45] sati(念)의 한글 번역어에 대해서는 종래 다양한 제시가 있다. sati(念)의 언어적 의미는 '새기듯이 마음에 간직함, 잊지 않기, 기억, 간수' 등으로 번역할 수 있다. 문제는 '잊지 않고 기억처럼 간수해야 하는 것이 무엇인가?'에 있다. sammāsati의 한문 직역인 '정념(正念)'을 그대로 쓰거나, 그 언어적 의미를 한글에 담아 '바른 기억/바른 새김' 등으로 번역해 버리면, 정작 중요한 '기억하고 새겨야 하는 내용'이 전혀 반영되지 않는다. 이런 문제를 해결하기 위해 필자는 종래 '지킴'과 '보기'의 두 마음 국면을 결합한 '지켜보기'라는 용어를 쓰기도 했었고, '휘말려 들지 않는 마음 국면'인 '지킴'의 의미가 붓다의 정념 법문에서는 '알아차리다(pajānāti)'는 말로 지시되고 있으므로, '알아차려 지켜보기'라는 용어를 사용해 보기도 했었다.
  그런데 흔히 채택되고 있는 '알아차림'이라는 한글 번역어는 남방 상좌부 전통의 sati 이해인 위빠사나의 의미 맥락에서 주로 '식별적 인지/이해'의 의미를 담고 있다. 그러나

존재를 무실체의 관점에서 이해하는 지적 성찰(正見)은 해탈에 접근하는 유효한 통로로 간주된다. 그러나 비록 '실체는 없다'는 지적 이해가 실체 관념의 치유에 유효하고 필요한 것이기는 하지만 그것만으로는 충분하지가 않다. 실체 관념은 업력이라는 경향성으로 뿌리내려 마치 유전자처럼 의식·무의식·잠재의식에 각인되어 반복적으로 대두하는 것이기에, 단순한 지적 성찰이나 의지만으로는 바꾸거나 벗어나기가 어렵다.

비록 지적(知的)으로는 무아/무실체의 이해가 수립되었다 할지라도

---

sati의 '알아차림'을 아비담마적 '식별적 인지/이해'의 의미로 파악하는 것은 불충분하다고 생각한다. 필자가 '알아차림'이라는 용어로 지시하려는 것은 주관/객관 인지구조 속에서의 일체의 경험 현상들에 '휘말려들지 않음/빠져들지 않음/쫓아가지 않음/빠져 나오기/붙들지 않기/돌아오기'의 국면이다. 'sati(念)'는 이러한 〈'알아차려' '보는' 마음 국면을 수립하여 기억하듯 새겨 간수해 가는 것〉이라고 본다. 따라서 현재는 '정지(正知)의 sati(念)(正念正知)', 특히 'pajānāti'의 '휘말려 나가지 않는' 마음 국면을 지칭하는 용어로서 〈알아차려 지켜보기/알아차려 쫓아가지 않기/알아차려 빠져나오기/알아차려 빠져들지 않기/알아차려 휘말려들지 않기/알아차려 휘말려 나가지 않기/알아차려 붙들지 않기/알아차려 돌아오기〉라는 말들을 문맥에 따라 융통성 있게 사용하고 있다.

'pajānāti'라는 용어가 니까야에서 사용되는 의미 맥락은 단일하지 않아 보이지만, '휘말려나가지 않는' 마음 국면으로서의 용법이 붓다 참선법의 중추적 지위를 차지한다고 보고 있다. 정정(正定)에서 설하는 선정은 이 정지(正知)의 '알아차리는 마음'으로 인한 '그침(止, samatha)'과 '관점/이해의 조정과 수립(觀, vipassanā)'의 두 측면에 의해 성립한다. '휘말려나가지 않는 마음 국면'의 의미에 대해서는 기존의 글들에서 논한 바가 있다(『정념과 화두』, 「화두를 참구하면 왜 돈오견성하는가」, 「간화선 화두간병론과 화두 의심의 의미」, 「돈오의 대상 소고」).

흔히 '알아차림'이라는 말로 번역되는 'pajānāti'의 의미 지평, 즉 '알아차림'의 의미 지평을 무엇으로 읽는가 하는 것은, 붓다가 설한 참선과 정학의 핵심에 접근하는 관문이라고 생각한다. 그리고 이 문제는 남방이나 북방의 전통적 관점에 지나치게 의존하지 말고 탐구해야 할 '열린 과제'라고 생각한다. 필자의 근원적이고도 지속적 관심사도 여기에 있다.

실제의 삶에서는 그 지적 성취가 무력해지거나 한계에 봉착하는 것이 인간의 실존이다. 지적으로는 무아/무실체를 타당하다고 수긍하지만, 실제 삶의 국면에서는 다시금 지적으로는 부정했던 실체가 마치 있는 것처럼 생각하고 말하고 행위한다. 무아/무실체에 관한 지적 성취에도 불구하고, 생각 생각의 마음 씀씀이 국면에서는, 여전히 실체 관념과 그에 의거한 세계의 단절적 분열을 경험하면서 존재의 진실(실재)에서 일탈한다. 따라서 지적 개안으로만은 넘어서지 못하는 한계를 넘어설 수 있는 또 다른 길이 필요하게 된다. 이 지점에서 정학(定學)의 역할이 등장한다. 필자가 보건대, 지식이나 견해의 한계를 넘어서게 하는 길이 바로 정학이고, 특히 팔정도의 정념(正念)이 그 핵심이다.

정념 수행이 안내하는 '알아차려 빠져들지 않는 마음 국면'은, 이미 본능처럼 각인되어 버린 '실체적 세계 구성의 인식 체계와 범주' 혹은 '희론적 인식 체계와 범주'에 더 이상 휘말려들지 않음으로써, 생각 생각마다 희론의 그물에 걸려들지 않은 채 보고(觀), 그리하여 실체 관념에 기초한 희론적 구성물의 허구성과 비본질성을 직접지로써 알 수 있게 한다. 무아 정견(正見)이 제공하는 무실체 지평에 관한 지적(知的) 조망을, 실제 생각 생각마다의 마음 씀씀이에서 직접지로써 구현케 해 주는 것이 정념이다.

정념은 지각을 통한 일체의 세계 경험으로 하여금, 허구적 실체 관념에 근거한 '인식·경험·행위 체계/계열/범주' 내에서 희론적으로 구성되는 것을 그치게 하고, 삶을 진실/실재의 장(場) 위에 올려놓는 '마음의 길'을 열고 있다. '실체적 인식·경험·행위의 체계/계열/범주'에 더 이상 휘말려들지 않는 마음 국면을 열어 수립하고, 그 희론적 인식 계열에서 빠져나온 마음 국면을 '지키면서', 일체의 지각 경험들을 '보아/관(觀)하여', 희론적 세계 구성물/경험들이 근거 없는 허구/망상이라는 것, 또한 그것들의 연기적/무실체적 실재의 면모를 직접지로써 보아 체득하게 하는 것이, '알아차려 빠져나가지 않기'를 중심축으로 하는 정념 수행이다.[46]

'망상 분별을 여의는 수행'에 관한 원효의 견해는 『금강삼매경론』에서 관행(觀行)으로 펼쳐지고 있다. 원효는 관행(觀行)을 『금강삼매경』 수행의 핵심으로 포착한 후, 특히 일미관행(一味觀行)을 역설한다. 그리고 관행 혹은 일미관행은 '하나가 된(하나로 보는) 마음 혹은 그 마음 자리(마음 국면)'와 상호 의존하고 상호 결합되어 있다.

원효에 따르면, 존재의 참모습과 그대로 만나는 '하나가 된(하나로 보는) 마음자리'에서는, 진(眞)/속(俗)이나 유(有)/무(無) 개념은 실체가 아닌 언어적 설정일 뿐이어서 그 어떤 상호 배제적 실체 개념에도 지배받지 않는다. 동시에 언어적 환각에서 자유롭기 때문에, 그 어떤 언어적 구획에도 필요에 따라 자유롭게 응할 수 있다. '하나가 된(하나로 보는) 마음자리'에서는, '성스러운 진리(眞)'나 '오염된 세속(俗)'이라는 언어도 세워지고, '있다(有)'거나 '없다(無)'라는 말도 설 자리를 잡는다.

언어 해체와 구성이 환각 없이 역동적으로 펼쳐지는 '하나가 된(하나로 보는) 마음자리'에 서려면, 관(觀) 수행을 해야 한다. 원효에 의하면,

---

46- 정념의 의미에 관한 필자의 견해는 『정념과 화두』(울산대출판부 UUP, 2005)에 피력되어 있다. 선종 선문의 돈오견성 및 간화선과 초기불교 정념을 결합시켜 탐구하는 것이 필자의 지속적인 실존적 관심사이다. 그 글을 쓴 이후의 탐구 성과를 반영한 보완된 견해를 기회 있을 때마다 지속적으로 제시할 것이다.

이러한 관(觀) 수행의 내용상의 특징은 '한 맛(一味)'에 있다. 관(觀) 수행을 하면, '막혀 갈라지고(分)' '왜곡되어 벌어져 가던(別)' 세계가, 서로에게 열려 '걸림 없이 오고 가고(通)' '서로 껴안는(攝)' 지평에서 한 맛(一味)으로 만난다. 서로 막혀 갈라서고 달라져서 서로 부정하던 세계가, 서로를 향해 열려 서로 껴안는 세계로 되어 한 몸처럼 만나는 관(觀)의 국면이 '일미관행(一味觀行)'이다.

원효에 의하면, 일미관행으로 성취해 가는 선(禪)/정학(定學)의 '안정/고요/청정'은, 세상의 외면과 부정, 은둔과 도피의 산물이 아니며, 마음과 몸 작용의 억제나 폐기로써 얻어지는 것도 아니다. 그것은 존재의 참모습을 직면하는 국면이자, 세계와 참되게 관계 맺는 과정이다. 또한 선(禪)은, '실체'의 벽이 해체되어 '서로 열리고(通)' '서로 껴안는(攝)', 존재와 세계의 참모습을 보게 되는 마음 국면을 열어준다.

원효는 이 국면을 '하나가 된 마음(一心)'이라 부르는데, 이 '하나가 된 마음자리'에 서면, '한 몸처럼 여겨 공명(共鳴)하는 우호의 마음(同體大悲心)'이 자발적이고 필연적으로 솟아난다. 따라서 선의 지평을 제대로 여는 사람은, 자발적이고 필연적으로 타자를 위하는 마음을 펼치게 된다. 그리하여 세상을 거부/회피하여 인식과 판단을 포기하거나 행동을 거부하는 것이 아니라, 참되게 인식하고 적절하게 판단하면서 자신이 기여하고자 하는 것을 자신의 방식으로 제공하기 위해, '한 몸으로 여기는 자애의 활력'으로 세속과 적극적으로 만난다. 원효는 선(禪)과 타자 기여(중생 구제)가 '한 맛'으로 융합되는 것이어야 한다는 점을 역설한다.

선(禪)을 성취한 마음은 세상과 만날지라도 존재의 내면적 '안정과 고요와 청정'을 잃지 않는다. 선(禪)에 의거한 이타심은, 이타행의 대상이나 성공 여하에 동요하거나 오염되지 않고 이타의 마음을 펼친다. 선(禪)의 마음을 제대로 가꾸어 가는 사람은 이처럼 '안정/고요/청정'과 '작용'을 하나로 결합시킨다고 하는 것이 원효의 안목이다.

모든 것에 실체라는 환영을 덧씌우고 소유 대상으로 변질시켜 버리는 환각(무명) 계열과 체계에 빠져들면, 선(禪)의 경지마저도 소유 대상(相)으로 간주해 버린다. 선(禪)의 경지를 실체화/대상화(相)시키는 순간, 선의 본령은 상실된다. 선을 대상화시키려는 마음, 대상화된 선을 향해 차지하려고 나아가는 마음, 움켜쥐고 머무르려는 마음은, 환각 계열에 빠져든 마음이다. 원효에 의하면, 이러한 마음들에 빠져들지 않는, '일으킴이 없는 선(無生禪)', '머무름이 없는 선(無住禪)'이라야 참된 선(眞禪)이다. 세상의 '서로 열리고 서로 껴안는' 모습을 보게 되는 '하나가 된 마음자리'는 이러한 참된 선으로 인해 확보된다. 그리고 이 마음자리에 서야 동요와 오염 없이 세상과 자발적 자비심으로 관계 맺는다. 원효에 의하면, 이곳이 주관과 객관의 모든 경험을 '평등한 한 맛'으로 누릴 수 있는 자리이다.

존재와 세상의 '서로 열리고 서로 껴안는' 참모습을 보게 되는 '하나가 된 마음자리'를 열어주고, 그 마음자리에서 동요와 오염 없이 세상과 자발적 자비심으로 관계 맺게 해 주는 선(禪). '그침'과 '움직임'이 '한 맛'이 되어, 두루 그리고 깊게, 존재의 고향으로 남들과 함께 가는 선(禪). 지혜로운 인식과 판단을 자비로운 활력에 담아 동요 없이 펼쳐가는 선(禪). 선(禪)의 경지마저 대상화시키지 않는 '일으킴 없고 머무름 없는 선(無生禪/無住禪)' ―원효에게 '망상 분별 여의기'란 이처럼 선(禪)과 구세(救世)의 실천이 하나로 융합되는 경지에서 완성되는 것이다.

'중생은 모두가 불성(佛性)을 가지고 있다'는 주장과 '불성이 없는 중생도 있다'는 주장의 다툼을 해소시켜 주는 화쟁(佛性有無 화쟁)

―단락별 원문 및 해의(解義)―

'불성(佛性)이 없는 중생이 있다'는 주장은 대승불교의 입장과 맞지 않는다

又彼經言, "衆生佛性不一不二, 諸佛平等猶如虛空. 一切衆生同共有之." 又下文云, "一切衆生同有佛性, 皆同一乘. 一因一果同一甘露, 一切當得 常樂我淨. 是故一味." 依此經文, 若立'一分無佛性者', 則違大乘平等法 性同體大悲如海一味. 又若立言, '定有無性, 一切界差別可得故, 如火性 中無水性者', 他亦立云, '定皆有性, 一味性平等可得故, 如諸麤色聚悉有 大種性', 則有決定相違過失. 又若立云, '定有無性, 由法尒故者', 他亦立 云, '定無無性, 由法尒故', 是亦決定相違過失.

해의

『열반경』에 의거해 볼 때 '모든 중생은 부처 성품(佛性)을 똑같이 지녔다'고 보는 것이 맞다. '어떤 중생들은 부처 성품이 없다'고 하는 주장은, 대승이 밝히는 '존재의 평등한 면모(平等法性)'와 '한 몸으로 여기는 위대한 동정심(同體大悲)은 바다와 같이 한 맛(一味)'이라는 진리에 어긋난다. 만약 부처 성품이 없는 중생이 있다면, '모든 존재는 근본적으로 평등하다'든가 '모든 중생을 내 몸으로 여겨 펼치는 자비심은 어느 중생에 대해서도 바닷물처럼 한 맛이다'라는 가르침을 대승불교가 설할 수 없다. 따라서 '어떤 중생들은 부처 성품이 없다'고 하는 주장은 불교적 관점에 맞지 않다. 그럼에도 불구하고 중생들이 지닌 부처 성품에 대해 보편성 주장과 차별성 주장이 상반되는 형태로 맞서고 있다.

'불성이 없는 중생이 있다'는 주장과 '불성이 없는 중생은 없다' 는 주장의 공통된 견해와 그 문제점 비판

원문

執有無性論者通曰, "經言'衆生悉有心者', 汎擧一切有性無性未得已得諸有情也. 凡其有心當得菩提者, 於中簡取有性未得之有心也." 設使一切有心皆當得者, 已得菩提者, 亦應當得耶? 故知非謂一切有心皆當得也. 又言'猶如虛空, 一切同有者', 是就理性, 非說行性也. 又說'一因一果乃至一切當得常樂我淨者', 是約少分一切, 非說一切一切. 如是諸文皆得善通.

해의

'부처 성품이 없는 중생은 없다'는 주장과 '부처 성품이 없는 중생이 있다'는 주장이 비록 상반된 것이지만, 서로 동의하는 내용이 있다. '중생은 모두 마음을 지니고 있다'는 것과 '마음이 있는 자는 반드시 깨달음을 얻는다'는 것이 그것이다. 그리고 중생에는 '부처 성품이 있는 중생과 없는 중생, 아직 부처 경지를 증득하지 못한 중생과 이미 증득한 중생 모두를 아울러 말한 것'이고, 마음이 있는 자는 반드시 깨달음을 얻는다는 것은 '부처 성품은 있으나 아직 부처 경지를 증득하지 못한 마음을 일컫는 것'이라는 점에도 두 주장이 이해를 같이하고 있다.

'부처 성품이 없는 중생은 없다'는 주장을 지지하는 입장으로서는, 각 중생의 특징적 조건에 따라 그들을 '부처 성품이 있는 중생'이나 '부처 성품이 없는 중생', 혹은 '아직 부처 경지를 증득하지 못한 중생'이나 '이미 증득한 중생' 등 어떻게 부를지라도, 그 모든 중생은 예외 없이 '마음을 지니고 있으며' '마음이 있는 자는 반드시 깨달음을 얻는 것'이므로, 결국 '모든 중생은 부처 성품을 지니고 있다'는 뜻과 같은 것이라고 이해할 것이다. 마음과 부처 성품을 동일시하기 때문이다.

반면 '부처 성품이 없는 중생이 있다'는 주장을 지지하는 입장으로서는, 중생은 모두 마음을 지니고 있지만 이 중생은 부처 성품이 있는 중생과 없는 중생을 모두 지칭하는 것이므로, 결국 '부처 성품이 없는 중생이 있다'는 뜻이 된다고 이해할 것이다. 마음과 부처 성품을 다른 것으로 보기 때문이다.

그런데 '부처 성품이 없는 중생은 없다'는 주장을 펼치는 사람들과 '부처 성품이 없는 중생이 있다'는 주장을 지지하는 사람들의 견해를 보면, 경전에서 설하는 언어의 의미 맥락을 놓치거나 엉뚱하게 읽으면서 주장을 세우는 경우가 있다. 그 결과 경전의 같은 구절을 놓고도 상반된 주장이 상호 배타적으로 맞서곤 한다. 언어의 의미 맥락을 정확하게 포착하면 그러한 쟁론들은 저절로 해소된다.

예컨대 '중생은 모두 마음을 지니고 있다'는 말을 '마음을 지닌 모든 중생이 반드시 모두 깨달음을 증득한다'는 뜻으로 이해하는 것은 잘못된 의미 독해이다. 또 경전에서 "마치 허공처럼 일체 중생이 모두 부처 성품을 지닌다"라고 말하는 것은, 진리의 측면에서 말한 것이지 행위의 측면에서 말한 것이 아니다. 이 말을 성립시킨 조건을 포착하여 조건적으로 이해해야지, 그렇지 않고 액면 그대로 무조건적으로 읽어 버리면 그 말의 원래 취지를 놓치고 엉뚱한 견해를 세우게 된다.

또 "부처가 되는 각각의 원인과 그 결과는 하나같이 감로(甘露)와 같은 것이어서, 모든 중생이 마땅히 부처 경지의 평온(常)과 행복(樂)과 완전한 존재감(我)과 완벽한 진실성(淨)을 성취한다"는 말에서의 '모든 중생'은, 일정한 제한된 사람들을 '모두'라는 말로 지칭하는 것이지 말 그대로 전부를 '모두'라고 하는 것은 아니다.

이처럼 언어를 성립시킨 조건들을 식별하여 그 의미 맥락을 정확하게 포착한다면, 상반된 해석들이 대립하고 있는 경전의 문구들이 사실은 아무 혼란이나 모순 없는 것임을 알게 된다.

화쟁의 대상이 될 수 없는 쟁론들

원문

又若立云, '由法尒故, 無無性者', 則衆生有盡, 是爲大過. 如前所立'由法尒故, 有無性者', 則無是失. 故知, 是似決定相違, 而實不成相違過失. 如有立言, '火非濕性, 由法尒故', 又有立言, '火是濕性, 由法尒故', 此似決定相違, 而實無此過失. 以火性是熱, 實非濕故. 無性有情, 道理亦尒.

해의

화쟁이란 것은 각 견해가 지닐 수 있는 제한적 타당성(一理)을 식별하여 포섭하는 것이 핵심이다. 그리고 화쟁의 대상이 될 수 있는 주장은 수용할 만한 나름대로의 타당한 인과적 조건들에 기초하여 수립된 것이어야 한다. 따라서 화쟁 작업에 착수할 때에는 각 주장이 부분적 타당성을 지니고 있을 가능성의 존재 여부를 검토하는 일이 무엇보다도 선행되어야 한다. 화쟁의 대상이 될 수 있는 자격의 검토가 현명하게 선행되면, 부분적 타당성조차 지니지 못하는 주장들로 인한 무의미한 쟁론들의 논란과 소음은 미리 제거할 수 있다.

'본래 그러하기 때문에 부처 성품이 없는 자가 없다'는 주장과 '본래 그러하기 때문에 부처 성품이 없는 자가 있다'는 주장은 모두 부분적 타당성마저 지니기 어려운 것이기에 화쟁의 대상이 될 수 있는 자격을 결여하고 있다. '부처 성품이 없는 중생이 있다'는 것은 부분적 타당성마저 성립할 수 없기에, 화쟁의 대상이 되는 쟁론으로 취급하기 어렵다.

'불성이 없는 중생이 있다'는 주장에서
타당성을 읽어낼 수 있는 독법(讀法)

問. "若立後師義, 是說云何通?" 如顯揚論云, 云何唯現在世非般涅槃法?
不應理故. 謂不應言於現在世, 雖非般涅槃法, 於餘生中, 復可轉爲般涅
槃法. 何以故? 無般涅槃種性法故. 又若於此生, 先已積集順解脫分善根,
何故不名般涅槃法? 若於此生, 都未積集, 云何後生能般涅槃? 是故定有
非般涅槃種性有情. 瑜伽論中亦同此說.

'부처 성품이 없는 중생이 있다'는 주장은 경전적 근거(經證)나 대승불
교의 사상적 관점으로는 그 부분적 타당성마저 성립할 수 없다. 그러
나 이러한 주장을 무조건적으로 내세우는 것은 부분적 타당성마저 확
보할 수 없지만, 조건적으로 주장한다면 일리를 지닐 수 있다. 이러한
언어 표현을 성립시키는 조건에 따라, 다시 말해 그 의미 맥락에 따라
서는 조건적 타당성을 인정할 수 있는 것이다.

　중생의 근기는 가변적이다. 그리고 이 가변적 근기는 현재만을 기준
으로 평가해서는 안 되고, 남은 생애 내지 미래 생으로까지 범위를 확
장해서 말해야 한다. 현재의 삶으로 보면 부처 경지로 나아갈 가능성
이 전혀 보이지 않는 사람일지라도, 남은 생애 동안 언제라도 바뀌어서
부처를 이룰 가능성과 능력을 보여줄 수 있다. 또 비록 금생으로 보면
부처를 이룰 근기가 아닌 것으로 보일지라도, 그가 해탈하는 데 기여할

수 있는 자질을 금생 동안 꾸준히 축적한다면, 그는 내생에 부처가 될 능력과 가능성이 높은 삶을 전개할 수 있다. 따라서 현재나 금생만으로 '부처 성품이 없다'라고 규정해서는 안 된다.

그 반대의 경우도 있다. 현재의 자질로 보면 부처를 이룰 자질이 풍부해 보일 수 있다. 그러나 그가 남은 생애 동안 오히려 부처 이룰 자질을 훼손하는 행위에만 몰두해 버린다면, 그가 내생에 해탈로 나아가는 삶을 펼칠 가능성은 줄어든다. 이런 경우에 해당하는 사람을 일컬어 '열반의 부류가 아닌 사람'이라든가 '부처 성품이 없는 사람'이라고 말할 수 있다. 이렇게 말하는 이유는, 그로 하여금 현재와 금생의 삶을 반성케 하여 '부처 성품에 어울리는 삶'을 가꾸어가게 하고자 하기 때문이다. 만약 '부처 성품이 없는 중생이 있다'는 말을 성립시킨 조건이나 맥락이 이러한 것이라면, 그 말에도 타당성을 부여할 수 있다.

'불성이 없는 중생은 없다'라는 말이 '일체 중생이 반드시 모두 부처가 된다'는 의미는 아니다

원문

又若一切皆當作佛, 則衆生雖多必有終盡, 以無不成佛者故. 是則諸佛利他功德亦盡. 又若衆生必有盡者, 最後成佛則無所化. 所化無故, 利他行闕, 行闕成佛, 不應道理. 又若說'一切盡當作佛', 而言'衆生永無盡者', 則爲自語相違過失. 以永無盡者, 永不成佛故.

'부처 성품이 없는 중생은 없다'라는 말은 타당하다. 그러나 만약 이 말을 '일체 중생이 반드시 모두 부처를 이룬다'라는 의미로 이해한다면 타당하지 않다. 또한 '일체 중생이 반드시 모두 부처를 이룬다'고 하는 동시에 '중생은 끝내 다함이 없다'고 말한다면, 자기모순에 빠져 버리게 된다.

부처 경지를 성립시키는 조건의 하나는 자비심이다. 그리고 자비심은 중생을 대상으로 하는 이타행을 조건으로 성립된다. 따라서 중생이 완전히 없어진다면 이타행의 대상이 사라지고, 이타행이 없으면 자비심이 성립하지 않게 되며, 자비심이 없다면 부처 경지가 성립하지 않는다.

만약 '일체 중생이 반드시 모두 부처를 이룬다'라는 말이 맞는다면, 중생이 아무리 많을지라도 반드시 다 없어질 때가 있다. 그렇게 된다면 이타행이 불가능하게 되어 이타행을 조건으로 성립하는 자비심이 사라지는 것인데, '자비심 없는 부처'는 존재할 수 없다. 따라서 '일체 중생이 반드시 모두 부처를 이룬다'는 것은 타당하지 않다.

그런데 이러한 난점에서 벗어나기 위해, '일체 중생이 반드시 모두 부처를 이룬다'고 하면서도 '중생은 끝내 다함이 없다'고 말한다면, 자기모순에 빠진다. '끝내 다함이 없는 중생'이라는 말은 곧 '끝내 부처를 이룰 수 없는 중생'이라는 뜻인데, 그렇다면 '일체 중생이 반드시 모두 부처를 이룬다'는 말과 모순이 되어버린다.

'일체 중생이 반드시 모두 부처가 된다'고 하면서 '중생은 끝내 다함이 없다'고 말한다면 자기모순에 빠져버린다

원문

又如一佛一會, 能度百千萬億衆生, 今入涅槃於衆生界, 漸損. 以不若有漸損, 則有終盡, 有損無盡, 不應理故. 若無損者, 則無滅度, 有滅無損, 不應理故. 如是進退, 終不可立. 無同類故, 其義不成.

해의

'부처 성품이 없는 중생은 없다'는 말을 '일체 중생이 반드시 모두 부처를 이룬다'라는 의미로 이해하는 사람이, 그러한 관점이 지닌 난점에서 벗어나기 위해 '중생은 끝내 다함이 없다'고 말하는 것은, 자기모순에 빠질 뿐 아니라 또 다른 모순에 직면한다. '중생은 끝내 다함이 없다'고 한다면 열반에 드는 중생이 없다는 말인데, 중생계에서는 부처님의 교화 등으로 열반에 드는 중생들이 있으므로 '실제로 줄어드는 중생들'이 있다. 따라서 실제로는 열반을 증득하는 중생이 있음에도 불구하고 중생이 줄어들지 않는다고 주장하는 모순에 빠진다.

'일체 중생이 모두 불성을 지니고 있다'는 이론에 집착하는 사람들이 범하고 있는 잘못

執皆有性論者通曰, "彼新論文, 正破執於'先來無性, 而後轉成有性義者.' 如彼文言謂'不應言於現在世, 雖非般涅槃法, 於餘生中, 可轉爲般涅槃法 故.'" 今所立宗, 本來有性, 非謂先無而後轉成. 故不墮於彼論所破. 又彼 教意立無性者, 爲欲廻轉不求大乘之心, 依無量時而作是說. 由是密意故 不相違.

'모든 중생이 부처 성품을 지니고 있다'는 이론을 지지하는 사람들 가운 데는, 앞에서 '부처 성품이 없는 중생이 있다'는 말이 유효할 수 있는 조 건을 거론하기 위해 그 문헌적 근거로서 언급한 『현양론』의 "현재에서 만을 말해서는 안 되니, 비록 (현재는) 열반의 법이 아니지만 남은 생애 중에 다시 바뀌어 열반의 법이 될 수 있기 때문이다"라는 구절을, '〈본 래는 부처 성품이 없다가 후에 바뀌어 부처 성품이 있게 되었다〉는 뜻 에 대한 잘못된 이해를 바로잡아 주는 것'이라고 주장하는 경우가 있다.

그러나 '모든 중생이 부처 성품을 지니고 있다'는 교설의 취지는, 모 든 중생이 '본래부터 부처 성품이 있다'는 것이지, '전에는 없다가 후에 바뀌어 부처 성품을 지니게 된 중생까지 포함하여 모든 중생이 부처 성 품을 지니고 있다'는 것을 말하는 것이 아니다. 그러므로 『현양론』의 내용은, '본래는 부처 성품이 없다가 후에 바뀌어 부처 성품이 있게 되었다'는 관점을 인정하고 그 뜻을 올바로 설명하려는 것이 아니다.

그리고 『현양론』에서 '부처 성품이 없다'는 말을 채용한 것은, 부처 성품이 있으면서도 대승의 마음을 구하지 않는 자들을 반성시켜 대승의 마음을 구하게 하기 위해 무량한 시간의 맥락에서 그런 말을 한 것이다. 말의 의미 맥락을 이와 같이 파악하면, '일체 중생이 모두 부처 성품을 지니고 있다'는 교설과 '부처 성품이 없다'는 『현양론』의 말은 서로 모순되지 않는다.

'일체 중생이 모두 불성을 지니고 있다'는 교설에 대한 비판논리와 그 오류

원문

彼救難云, "一切有心皆當得者, 佛亦有心, 亦應更得者." 是義不然. 以彼經中自簡別故. 彼云, "衆生亦尒, 悉皆有心. 凡有心者, 當得菩提, 佛非衆生", 何得相濫?

해의

'일체 중생이 모두 부처 성품을 지니고 있다'는 교설을 비난하는 사람들은 마음과 깨달음의 상관성에 관한 경전의 말을 논거로 삼기도 하지만, 경전 구절의 의미 맥락을 온전히 파악하지 않고 아전인수(我田引水)격으로 단장취의(斷章取義)하여 자기주장을 세우고 있으므로 타당하지 않다.

'불성이 없는 중생이 있다'는 견해를 세우기 위해 '불성이 없는 중생은 본래부터 그러한 종자를 지녀 언제까지라도 그 종자는 다함이 없다'고 주장한다면, 오히려 '불성이 없는 중생이 있다'는 자기주장을 부정하게 된다

원 문

又彼難云, "若皆作佛, 必有盡"者, 是難還心自無性宗. 何者? 如汝宗說, 無性有情, 本來具有法尒種子, 窮未來際, 種子無盡. 我今問汝, 隨汝意答. 如是種子, 當言一切皆當生果, 當言亦有不生果者? 若言亦有不生果者, 不生果故則非種子. 若言一切皆當生果者, 是則種子, 雖多必有終盡. 以無不生果者故. 若言"雖一切種子皆當生果, 而種子無窮故, 無終盡, 而無自語相違過"者, 則應信受'一切衆生, 皆當成佛, 而衆生無邊故, 無終盡.'(又汝難云有滅無)

해 의

'일체 중생이 모두 부처 성품을 지니고 있다'는 교설을 비판하는 사람들이 내세우는 또 하나의 논거는, '만약 모든 중생이 부처 성품을 지녔다면 언젠가는 모두 부처를 이루어 반드시 중생이 다 없어질 것이다. 그런데 중생이 다 없어지면 이타행이 불가능해져서 자비심을 수립할 수 없을 것이고, 그렇다면 자비심을 조건으로 성립하게 되는 부처도 있을 수 없는 것 아니냐?'라는 것이다. 그러나 이러한 비판 논증은 오히려 '부처 성품이 없는 중생이 있다'는 자신의 주장을 스스로 비난하는 논거가 되고 만다.

그들은 '부처 성품이 없는 중생이 있다'고 하면서, '부처 성품이 없는 중생은 본래부터 그러한 종자를 지녀 언제까지라도 그 종자는 다함이 없다'고 주장한다. 그런데 이 주장을 성립시키고 있는 '종자설'은 오히려 '부처 성품이 없는 중생이 있다'는 주장을 부정하게 된다. 종자는 결과를 생겨나게 하는 것이고, 또 결과를 생겨나게 하면 그 종자는 없어지는 것이다. 따라서 '부처 성품이 없는 종자'라 할지라도 그것이 종자인 이상 반드시 사라지게 된다. 그렇다면 '부처 성품이 없는 중생은 본래부터 그러한 종자를 지녀 언제까지라도 그 종자는 다함이 없다'라고 하는 주장은 성립할 수 없다.

만약 자기주장을 관철하고자 무생과(無生果)의 불변 종자를 설정하여 '결과를 생겨나게 하지 않는 종자도 있다'고 말한다면, 곧 정의(定義)의 모순을 범하게 된다. 결과를 생겨나게 하지 않는 것은 종자가 아니기 때문이다. 따라서 이 경우에도 '부처 성품이 없는 중생은 본래부터 그러한 종자를 지녀 언제까지라도 그 종자는 다함이 없다'라고 하는 주장은 성립할 수 없다.

이러한 딜레마에서 벗어나고자 하여, '비록 모든 종자가 응당 결과를 생겨나게 하지만 종자가 무궁하기 때문에 종자가 다 없어지지는 않는다. 따라서 내 말은 모순되는 바가 없다'라고 주장한다고 하자. 그런 논리라면, '일체 중생은 모두 부처 성품이 있어 마땅히 부처를 이룰 수 있지만, 중생이 끝이 없기 때문에 중생들이 다 없어지지 않는다'라는 교설도 수용해야만 할 것이다.

불성(佛性)의 보편성과 차별성 주장에 대한 화쟁으로서
고려 균여의『석화엄교분기원통초(釋華嚴敎分記圓通抄)』에
인용된『십문화쟁론』

원문

曉公云, "五性差別之敎, 是依持門, 皆有佛性之說, 是緣起門", 如是會通
兩家之諍. (『석화엄교분기원통초(釋華嚴敎分記圓通鈔)』, 한불전4, p.311c.)

● ○ ○

원문

和諍論中, 依瑜伽現揚等, 立依持門, 依涅槃等經, 立緣起門. 然不通取瑜
伽等文句, 但依五性差別之文, 立依持門, 亦不通取涅槃經文, 但依皆有
佛性之文, 立緣起門. (均如,『釋華嚴敎分記圓通鈔』卷3, 韓佛全 4, p.326a.)

● ○ ○

원문

和諍論云. 問. "一切衆生皆有佛生耶? 當言亦有無性有情耶?"答. 又有
說者, "於有情界, 定有無性. 一切界差別故, 無始法爾故"云云. 又有說者,
"一切衆生皆有佛性"云云. 問. "二師所說, 何者爲實?"答. 又有說者, "二
師所說, 皆是實. 何以故? 皆依聖敎而成立故, 法門非一無障礙故. 是義
云何? 眞俗相望, 有其二門. 謂依持門及緣起門. 依持門者, 猶如大虛持

風輪等, 緣起門者, 猶如巨海起波浪等. 就依持門, 眞俗非一, 衆生本來法爾差別. 故有衆生, 從無始來樂着生死, 不可動拔. 就此門內, 於是衆生六處之中, 求出世法可生之性, 永不可得. 故依此門, 建立無性有情也. 約緣起門, 眞妄無二, 一切法同一心爲體. 故諸衆生從無始來, 無不卽此法界流轉. 就此門內, 於諸衆生心神之中, 求不可令歸自源者, 永不可得. 故依此門, 建立一切皆有佛性. 如是二門, 本無相妨." (均如, 『교분기원통초(敎分記圓通抄)』卷3, 한불전4, p.325b-c.)

해의

원효는 '견해의 의미 맥락/계열(門)'을 구별함으로써, '불성이 없는 중생도 있다'는 주장(五性差別說)과 '모두가 불성을 지니고 있다'는 주장(皆有佛性說)의 배타적 대립을 상호 소통과 포섭의 관계로 바꾸어 준다. 상이하거나 상반되어 보이는 견해들이, 동일한 의미 맥락 안에서 충돌하는 경우가 아니라, 각자 나름대로의 타당성을 지닌 상이한 의미 맥락들에서 수립된 것일 수 있다. 그럴 경우라면 언어적으로는 상이하거나 상반될지라도, 내용적으로는 상호 충돌하는 것이 아니라 상호 수용적일 수 있다. 따라서 상반된 언명들의 배타성을 치유하는 관건은, '적절한 인과적 관계를 확보하는 조건들의 연쇄계열인 의미 맥락/계열(門)'을 얼마나 잘 식별하는가에 있다.

모든 견해는 조건 의존적으로 성립하는 것이므로, 타당성을 지닐 경우라도 그 타당성은 무조건적/전면적/절대적인 것이 아니라, 조건적/

부분적/상대적인 것이다. 따라서 어떤 견해에 조건적 타당성을 부여하는 '특정 조건들의 일련의 적절한 인과관계 계열'인 '의미 맥락/계열(門)'의 이해와 식별을 통해 화쟁이 가능해진다.

불성(佛性)의 보편성/차별성에 관한 화쟁사상 해설
—'중생은 모두가 불성(佛性)을 가지고 있다'는 주장과
'불성이 없는 중생도 있다'는 주장의 다툼을
해소시켜 주는 화쟁—

'모든 중생은 불성을 지니고 있다'는 견해(一切皆成說)와
'불성이 없는 중생도 있다'는 견해(五性各別說)의 대립

부처의 육성을 전하는 문헌들(니까야/아함)에 나타나는 부처의 설법들은 '모든 인간과 신적 존재들의 해탈 가능성'을 명시적 혹은 묵시적으로 전제하고 있다. 대승불교는 이러한 초기불교의 관점을 적극적으로 계승하는데, 대승불교 경전인 『열반경』은 "모든 중생은 불성을 지니고 있다(一切衆生 悉有佛性)"고 단적으로 공언한다. 『열반경』의 이러한 천명은 성불 가능성에 대한 불교의 전통적 입장 내지 대승불교의 일반적 입장을 대변한다.

이런 점에서 '부처 성품이 없는 중생이 있다'는 주장은, 경전적 근거(經證)나 불교 일반의 교학 전통에 부합하지 않는다. 그러나 일부 불교

종파의 교리에서는 이러한 관점이 제기되어 있다. 대표적인 것이 현장(玄奘)에 의한 경전 번역으로써 성립된 새로운 유식학(新唯識/有相唯識)인 법상학(法相學), 특히 현장 문하 규기(窺基)의 자은파(慈恩派)에서 강하게 주장하는 오성각별설(五性各別說)이다. 이 이론은 중생 자질(種性)의 차별성 분류를 5가지로 시도하고 있는 『유가사지론(瑜伽師地論)』의 분류 체계를 계승하여 '부처 성품이 없는 중생(無性有情種性)'을 설정하고 있다.

미륵보살(彌勒菩薩)의 저술을 현장이 한역하여 소개한 『유가사지론』은 여러 곳에 걸쳐 인간 근기를 차별화시켜 분류하고 있는데, 산재하고 있는 그 분류를 종합하면 모두 다섯 가지(五種性)가 된다. 보살종성(菩薩種性)/독각종성(獨覺種性)/성문종성(聲聞種性)/부정종성(不定種性)/무성종성(無性種性)이 그것인데, 마지막 유형인 무성종성은 깨달음을 성취할 수 없는 인간이다. 『유가사지론』의 「섭결택분(攝決擇分)」에서 거론되고 있는 이 무성종성의 존재 주장은 불교 교학의 전통에 비추어 볼 때 매우 이색적인 관점이다. 깨달음과는 무관하거나 상반된 삶을 사는 인간들을 반성케 하여 깨달음의 삶으로 이끌려고 하는 현실적 고려의 반영으로 보이는 이 인간 자질 분류의 교리는, 그 본래의 취지와는 달리 자칫 결정론적 운명론이나 인간 차별론의 근거가 될 수 있다는 점에서 불교계의 논란거리가 된다.

이러한 문제점 때문에 현장의 법상 유식학을 전승한 사람들 가운데서도 이 문제와 관련하여서는 다른 관점이 등장하게 된다. 예컨대 신라인 원측(圓測, 613-696)은 같은 현장 문하의 유식학 승려였음에도 불구하고 규기의 유식학과는 다른 관점을 보여 법상종의 정통을 자처했던 규기의 자은파로부터 견제를 받기도 하였는데, 원측은 '부처 성품이 없는 중생'의 존재를 주장하는 오성각별설에 비판적이었다.

현장이 인도에서 호법(護法) 계통의 신유식(新唯識/有相唯識)을 연구한 후 귀국하여 신유식을 소개하면서 새로운 유식 해석학적 학풍이 일게 된다. 이에 따라 종래의 것과 차별화되는 해석학적 관점들이 전통적 관점과 충돌하면서 교학적 혼란과 갈등을 초래한다. '불성(佛性)'과 '일승(一乘) 및 삼승(三乘)의 위상'에 대한 관점의 차이가 그 대표적 사례에 속한다. 또 유식학(唯識學)이 번성함에 따라 유식학과는 사상적 개성을 달리하는 중관학(中觀學)과의 차이에 대한 문제의식도 첨예화된다.

원효는 현장에 의해 성립한 유식학 중심의 새로운 불교 해석학적 변화를 주목했던 인물이다. 찬녕(贊寧, 918-999)의 『송고승전(宋高僧傳)』 '신라국(新羅國) 황룡사(黃龍寺) 원효전(元曉傳)'에 따르면, 그가 의상과 함께 당나라 유학을 시도한 것은 '삼장법사 현장(玄奘) 자은(慈恩)의 문하를 사모해서였다'고 한다. 『송고승전』에는 중국 위주의 편향된 시선이 반영되어 있을 가능성이 있긴 하지만, 그가 한창 교학적 탐구를 진행하던 시기에 중국에서 펼쳐지고 있던 현장의 새로운 유식학풍이 원효에게 특별한 사상적 관심사가 되었을 가능성은 충분하다.

원효의 화쟁사상에서는 '불성(佛性)'을 둘러싼 다양한 주제들이 화쟁의 대상으로서 취급되고 있는데, 이는 분명 그 시대에 풍미했던 유식학의 새로운 학풍으로 인한 교리적 혼란과 갈등이 배경이 되었을 것이다. 특히 『십문화쟁론』 잔간(殘簡)에서 등장하는, '모든 중생은 불성을 지닌다'는 견해와 '불성이 없는 중생도 있다'는 견해의 배타적 다툼에 관한 화쟁은, 당시 중국과 한반도 불교계의 중요한 교학적 논란에 대한 원효의 대응이라는 점에서 각별한 의미를 지닌다.

불성(佛性)의 유무(有無) 논란에 대한 원효의 입장과 화쟁 논리

원효는 기본적으로 '모든 중생은 불성을 지니고 있다'는 전통적 관점을 지지한다. 현존하는 『십문화쟁론』의 관련 내용은, '불성이 없는 중생이 있다'는 견해의 부당성을 비판하는 내용이 대부분을 차지한다. 그러나 원효가, '모든 중생은 불성을 지니고 있다'는 명제를 수용하는 모든 해석학적 견해를 지지하는 것은 아니다. '모든 중생은 불성을 지니고 있다'는 견해를 주장하기 위해 채택하는 '문헌적 근거(經證)의 관련 내용에 대한 오해'나 '추가하는 해석학적 관점들의 부당성'을 가차 없이 비판하기도 한다. 그러한 과정을 통해 '모든 중생은 불성을 지니고 있다'는 관점의 정당성과 그에 대한 올바른 이해를 수립케 하여, '불성의 유무(有無)' 문제에 대한 논란과 혼란을 해소시켜 가는 것이 원효의 화쟁 방식이다.

1) 원효에 따르면, 『열반경』에서 말하는 '모든 중생은 부처 성품(佛性)을 똑같이 지녔다'고 하는 말이 맞다. '부처 성품이 없는 중생이 있다'는 견해는, 대승이 밝히는 '존재의 평등한 면모(平等法性)'와 '한 몸으로 여기는 위대한 동정심(同體大悲)은 바다와 같이 한 맛(一味)'이라는 진리에 어긋나기 때문이다. 만약 부처 성품이 없는 중생이 있다면, '모

든 존재는 근본적으로 평등하다'든가 '모든 중생을 내 몸으로 여겨 펼치는 자비심은 어느 중생에 대해서도 바닷물처럼 한 맛이다'라는 가르침을 대승불교가 설할 수 없다. 따라서 '어떤 중생들은 부처 성품이 없다'고 하는 주장은 대승불교의 관점에 부합하지 않는다. 그럼에도 불구하고 중생들이 지닌 부처 성품에 대해 보편성 주장과 차별성 주장이 상반되는 형태로 맞서고 있다. 그리고 불성 존재의 보편성과 차별성 주장 가운데 그 어느 견해를 지지하든 간에, 지지의 논거로 채택하는 해석학적 관점들에는 부당함이 목격된다.

2) '부처 성품이 없는 중생은 없다'는 주장과 '부처 성품이 없는 중생이 있다'는 주장이 비록 상반된 것이지만, 각자의 주장을 뒷받침하고자 채택하는 해석학적 관점에 공통되는 내용이 있는데, 양자의 입장은 모두 수긍하기 어렵다. 그들은 모두 경전에서 설하는 언어의 의미 맥락을 놓치거나 엉뚱하게 읽으면서 주장을 세우고 있기 때문이다. 그 결과 경전의 같은 구절을 놓고도 상반된 주장이 상호 배타적으로 맞서고 있는데, 언어의 의미 맥락을 정확하게 포착하면 그러한 쟁론들은 저절로 해소된다.

예컨대 '중생은 모두 마음을 지니고 있다'는 말을 '마음을 지닌 모든 중생은 반드시 모두 깨달음을 증득한다'는 뜻으로 이해하는 것은 잘못된 의미 독해이다. 또 경전에서 "마치 허공처럼 일체 중생이 모두 부처 성품을 지닌다"라고 말하는 것은, 진리의 측면에서 말한 것이지 행위의 측면에서 말한 것이 아니다. 이 말을 성립시킨 조건을 포착하여 조건적으로 이해해야지, 그렇지 않고 액면 그대로 무조건적으로 읽어 버리면 그 말의 원래 취지를 놓치고 엉뚱한 견해를 세우게 된다.

또 "부처가 되는 각각의 원인과 그 결과는 하나같이 감로(甘露)와 같은 것이어서, 모든 중생이 마땅히 부처 경지의 평온(常)과 행복(樂)과 완전한 존재감(我)과 완벽한 진실성(淨)을 성취한다"는 『열반경』 구절에서의 '모든 중생'은, 일정한 제한된 사람들을 '모두'라는 말로 지칭하는 것이지 말 그대로 전부를 '모두'라고 하는 것은 아니다.

이처럼 언어를 성립시킨 조건들을 식별하여 그 의미 맥락을 정확하게 포착한다면, 상반된 해석들이 대립하고 있는 경전의 문구들이 사실은 아무 혼란이나 모순 없는 것임을 알게 된다.

3) 화쟁이란 것은 각 견해가 지닐 수 있는 제한적 타당성(一理)을 식별하여 포섭하는 것이 핵심이다. 그리고 화쟁의 대상이 될 수 있는 주장은 수용할 만한 나름대로의 타당한 인과적 조건들에 기초하여 수립된 것이어야 한다. 따라서 화쟁 작업에 착수할 때에는 각 주장이 부분적 타당성을 지니고 있을 가능성의 존재 여부를 검토하는 일이 무엇보다도 선행되어야 한다. 화쟁의 대상이 될 수 있는 자격의 검토가 현명하게 선행되면, 부분적 타당성조차 지니지 못하는 주장들로 인한 무의미한 쟁론들의 논란과 소음은 미리 제거할 수 있다. 그런데 '본래 그러하기 때문에 부처 성품이 없는 자가 없다'는 주장과 '본래 그러하기 때문에 부처 성품이 없는 자가 있다'는 주장은, 모두 부분적 타당성마저 지니기 어렵다. 따라서 화쟁의 대상이 될 수 있는 자격을 결여하고 있다.

4) '부처 성품이 없는 중생이 있다'는 견해는 경전적 근거(經證)나 대승불교의 사상적 관점으로는 그 부분적 타당성마저 성립할 수 없다. 그러나 이러한 견해를 조건적으로 적절히 주장한다면, 부분적 타당성(一理)을 지닐 수도 있다. 이러한 언어 표현을 성립시키는 조건에 따라, 다시 말해 그 의미 맥락에 따라서는 조건적 타당성을 인정할 수 있는 것이다. 그 조건적 타당성은 『현양론(顯揚論)』의 내용에 의거하여 다음과 같은 의미 맥락을 설정할 때 확보될 수 있다.

〈중생의 근기는 가변적이다. 그리고 이 가변적 근기는 현재만을 기준으로 평가해서는 안 되고, 남은 생애 내지 미래 생으로까지 범위를 확장해서 말해야 한다. 현재의 삶으로 보면 부처 경지로 나아갈 가능성이 전혀 보이지 않는 사람일지라도, 남은 생애 동안 언제라도 바뀌어서 부처를 이룰 가능성과 능력을 보여줄 수 있다. 또 비록 금생으로 보면 부처를 이룰 근기가 아닌 것으로 보일지라도, 그가 해탈하는 데 기여할 수 있는 자질을 금생 동안 꾸준히 축적한다면, 그는 내생에 부처가 될 능력과 가능성이 높은 삶을 전개할 수 있다. 따라서 현재나 금생만으로 '부처 성품이 없다'라고 규정해서는 안 된다.

그 반대의 경우도 있다. 현재의 자질로 보면 부처를 이룰 자질이 풍부해 보일 수 있다. 그러나 그가 남은 생애 동안 오히려 부처가 될 자질을 훼손하는 행위에만 몰두해 버린다면, 그가 내생에서 해탈로 나아가는 삶을 펼칠 가능성은 줄어든다. 이런 경우에 해당하는 사람을 일컬어 '열반의 부류가 아닌 사람'이라든가 '부처 성품이 없는 사람'이라고 말할 수 있다. 이렇게 말하는 이유는, 그로 하여금 현재와 금생의 삶을 반성케 하여 '부처 성품에 어울리는 삶'을 가꾸어가게 하고자 하기 때문이다. 만약 '부처 성품이 없는 중생이 있다'는 말을 성립시킨 조건이나 맥락이 이러한 것이라면, 그 말에도 타당성을 부여할 수 있다.〉

5) '부처 성품이 없는 중생은 없다'라는 말은 타당하다. 그러나 만약 이 말을 '일체 중생이 반드시 모두 부처를 이룬다'라는 의미로 이해한다면 타당하지 않다. 또한 '일체 중생이 반드시 모두 부처를 이룬다'고 하는 동시에 '중생은 끝내 다함이 없다'고 말한다면, 자기모순에 빠져버리게 된다. 그 이유는 다음과 같다.

〈부처 경지를 성립시키는 조건의 하나는 자비심이다. 그리고 자비심은 중생을 대상으로 하는 이타행을 조건으로 성립된다. 따라서 중생이 완전히 없어진다면 이타행의 대상이 사라지고, 이타행이 없으면 자비심이 성립하지 않게 되며, 자비심이 없다면 부처 경지가 성립하지 않는다. 만약 '일체 중생이 반드시 모두 부처를 이룬다'라는 말이 맞는다면, 중생이 아무리 많을지라도 반드시 다 없어질 때가 있다. 그렇게 된다면 이타행이 불가능하게 되어 이타행을 조건으로 성립하는 자비심이 사라지는 것인데, '자비심 없는 부처'는 존재할 수 없다. 따라서 '일체 중생이 반드시 모두 부처를 이룬다'는 것은 타당하지 않다.

그런데 이러한 난점에서 벗어나기 위해, '일체 중생이 반드시 모두 부처를 이룬다'고 하면서도 '중생은 끝내 다함이 없다'고 말한다면, 자기모순에 빠진다. '끝내 다함이 없는 중생'이라는 말은 곧 '끝내 부처를 이룰 수 없는 중생'이라는 뜻인데, 그렇다면 '일체 중생이 반드시 모두 부처를 이룬다'는 말과 모순이 되어버린다.

'부처 성품이 없는 중생은 없다'는 말을 '일체 중생이 반드시 모두 부처를 이룬다'라는 의미로 이해하는 사람이, 그러한 관점이 지닌 난점에서 벗어나기 위해 '중생은 끝내 다함이 없다'고 말하는 것은, 자기모순에 빠질 뿐 아니라 또 다른 모순에 직면한다. '중생은 끝내 다함이 없다'고 한다면 열반에 드는 중생이 없다는 말인데, 중생계에서는 부처님의 교화 등으로 열반에 드는 중생들이 있으므로 '실제로 줄어드는 중생들'이 있다. 따라서 실제로는 열반을 증득하는 중생이 있음에도 불구하고 중생이 줄어들지 않는다고 주장하는 모순에 빠진다.〉

6) '모든 중생이 부처 성품을 지니고 있다'는 이론을 지지하는 사람들 가운데는, '부처 성품이 없는 중생이 있다'는 말이 유효할 수 있는 조건을 거론하기 위해 그 문헌적 근거로서 언급한 『현양론』의 "현재에서만을 말해서는 안 되니, 비록 (현재는) 열반의 법이 아니지만 남은 생애 중에 다시 바뀌어 열반의 법이 될 수 있기 때문이다"라는 구절을, '〈본래는 부처 성품이 없다가 후에 바뀌어 부처 성품이 있게 되었다〉는 뜻에 대한 잘못된 이해를 바로잡아 주는 것'이라고 주장하는 경우가 있다.

그러나 '모든 중생이 부처 성품을 지니고 있다'는 교설의 취지는, 모든 중생이 '본래부터 부처 성품이 있다'는 것이지, '전에는 없다가 후에 바뀌어 부처 성품을 지니게 된 중생까지 포함하여 모든 중생이 부처 성품을 지니고 있다'는 것을 말하는 것이 아니다. 그러므로 『현양론』의 내용은, '본래는 부처 성품이 없다가 후에 바뀌어 부처 성품이 있게 되었다'는 관점을 인정하고 그 뜻을 올바로 설명하려는 것이 아니다.

그리고 『현양론』에서 '부처 성품이 없다'는 말을 채용한 것은, 부처 성품이 있으면서도 대승의 마음을 구하지 않는 자들을 반성시켜 대승의 마음을 구하게 하기 위해 무량한 시간의 맥락에서 그런 말을 한 것이다. 말의 의미 맥락을 이와 같이 파악하면, '일체 중생이 모두 부처 성품을 지니고 있다'는 교설과 '부처 성품이 없다'는 『현양론』의 말은 서로 모순되지 않는다.

7) '일체 중생이 모두 부처 성품을 지니고 있다'는 교설을 비난하는 사람들은 마음과 깨달음의 상관성에 관한 경전의 말을 논거로 삼기도 하지만, 경전 구절의 의미 맥락을 온전히 파악하지 않고 아전인수(我田引水)격으로 단장취의(斷章取義)하여 자기주장을 세우고 있으므로 타당하지 않다.

8) '일체 중생이 모두 부처 성품을 지니고 있다'는 교설을 비판하는 사람들이 내세우는 또 하나의 논거는, '만약 모든 중생이 부처 성품을 지녔다면 언젠가는 모두 부처를 이루어 반드시 중생이 다 없어질 것이다. 그런데 중생이 다 없어지면 이타행이 불가능해져서 자비심을 수립할 수 없을 것이고, 그렇다면 자비심을 조건으로 성립하게 되는 부처도 있을 수 없는 것 아니냐?'라는 것이다. 그러나 이러한 비판 논증은 오히려 '부처 성품이 없는 중생이 있다'는 자신의 주장을 스스로 비난하는 논거가 되고 만다.

그들은 '부처 성품이 없는 중생이 있다'고 하면서, '부처 성품이 없는 중생은 본래부터 그러한 종자를 지녀 언제까지라도 그 종자는 다함이 없다'고 주장한다. 그런데 이 주장을 성립시키고 있는 '종자설(種子說)'은 오히려 '부처 성품이 없는 중생이 있다'는 주장을 부정하게 한다. 종자는 결과를 생겨나게 하는 것이고, 또 결과를 생겨나게 하면 그 종자는 없어지는 것이다. 따라서 '부처 성품이 없는 종자'라 할지라도 그것이 종자인 이상 반드시 사라지게 된다. 그렇다면 '부처 성품이 없는 중생은 본래부터 그러한 종자를 지녀 언제까지라도 그 종자는 다함이 없다'라고 하는 주장은 성립할 수 없다.

만약 자기주장을 관철하고자 '결과를 생겨나게 함이 없으면서(無生果)' 변치 않는 종자(불변종자)를 설정하여 '결과를 생겨나게 하지 않는 종자도 있다'고 말한다면, 곧 정의(定義)의 모순을 범하게 된다. 결과를 생겨나게 하지 않는 것은 종자가 아니기 때문이다. 따라서 이 경우에도 '부처 성품이 없는 중생은 본래부터 그러한 종자를 지녀 언제까지라도 그 종자는 다함이 없다'라고 하는 주장은 성립할 수 없다.

이러한 딜레마에서 벗어나고자 하여, '비록 모든 종자가 응당 결과를 생겨나게 하지만 종자가 무궁하기 때문에 종자가 다 없어지지는 않는다. 따라서 내 말은 모순되는 바가 없다'라고 주장한다고 하자. 그런 논리라면, '일체 중생은 모두 부처 성품이 있어 마땅히 부처를 이룰 수 있지만, 중생이 끝이 없기 때문에 중생들이 다 없어지지 않는다'라는 교설도 수용해야만 할 것이다.

제4장

견해의 배타적 주장은
어떻게 치유할 수 있는가?
- 화쟁 논법과 쟁론의 치유 -

쟁론 치유의 원천은 무엇인가?

원효의 화쟁사상을 연구하는 경우, 흔히 화쟁의 논리, 즉 쟁론의 문제 상황에 적용하여 화쟁이 이루어질 수 있는 논리 형식이 무엇인가에 많은 관심을 기울이게 된다. 물론 원효가 구사하고 있는 화쟁의 논리 형식을 확인하는 작업은 화쟁 원리의 이해를 위해 필요하다. 그러나 모든 쟁론 상황에 적용하기만 하면 화쟁이 되는, 그러한 논리 형식은 존재하지 않는다. 원효의 화쟁 논리에 대한 관심이 그러한 기대를 담고 있는 것이라면, 그 탐구 결과는 공허할 수밖에 없다.

원효의 화쟁 논법을 구성하는 원리를 이해하기 위해서 무엇보다도 긴요한 것은, 화쟁의 논리 형식을 펼쳐내는 '원천'의 내용과 의미에 대한 세밀한 포착이다. 화쟁 논리의 그 원천을 그저 '무애자재한 도력'에다 맡겨 뭉뚱그려 버리고, 원효의 화쟁사상에서 빈번하게 등장하는 '긍정·부정을 거침없이 구사하는 논리형식'이 화쟁 논법의 원리이자 내용이라고 파악한다면, 그러한 화쟁 논법은 사실상 공허하다. 쟁론의 일반 상황에서는 물론 불교 이론에 관한 쟁론들도 화쟁해 내기 어렵다. 원효의 화쟁 논법에서 흔히 목격되는 '긍정·부정의 자유자재' '극단적 견해를 버림' 등의 논리형식은, 비록 그럴듯해 보일지는 몰라도, 실제 쟁론에 적용하기에는 모호하거나 막연하여 문제 해결에 무력하다.

쟁론의 문제 해결을 위해 실제로 요구되는 것은, '긍정과 부정 및 극단적 견해의 내용 여하를 변별하는 경계선을 적절하게 설정할 수 있는 능력'이다. 어떤 견해가 어디까지 타당하고 어디부터 부당한가를 적절하게 식별하는 능력, 다시 말해 긍정과 부정의 적절한 경계선을 포착하는 능력이 수반되지 않는 '긍정·부정의 자재'는, 공허할 뿐 아니라 위험하기조차 하다.

화쟁의 논리형식이 솟구치는 '원천'은, 이 '긍정·부정의 적절한 변별과 판단을 위한 경계선 포착력'을 근원적 수준에서 계발시키고 발전시켜 줄 수 있는 것이어야 한다. 원효의 화쟁 논법이 그러한 원천에서 발현되는 것이라면, 화쟁 논법은 불교적 쟁론뿐 아니라 세간의 쟁론 일반의 치유에도 유효한 보편적 화쟁력을 발휘한다고 할 수 있다. 만약 화쟁 논법의 원천에서 그러한 내용과 의미를 포착할 수 없다면, 화쟁사상의 한계는 명백하다.

필자는 일찍이 화쟁 논법의 구성 원리를 세 가지로 분류하여 음미한 바가 있는데,[47] 그 핵심 논지는 다음과 같은 것이었다.

47_ 박태원, 「원효 화쟁사상의 보편원리」(『철학논총』 제38집, 새한철학회, 2004).

〈현존 원효 저술에 나타나는 화쟁 내용들을 종합해 볼 때, 원효는 불교 이론의 이해를 둘러싼 특정한 쟁론들을 강하게 의식하여 그들을 대상으로 화쟁론을 구성하였으며, 그 과정에서 인간사 모든 쟁론의 보편적 구조와 그 해법에 대한 통찰을 불교적 시각에서 축적해 갔던 것으로 보인다. 따라서 원효의 화쟁 대상으로서는 일차적으로 불교 이론을 둘러싼 쟁론들을 주목해야 하며, 아울러 그 쟁론들을 화쟁해 가는 과정에서 모든 쟁론적 갈등에 적용할 수 있는 어떤 보편 지혜에 대한 확신이나 자각을 제기하고 있지는 않은가를 유심히 살펴야 한다. 원효가 전개하고 있는 화쟁의 언어들을 음미해 보면, 그 이면에는 인간사의 모든 쟁론 상황에 적용될 수 있을 것으로 보이는 높은 수준의 보편 원리들이 읽혀진다. 그 원리는 크게 보아 세 가지로 정리된다. 첫째는 '각 주장의 부분적 타당성(一理)을 변별하여 수용한다'는 것이고, 둘째는 '모든 쟁론의 인식적 토대를 초탈할 수 있는 마음의 경지(一心)에 올라야 한다'는 것이며, 셋째는 '언어를 제대로 이해해야 한다'는 것이다.〉

화쟁 논법의 이 세 가지 구성 원리 가운데 특히 주목되는 것은 '각 주장의 부분적 타당성(一理)을 변별하여 수용하기'이다. 이 화쟁 원리는 사실상 그 어느 원리보다 쟁론의 일반 상황에 적용할 수 있고, 널리 채택 가능하며, 상식적 합리성에 호소력을 지닐 수 있는 보편 원리일 수 있다. 또한 원효 자신도 화쟁 논법에서 가장 중시하여 빈번하게 구사하는 원리로 보인다. 원효의 화쟁 논법을 탐구하는 사람들 역시, 비록 그 이해 내용에는 차이가 있지만, 전반적으로 이 원리를 주목하고 있다. 그런데 이 원리와 관련하여 반드시 해결해야 할 문제가 있다.

'견해의 부분적 타당성(一理)은 어떻게 식별해 낼 수 있는가?' 하는 문제이다.

'일리 수용하기'의 성패는 '일리 식별력'에 달려 있다. 부분적 타당성에 대한 식별능력을 향상시키고 확보할 수 있는 방법과 조건이 포착되어야, 이 원리의 '보편적 쟁론 치유력'을 주장할 수 있다. 불교 이론에 대한 쟁론적 이견들을 대상으로 하는 원효의 화쟁 논법이 보편적 쟁론 치유력을 발휘할 수 있으려면, 그 화쟁 논법이 '부분적 타당성에 대한 식별력 향상'과 직결될 수 있어야 한다. '각 주장의 부분적 타당성(一理)을 변별하여 수용하기'라는 화쟁 원리는 과연 일리 식별력을 향상시킬 수 있는 통찰을 지니고 있는 것인가? 이 질문에 대한 답변으로서 필자가 기존에 주목했던 것은, 원효가 말하는 '일변(一邊)을 고집하기 않기'였다. 그러나 더 해명되어야 할 석연치 않은 부분이 남아 있었는데, 『십문화쟁론』의 화쟁 논법을 면밀히 음미하는 과정에서 그 해답을 마련할 수 있었다.

'부분적 타당성(一理)에 대한 식별력 향상' 문제에 관한 필자의 기존 관점의 요지는 다음과 같은 것이었다.

〈원효가 전개하고 있는 화쟁의 논의들에서는 '저마다 일리(一理)가 있다'는 식의 화쟁 방식이 자주 등장한다. 저마다의 일리를 변별하여 인정하려는 원효의 태도에는, 진리를 향한 인간의 향상적 노력들을 '본각(本覺, 본래적 깨달음)에 의거한 시각(始覺, 비로소 깨달아 감)의 과정'으로 간주하는 인간관이 일정한 영향력을 발휘하고 있을 수 있다. 그런데 견해에 내재한 일리들을 변별해 내려면 각 견해의 의미 맥락을 잘 식별할 수 있어야 한다. 원효의 화쟁 논법에는 이러한 의미 맥락의 식별 노력이 돋보이고 있다.

그렇다면 각 견해의 서로 다른 의미 맥락을 제대로 음미해 내려면 어떤 조건들이 필요한가? 한 문제를 다양한 각도와 맥락에서 파악할 수 있는 종합적 식견과, 부분적 일리에 집착하지 않을 수 있는 마음의 능력이 필수적 요건일 것이다. 종합적 식견은 '모든 쟁론의 인식적 토대를 초탈할 수 있는 마음의 경지(일심)'와 연관되는 것이기도 하다.

비생산적이고 분열적인 쟁론, 상호 배타적 자기주장은 부분적 진리를 붙들고 그 완전성을 주장하는 데서 비롯되고 있다. 특정 일리에 안주하여 그것으로써 완결시키려는 태도는 다른 일리들, 다른 의미 맥락들을 놓치거나 외면, 혹은 배척하게 되어, 상호 통섭적 담론을 통한 진리로의 접근을 장애한다. 그러므로 각 견해들의 부분적 타당성을 인지하고 포섭하기 위해서는 하나의 부분적 진리에 국집하지 않을 수 있어야 한다. 그것을 원효는 '일변(一邊)을 고집하기 않기'로 강조하고 있다.

부분적 진리에 안주하여 집착하지 않으면 다른 부분적 진리들이 인지되어 상호 통섭적 담론이 가능하다는 원효의 화쟁 원리는, 비단 불교 내의 이론 다툼뿐만이 아니라 일반 쟁론 상황에서도 유효할 수 있는 보편성을 지닌다. 쟁론 상황에서 제기되는 특정한 견해는, 정도의 차이는 있지만 대부분 부분적으로 타당하거나 제한적으로 유효하다. 그럼에도 불구하고 쟁론의 주체들은 많은 경우에 자기주장에 집착하여 타 견해들의 타당성들을 식별해 내지 못하거나 외면해 버린다. 심지어는 자기 견해가 전면적으로 타당하다고 착각하기도 한다. 따라서 쟁론의 주체들이 자기 견해에 집착하지 않으면 않을수록, 자기주장의 부분적 타당성과 의미 맥락을 온전히 직시할 수 있는 동시에 타 견해의 일리들과 의미 맥락을 사실대로 인지하고 수용할 수 있는 가능성은 높아진다.〉

이렇게 본다면 '일리 식별력'의 관건은 결국 '집착하지 않기'가 된다. 부분적 진리, 제한적 타당성에 안주하여 그것으로써 완결시키려는 '집착적 태도의 극복 정도'에 따라, 부분적 타당성을 식별하여 수용하는 정도가 결정된다. 그런데 '일리 식별력 향상'의 조건이 '무집착'으로 귀결된다면, 이 화쟁 원리의 쟁론 치유력은 갑작스럽게 구름 위로 올라가 버리는 느낌을 받게 된다. 쟁론들의 독단과 독선 및 배타성을 치유하여 상호 통섭적 담론으로 이끌어 갈 수 있는 화쟁 능력의 계발과 확보를 기대했던 사람들을 허탈하게 만들어 버릴 수 있다.

지혜와 자비의 길이 '무집착'에 의해 열린다는 것은 부인할 수 없는 진실이다. 그러나 '집착하지 말라'는 훈계나 요청만으로 집착하지 않을 수 있다면 얼마나 좋을 것인가. '집착과 무집착'은 인간사 온갖 허위와 오염의 내면적 원인을 수렴시켜 파악할 때 선택할 수 있는 기층 개념의 하나이지만, 문제 해결의 구체적 방법론을 대변할 수 있는 것은 아니다. 무지와 오염이 응집되는 관문 ㅡ그러나 가장 뚫고 나가기 어려운 관문이 '집착'이 아니던가. 부인할 수는 없어도, 지적과 요청만으로는 그 극복이 난감해지는 것이 '집착 내려놓기'가 아닌가. '집착과 무집착'의 경계선이 무엇을 의미하는 것인지를 확인한 후에, 정작 필요한 것은 '어떻게 노력해야 무집착의 능력을 충분하게 확보할 수 있는가?'이다. 붓다 가르침의 실제 생명력은 이 점에 집중되어 있고, 또 후학들은 그 점을 주목하여 소화해 내야 한다. 붓다 통찰의 계보에 등재된 모든 유형의 이론과 수행론도 결국은 '집착하지 않을 수 있는 방법'에 관한 것이라 보아야 할 것이다.

　원효의 화쟁 논법을 구성하는 원리들도 '집착하지 않을 수 있는 방법'에 관한 것으로 읽을 수 있는 것이어야 한다. 그렇지 않고 화쟁의 구체적 방법에 대한 요구를 '집착하지 않기'로써 충족시키려 한다면, '지당하지만 요원한 화쟁 방법'이라는 비판에서 자유롭기 어렵다. 다른 두 원리인 '모든 쟁론의 인식적 토대를 초탈할 수 있는 마음의 경지(一心)에 오르기'나 '언어관의 교정'은, 그 철학적 깊이와 차원 높은 호소력에도 불구하고, '현실적이고도 대중적인 호소력과 효과'의 기대에는 한계를 노출한다. 대중적, 세간적 호소력과 궁극적 진리성의 간극을 십분 인정할지라도, 화쟁 논법이 불교 이론만 아니라 현실의 다양한 쟁론들에도 유효할 수 있는가를 주목하는 경우, 아무래도 비현실적이라는 지적을 감내해야 한다.

　만약 '각 주장의 부분적 타당성(一理)을 변별하여 수용하기'라는 화쟁 원리조차 결국 '집착하지 않기'로 귀착되어 버린다면, 화쟁사상의 보편적 쟁론 치유력은 이론적/철학적 가능성에 만족할 수밖에 없다. 원효가 구사하는 화쟁 논법은 그렇게 '불교 내적(內的)'으로만 유효하고, '심오하지만 비현실적으로 고원(高遠)한' 것일 수밖에 없는가? 만약 쟁론의 일반 상황에도 적용할 수 있을 정도로 현실적 호소력이 있는 화쟁 원리가 화쟁 논법에 내재한다면, 원효의 화쟁사상은 현실성부터 철학성과 종교성까지 구족하는 멋진 풍모로 빛나게 될 것이다. 화쟁 논법에 대한 기존의 의미 독해에서 혹 놓치고 있는 것은 없는가?

견해의 계열(門) 구분과 화쟁

         『십문화쟁론』에서 전개되고 있는 '불성의 유무(有無) 문제에 관한 논란의 화쟁'에서 주목되는 것은, '의미 맥락의 식별에 의한 화쟁' 혹은 '관점/견해를 성립시키는 조건들의 연기(緣起)적 인과계열의 식별에 의한 화쟁'이다. '관점을 성립시키는 조건들의 연기(緣起)적 인과계열', 다시 말해 '견해 계열의 의미 맥락'을 원효는 '문(門)'이라는 말에 담고 있다. 그리고 화쟁을 위해서는 견해의 문(門)을 제대로 식별하여 무지나 오해로 인한 '맥락/계열 일탈적 쟁론'을 해소해야 한다는 것을, 그는 화쟁사상의 중요한 생명력으로 삼고 있다.

    '부분적 타당성(一理)의 변별과 수용'을 화쟁 논법의 원리로 채택하여 쟁론들의 배타성과 불통을 치유하고 쟁론을 통섭적으로 지양해 가는 원효의 화쟁 논법에서, 가장 주목해야 할 것이 바로 이 '견해 계열(門)'의 구분이다. 일련의 인과관계를 형성하는 조건들의 연쇄, 고유적 개성의 차이를 부여할 수 있는 인과적 조건들의 연쇄와 그 체계를 '계열'이라고 하자. '관점을 성립시키는 조건들의 연기(緣起)적 인과계열', 다시 말해 '견해/주장의 조건적 타당성을 성립시키는 인과계열' 내지 '견해 계열의 의미 맥락'을 원효는 '문(門)'이라는 말에 담고 있다. 원효의 화쟁 논법에서는, '견해 계열'이라 할 수 있는 문(門)을 구분한 후 그에 의거하여 일리(一理)를 포착하고 통섭적으로 수용하는 방식이 자주 등장한다.[48] 흥미롭게도 현존 잔간(殘簡)에는 빠져 있으나 타인의 저술에서 인용되어 있는 『십문화쟁론』 구절들은 모두 '문(門) 구별에 의한 화쟁'을 전하고 있다.

고려 균여(均如)의 『석화엄교분기원통초(釋華嚴敎分記圓通抄)』가 인용하고 있는 『십문화쟁론』 구절들은 모두 '불성의 유무(有無) 논란'에 관한 화쟁인데, 하나같이 '문(門) 구별에 의한 화쟁'이다. 균여는 『십문화쟁론』에서 전개되는 〈'(차이들이) 의존적 관계로 수립되는 계열(依持門)'과 '연기의 통찰에 의해 (하나로 보는) 계열(緣起門)'〉의 구분에 의한 화쟁 논법을 다음과 같이 인용하고 있다.

"원효는 〈다섯 가지 성품이 차별된다(五性差別)는 뜻은 '(차이들이) 의존적 관계로 수립되는 계열(依持門)'이고, 모두 불성이 있다는 주장은 '연기의 통찰에 의해 (하나로 보는) 계열(緣起門)'이다〉라고 말하여, 두 이론의 배타적 주장(諍)을 이와 같이 '만나게 하여 상통하게(會通)' 한다."[49]

"『십문화쟁론』에서는 말한다. 〈묻는다. 모든 중생에게 불성이 있는가? (아니면) 불성이 없는 중생(無性有情)이 있다고 말해야 하는가? 답한다. 어떤 이는 말한다. '중생세계(有情界)에는 분명 불성이 없는 중생이 있다. 모든 세계가 차별이기 때문이고, 무시이래 그러하기 때문이다(無

─────────────────

[48] 원효가 전개하는 화쟁 논법의 유형은 '이문(二門) 변별에 의한 화쟁' 외에도 다양하다. 이 유형의 화쟁 논법이 모든 화쟁 사례를 관통하는 일반 유형은 아니지만, 화쟁 논법에 내재된 보편적 쟁론 치유력을 읽어내려는 목적에 적절한 것으로서 이 유형을 특히 주목하는 것이다.

[49] 均如, 『석화엄교분기원통초(釋華嚴敎分記圓通鈔)』, 한불전4, p.311c. "曉公云 五性差別之敎是依持門 皆有佛性之說 是緣起門 如是會通兩家之諍."

始法爾)'는 등으로. 또 어떤 이는 말한다. '모든 중생에게 불성이 있다'는 등으로. 묻는다. 두 논사의 주장 가운데 어떤 것이 맞는가? 답한다. 어떤 이(나 원효)는 말한다. 두 논사의 주장이 모두 맞다. 왜 그런가? 모두 성스러운 가르침(聖敎)에 의지하여 세워졌기 때문이고, 진리의 문(法門)은 하나가 아니어서 걸림(障碍)이 없기 때문이다. 이것은 무슨 의미인가? 진리다움(眞)과 속됨(俗)의 상호 관계(相望)에는 두 가지 계열(門)이 있게 된다. '(차이들이) 의존적 관계로 수립되는 계열(依持門)'과 '연기의 통찰에 의해 (하나로 보는) 계열(緣起門)'이 그것이다. '(차이들이) 의존적 관계로 수립되는 계열(依持門)'이라는 것은 큰 허공이 바람(風輪) 등을 의지하는 것과 같고, '연기의 통찰에 의해 (하나로 보는) 계열(緣起門)'이라는 것은 큰 바다가 파도와 물결 등을 일으키는 것과 같다. '(차이들이) 의존적 관계로 수립되는 계열(依持門)'에 나아가면, 진리다움(眞)과 속됨(俗)이 같지 않아(非一) 중생과 진리의 본래 그러함(本來法爾)이 차별된다. 그러므로 무시이래로 생사에 즐겨 달라붙어 구제해 낼 수가 없는 중생이 있다. 이 계열(門) 맥락에서는, 중생의 세계 경험(六處) 가운데서 출세간법을 생겨나게 할 수 있는 성품(性)을 구하지만 끝내 얻을 수가 없다. 그러므로 이 계열(門)에 의거하여 '불성이 없는 중생(無性有情)'을 주장하는 것이다. 연기의 통찰에 의해 (하나로 보는) 계열(緣起門) '에 의한다면, 진리다움(眞)과 망령스러움(妄)이 별개의 것이 아니며 일체의 것이 모두 '하나가 된(하나로 보는) 마음(一心)'을 바탕(體)으로 삼는다. 그러므로 모든 중생이 무시이래로 이 진리세계의 흐름(法界流轉)과 같지 않음이 없다. 이 계열(門) 맥락에서는, 모든 중생의 마음 가운데서 자신의 근원으로 돌아가지 못하는 자를 구하려 하여도 끝내 얻을 수가 없다. 그러므로 이 계열(門)에 의거하여 '모든 중생에게 불성이 있다'고 주장하는 것이다. 이와 같은 두 계열(二門)은 본래 서로 방해함이 없다〉라고."[50]

견등(見登)의 『대승기신론동이약집(大乘起信論同異略集)』에서는, 〈'원인(因)에 따라 생겨나는 계열(從因生起之門)'과 '(생멸하게 되는) 조건(緣)을 그치고 근원으로 돌아가는 계열(息緣歸原之門)'〉의 구분에 의한 화쟁 논법을 『십문화쟁론』의 내용이라면서 다음과 같이 인용하고 있다.

"구룡의 『화쟁론』에서는 말한다. 〈무릇 부처자리(불지)의 온갖 덕에는 대략 두 가지 계열(門)이 있다. 만약 '원인(因)에 따라 생겨나는 계열(從因生起之門)'로 본다면, 과보로 성취한 부처의 공덕(報佛功德)은 찰나에 생멸한다. 앞의 논사가 말한 것은 또한 이 계열(門)을 취한 것이다. 만약 '(생멸하게 되는) 조건(緣)을 그치고 근원으로 돌아가는 계열(息緣歸原之門)'로 본다면, 과보로 성취한 부처의 공덕(報佛功德)은 분명히 상

50_ 같은 책, 한불전4, p.325b-c. "和諍論云 問一切衆生皆有佛生耶 當言亦有無性有情耶 答 又有說者 於有情界 定有無性 一切界差別故 無始法爾故云云 又有說者 一切衆生 皆有佛性云云 問 二師所說 何者爲實 答 又有說者 二師所說 皆是實 何以故 皆依聖教而成立故 法門非一無障礙故 是義云何 眞俗相望 有其二門 謂依持門及緣起門 依持門者 猶如大虛持風輪等 緣起門者 猶如巨海起波浪等 就依持門 眞俗非一 衆生本來法爾差別 故有衆生 從無始來樂着生死 不可動拔 就此門內 於是衆生六處之中 求出世法 可生之性 永不可得 故依此門 建立無性有情也 約緣起門 眞妄無二 一切法同一心爲體 故諸衆生從無始來 無不卽此法界流轉 就此門內 於諸衆生心神之中 求不可令歸自源者 永不可得 故依此門 建立一切皆有佛性 如是二門 本無相妨."

주한다. 뒤의 논사가 말한 것은 또한 이 계열(門)을 취한 것이다. 각각의 덕을 따라 이 두 계열(二門)이 있는데, 두 계열(二門)은 서로 통하는 것이지 서로 위배되는 것이 아니다.〉"[51]

또한 '새로 훈습하는 종자(新熏種子)'와 '본래 있는 종자(本有種子)' 및 그들과 과보(果)의 연관 문제를, 〈'원인을 지어서 과보를 받는 계열(作因受果之門)'과 '바탕에 따라 과보를 이루는 계열(從性成果之門)' 그리고 '생겨나게 함과 결과를 이루는 법칙성을 종합해서 보는 계열(和合生果門)'〉로 구분하여 화쟁하는 원효의 논법을 다음과 같이 인용하여 전한다.

"이러한 뜻 때문에 구룡화상은 말한다. 〈만약 '원인을 지어서 과보를 받는 계열(作因受果之門)'로 본다면, 새로 훈습하는 종자(新熏種子)가 바로 인연이 된다. 자기 과보를 생겨나게 하는 데 공능이 있기 때문이다. (이때) '본바탕(本性)'이라는 것은 바로 '결과를 이루는 법칙성(果法)'이다. (본성은 무엇을) 생겨나게 할 수 있는 바탕(性)이지만, 과보를 생겨나게 하는 데에는 공능이 없다. (그래서) 단지 '과보가 될 수 있는 바탕(果性)'이라고 부를 뿐 '작용'이라고는 부르지 않는다. 따라서 만약 이 계열(門)로 본다면, 오직 '새로 성립한 종자(新成種子)'만 있지 '본래 성립한 종자(本成種子)'는 없다. 저 '새로운 훈습(新熏)'을 주장하는 논사들의 뜻

51_ 見登, 『大乘起信論同異略集』, 한불전3, 695a. "丘龍和諍論云 夫佛地萬德 略有二門 若從因生起之門 報佛功德 刹那生滅 初師所說 且得此門 若就息緣歸原之門 報佛功德 凝然常住 後師所說 亦得此門 隨——德 有此二門 二門相通 不相違背."

은 이 계열(門)을 취한 것이다. 만약 '바탕에 따라 과보를 이루는 계열(從性成果之門)'로 본다면, 오직 '본바탕(본성)의 요소(本性界)'가 바로 종자가 된다. 이것이 '결과를 이루는 법칙성(果法)'의 바탕(自性)이기 때문이다. '새로운 훈습(新熏)'은 '결과를 이루는 법칙성의 바탕(果法自性)'을 만들지는 못한다. 그러므로 이 계열(門)로 본다면, 저 새로운 훈습(新熏習)은 오직 '본바탕(본성)의 종자(本性種子)'를 훈습하여 작동하게 할 수 있지 본바탕의 종자를 이룰 수는 없다. 저 '오직 본래 있는 종자(本有種子)'만을 주장하는 논사들의 뜻은 이 계열(門)을 취한 것이다. 만약 '생겨나게 함과 결과를 이루는 법칙성을 종합해서 보는 계열(和合生果門)'로 본다면, 새로 훈습하는 종자(新熏種子)만 (과보를 생겨나게 하는) 공능이 있는 동시에, (또한) 만약 바탕(性)이 없다면 과보가 생겨나지 않는다. 과보를 생겨나게 하는 것은 바탕 때문이니, 바탕이 바로 원인이 된다. (그런데) 비록 본바탕(本性)이 있어도 만약 새로운 훈습(新熏)이 없다면 곧 공능이 없다. 공능이 과보를 생겨나게 하는 것이니, (그렇다면 새로운 훈습이) 어찌 종자가 아니겠는가? 그러므로 이 계열(門)로 본다면, 마땅히 다음과 같이 말할 수 있다. '두 가지 종자가 있어 함께 하나의 과보를 생겨나게 한다'라고. 저 '새로운 훈습(新熏)과 본래 있는 것(法爾)이 함께 하나의 과보를 세운다'고 주장하는 논사의 뜻은 이 계열(門)을 취한 것이다.〉"[52]

---

[52] 같은 책, 한불전3, p.709a. "由如是義 故丘龍和上云 若依作因受果之門 新熏種子正爲因緣 於生自果 有功德故 彼本性者 直是果法 可生之性 而於生果 無有功能 但名果性 不名爲用 故若依此門 唯有新成種子 而無本性種子 彼新熏師意 得此門也 若依從性成果之門 唯本性

『십문화쟁론』 이외의 원효 저술에 나타나는 '문(門) 구별에 의한 화쟁'의 사례도 확인해 보자. 다수의 화쟁 논법을 펼치고 있는 『열반종요(涅槃宗要)』에서는, 여래의 덕(德)인 법신(法身)의 유형(有色)/무형(無色)에 관한 관점들을, 〈개념적(인식적) 환각(相)을 버리고 하나가 된(하나로 보는) 마음(一心)으로 돌아가는 계열(捨相歸一心門)'과 '진리다움(性)에 따라 온갖 덕을 이루는 계열(從性成萬德門)'〉을 구분하여 화쟁시키고 있다.

"묻는다. 두 분의 주장 가운데 어느 말이 틀리고 어느 말이 맞는가? 답한다. 어떤 주장을 할 때 꼭 하나의 의미 맥락(一邊)만을 취하면 두 주장이 다 맞지 않게 된다. 그러나 만일 (하나의 의미 맥락만을) 맞다고 고집하지 않으면 두 주장이 모두 맞게 된다. 어찌하여 그러한가? 부처님 경지의 온갖 덕은 대략 두 가지 계열(二門)이 있다. 만약 '개념적(인식적) 환각(相)을 버리고 하나가 된(하나로 보는) 마음(一心)으로 돌아가는 계열(捨相歸一心門)'에서 보면, 모든 부처 덕에 관한 개념(德相)이 진리 세계(法界)와 같은 것이므로, 오직 '궁극적인 진리의(第一義의) 몸이어서 유형적 개념으로 인해 차별된 대상은 없다'고 말하게 된다. 그러나 만일 '진리다움(性)에 따라 온갖 덕을 이루는 계열(從性成萬德門)'에서 보면, 몸과 마음의 공덕을 갖추지 않는 것이 없으므로, '한량 없는 진리

界正爲種子 以是果法之自性故 新熏不作果法自性 故約此門 彼新熏習 但能熏發本性種子 不能則成自體種子 其唯本有種子意 得此門也 若就和合生果門者 新熏種子唯有功能 如其無性 果則不生 生果由性 性則爲因 雖有本性 若無新熏 則無功能 功能生果 豈非種子 故依此門 則當說云 有二種子 共生一果 其新熏法爾立立一果師意 得此門也."

다운 모습들(無量相好莊嚴)'이라 말하게 된다. 이처럼 비록 두 가지 계열(二門)이 있지만, 서로 완전히 별개의 것은 아니다. 그러므로 모든 말씀이 다 걸림이 없다. 이와 같은 걸림 없는 법문(法門)을 나타내기 위하여 이 경『금강신품(金剛身品)』에서는 … 등으로 자세히 말씀하였다. 여래의 오묘한 법문은 '있다'고 설하는 것이나 '없다'고 설하는 것이나 모두 도리가 있다고 알아야 한다."[53]

또 '열반의 본래 바탕의 속성(體性)이 허망(虛)/공(空)한 것인가, 진실(實)/불공(不空)한 것인가?'의 문제에 관한 이견들을, 〈'공덕과 환난이 상대적인 것이 되는 계열(德患相對之門)'과 '서로 의지하므로 모두 독자적 실체가 없는 계열(相待無自相門)'〉의 구분에 의해 화쟁하는 논법을 다음과 같이 구사하고 있다.

"묻는다. 이와 같은 두 분의 주장 가운데, 어느 것이 맞고 어느 것이 맞지 않는가? 답한다. 만일 말대로 취하면 두 사람의 주장이 다 맞지 않는다. 서로 다르게 다투어서 부처님의 본래 뜻을 잃어버리기 때문이다. 그러나 만일 고정된 집착을 아니 하면 두 사람의 주장이 모두 맞다.

53_『涅槃宗要』, 한불전1, pp.532c-533a. "問 二師所説(원문은 報이나 説의 誤記인 듯) 何失 何得 答 或有説者 定取一邊 二説皆失 若非實執(원문은 報이나 誤記인 듯) 二義俱得 是義 云何 佛地萬德略有二門 若就捨相歸一心門 一切德相同法界 故説唯是第一義身 無有色相 差別境界 若依從性成萬德門 色心功德無所不備 故説無量相好莊嚴 雖有二門而無異相 是 故諸説皆無障礙 爲顯如是 無礙法門 金剛身品廣説之言 … 乃至説廣 當知 如來祕藏法門 説 有説無 皆有道理."

진리는 걸림이 없어서 서로 방해하지 아니하기 때문이다. 이것은 어떤 의미인가?

만일 '공덕과 환난이 상대적인 것이 되는 계열(德患相對之門)'에서 본다면, 생사(生死)는 공한 것이고 열반은 공하지 않은 것이다. (生이니 死니 하는 것은) 무지에 의해 착각하는 마음(妄心)으로 취한 것이어서 실제로 있는 것이 아니다. 따라서 공이라고 말한다. 그리고 (이러한 헛된 것을) 취하는 착각하는 마음(妄心)은 자재할 수가 없으므로 '자아가 없다(無我)'라고 말한다. 그러나 참된 지혜로써 증득하는 도리는 (진리다운) 마음과 하나가 된다. 따라서 '공하지 않다'고 말한다. (공하지 않은 것을) 능히 증득하는 참된 지혜는 걸림이 없이 자재하므로 '큰(위대한) 자아(大我)'라고 말한다. 이와 같은 계열로 본다면, 앞 논사의 주장이 타당하게 된다. 그리고 그가 인용한 경문은 모두 온전한 의미를 지닌 말(了義說)이 된다.

만일 '서로 의지하므로 모두 독자적 실체가 없는 계열(相待無自相門)'에서 본다면, 생사와 열반은 똑같이 독자적 실체가 없다. '공하지 않음'은 '공함'에 의지하고, '자아(我)'는 '자아 없음(無我)'에 의지하며, 내지 '의지함이 없음'은 '의지함이 있음'에 의지하기 때문이다. 마치 『대승기신론』에서 〈또 일체의 오염된 것(染法)과 청정한 것(淨法)은 모두 서로를 의지하는 것이어서, 독자적 실체가 있다고 할 수 없다〉라고 하는 것과 같다. 이러한 경문에 의거한다면, 뒤의 논사의 주장이 타당하게 된다. 그리고 그가 인용한 경문들이 모두 온전한 의미를 담은 것이 된다.

그리고 위대한 열반은, 모양도 여의었고 바탕도 여의었으며, 공한 것도 아니고 공하지 않은 것도 아니며, '자아(我)'도 아니고 '자아 없음(無

我)'도 아니다. 무슨 까닭에 '공하지 않은 것'이라 하는가? '바탕 없음'을 여의었기 때문이다. 무슨 까닭에 '공하지 않은 것도 아니다'라고 하는가? '바탕 있음'을 여의었기 때문이다. 그리고 '모양 있음'을 여의었기 때문에 '자아가 아니다(非我)'라고 말하고, '모양 없음'을 여의었기 때문에 '자아가 없는 것이 아니다(非無我)'라고 말한다. '자아가 없는 것이 아니기(非無我)' 때문에 '큰(위대한) 자아(大我)'라고 말하고, '자아가 아니기(非我)' 때문에 또한 '자아 없음(無我)'이라고도 말한다. 또는 '공한 것'이 아니기 때문에 '실제로 있음(實有)'이라고 말하고, 공하지 않은 것이 아니기 때문에 '허망하다'고 말한다. 여래의 오묘한 가르침은 그 뜻이 이와 같으니, 어찌 그 가운데서 '배타적 주장(異諍)'을 펼칠 것인가?"[54]

이 밖에도 견해나 이론의 계열(門)을 나누어 통섭 내지 화쟁하는 사례들은 빈번하게 등장한다.[55] 또한 '계열(門)'을 명시적으로 구별하여 화

---

[54] 같은 책, 한불전1, p.529a-b. "問 如是二說何得何失 答 故若如言取 二說皆失 互相異諍 失佛意 若非定執 二說俱得 法門無礙 不相妨故 是義云何 若就德患相對之門 即生死是空 涅槃不空 以妄心所取無境當知 故說爲空 能取妄心 不得自在 故說無我 眞智所證道理稱心 故說不空 能證眞智無礙自在 故名大我 依如是門 前師爲得 彼所引文 是了義說 若就相待 無自相門 則生死涅槃等無自性 以不空待空 我待無我 乃至無待待於有待故 如起信論云 復 次一切染法淨法皆是相待 無有自相可說 依如是文 後說爲得 其所引文 非不了說 又大涅槃 離相離性 非空不非空 非我非無我 何故非空 離無性故 何非不空 離有性故 又離有相故 說 非我 離無相故 說非無我 非無我故 得說大我 而非我故 亦說無我 又非空故 得言實有 非不 空故 得說虛妄 如來秘藏 其義如是 何必異諍於其間哉."

[55] 예컨대 『열반종요』(한불전1, p.545c.)의 "是故當知 前說四門染淨二因 當現二果 其性無 二 唯是一心 一心之性唯佛所體 故說是心名爲佛性 但依諸門顯此一性 非隨異門而有別 性 卽無有異 何得有一 由非一故 能說諸門 由非異故 諸門一味." 『금강삼매경론』(한불전 1, p.612a.)의 "又此一覺有本始義 以有本覺顯成義故 眞修之說亦有道理 以有始覺修成義

쟁 논법을 전개하는 유형은 아닐지라도, 실제 내용상으로는 '견해나 이론의 계열 구분'에 의거하여 화쟁이나 통섭의 논법을 펼치는 경우가 흔하다.

견해에 대한 연기(緣起)적 이해―견해를 조건문으로 읽기

'저마다 일리가 있다'면서 상이하거나 반대되는 견해들을 포섭적으로 화쟁하는 원효의 화쟁 논법은, 이처럼 견해나 이론 계열(門)의 구분을 전제로 한다. 각 견해와 이론의 논리 줄기를 수립해 주는 인과적 조건들의 연쇄 계열을 파악하고 구분해 내는 것이 화쟁의 토대인 것이다. 만약 이와 같은 '견해 계열의 파악과 구분' 없이 '너도 맞고 나도 맞다', '모두 맞기도 하고 모두 틀리기도 하다'는 식으로 쟁론을 화해시키려 하는 것이 원효의 화쟁 논법이라면, 그러한 화쟁은 무원칙하고 의미 없는 혼합주의이고 맹목적 종합주의일 뿐이다. 그것은 진리로 수렴되어 가는 향상담론에는 아무런 기여도 할 수가 없다. 그런 화쟁 회통은 화해도 아니고 통섭도 아니다. 아무런 실질적 쟁론 치유력

故 新修之談亦有道理如其偏執 卽有未盡." 『대승기신론별기』(한불전1, pp.681c-682a.)의 "問 如瑜伽論等說阿梨耶識 是異熟識 一向生滅 何故此論乃說此識具含二義 答 各有所述 不相違背 何者 此微細心略有二義 若其爲業煩惱所感義邊 辨無令有一向生滅 若論根本無明所動義邊 熏靜令動 動靜一體 彼所論等 依深密經 爲除是一是常之見 約業煩惱所感義門 故說此識一向生滅 心心數法差別而轉今此論者 依楞伽經 爲治眞俗別體執 就其無明所動義門 故說不生滅與生滅和合不異 然此無明所動之相 亦卽爲彼業惑所感 故二意雖異 識體無二也." 등이다.

도 발휘하지 못하는 공허한 '불임의 언어유희'일 뿐이라는 비판 앞에 무기력할 수밖에 없을 것이다.

그렇다면 '견해 계열(門)'을 파악하는 동시에 구분한다는 것은 어떤 의미를 지니는가? '연기(緣起)적으로 생각하기'가 그 의미이다. 어떤 견해나 이론도 '조건적으로 수립된 것'으로 파악하는 사유, 다시 말해 '연기적 사고력' 혹은 '연기적 통찰력'을 수준 높게 계발하여 존재와 세상을 파악하라고 하는 그 오래된 붓다의 교훈. ―'견해 계열(門)의 파악과 구분'은 바로 이 연기적 사유의 원효적 재현이다.

연기적 사유와 통섭적 화쟁은 어떻게 결합하는가? 연기적으로 생각한다는 것이 어떻게 배타적 주장들의 상호 부정적 충돌을 치유하여, 그들을 보다 온전한 진리 수준으로 통섭시키는 화쟁 작업을 수행해 낼 수 있는가? 이 점을 이해하기 위해, 우리는 새삼스럽게도 '연기적 사유'의 의미를 되짚어 볼 필요가 있다. 불교 언어에 익숙한 이들이라면 누구나 충분히 알고 있다고 여기는 '연기적 사고'가, 화쟁과 관련하여 어떤 의미를 지니는 것인지를, 불교 언어의 계보적 전개와 그 의미를 고려하면서 다시 생각해 보아야 한다.

불교 언어의 계보학은 연기적 사유에 대한 해석학 계열이 크게 세 유형으로 전개되었음을 알리고 있다. '12연기 계열'과 '공(空) 연기 계열' 그리고 '관계연기 계열'이 그것이다. 붓다가 자신의 가르침의 핵심이라고 역설한 연기법은, 구별 가능한 세 가지 해석학적 시선에 의해 포착되어 왔으며, 이러한 연기 해석학의 세 계열은 연기법에 대한 불교인들의 이해를 지배하고 있다.

붓다의 육성 원음을 전하는 니까야(Nikāya)에서 확인되는 '12연기 계열'은, 괴로움 발생과 소멸의 인과 조건적 연쇄를 밝히는 유형이다. 이 '12연기 계열'은, 12연기를 종합 전형으로 하는 동시에 항목 수를 달리하는 다양한 유형의 연기 조합으로 나타나는데, 후기 대승불교에서는 유식(唯識) 내지 유심(唯心) 연기 이론으로 전승되어 간다. 이 '12연기 계열'에 관한 해석학적 계보에서는, 아비담마 전통의 삼세양중(三世兩重) 인과이론과 대승불교의 유식/유심연기 이론이 두 축을 이루고 있음은 주지의 사실이다.

연기법은 다시 '공 연기' 이론에 의해 '12연기 계열'의 해석학적 맥락과는 구별되는 초점을 확보한다. 나가르주나를 정점으로 하는 '공 연기' 해석학은, 연기(緣起 paṭicca-samuppāda, 緣하여/조건으로 해서paṭicca 함께sam 발생함uppāda, 조건 의존적 발생)의 핵심 의미를 '독자적 실체의 부재(無自性/空)'를 지시하는 '상호 의존'으로 읽어낸다. 이처럼 '연기'를 '공성(空性)'의 근거로 포착하려는 시선은 나가르주나에 의해 '연기→무자성→공'의 의미 연관을 밝히는 정밀한 논리로써 이론적으로 완성된다.

연기에서 상호 의존의 '관계'를 주목하는 시선은, 다시 '관계의 존재론'에 초점을 둔 언어들을 발전시켜 간다. 이것을 '관계 연기'라 호명해 본다면, 화엄연기의 해석학은 이 '관계 연기'의 절정이라 하겠다. 이 관계 연기의 해석학은, 모든 존재와 현상이 상호 연루되어 상호 지지하고 상호 작용하는, 불가분리적 상호 관계를 맺고 있는 '망(網)의 지평'을 포착하여 기술한다.

연기적 사유의 의미를 포착하려는 불교 해석학의 계보에는 이처럼 세 가지 계열이 병립하면서 상호 결합하고 있다. 그리고 중관과 유식,

화엄을 중심축으로 삼아 불교사상을 포착해 온 동아시아 교학전통에서는, '공 연기'와 '유식/유심 연기' 그리고 '관계 연기'가 연기적 사유의 핵심 의미로서 이해되었다. 그리고 이러한 해석학 전통은 현재까지도 광범위하게 연기법 이해의 틀과 내용을 지배하고 있다.

그런데 남전과 북전의 이와 같은 해석학적 전통들은 과연 붓다가 설한 연기법의 의미를 온전하고 충분하게 읽어낸 것일까? 그렇게 단정하기는 어렵다. 니까야가 전하는 붓다의 언어에 대한 모든 해석학적 전통과 유형들은 항상 자기 수정과 보완에 열려 있어야 한다. 지식의 모든 원천들을 기꺼이 개방시키는 것은 보편적으로 요청되는 진리 탐구의 합리적 태도이며, 놀랍게도 붓다는 자신의 언어를 탐구하는 사람들에게조차 일관되게 그러한 태도를 요구하고 있기도 하다. 모든 해석학적 전통과 권위로부터 근원적으로 자유롭게 탐구하는 것은 불교 전통의 내부에서도 여전히 유효하며 또 필요하다.

이렇게 '불교적' 태도로 붓다의 연기법 교설과 그에 대한 해석학적 전통들을 음미할 때, 연기법의 의미 포착과 관련하여 간과되어 온 측면 하나를 주목하게 된다. 기존의 연기법 이해의 방식과 내용이 잘못된 것이라 볼 수는 없지만, 이해의 초점과 관련하여 다시 생각해 볼 대목이 있다.

종래의 연기 해석학인 '12연기/유심 연기'와 '공 연기' 그리고 '관계 연기'는 사실상 정체성을 달리하는 세 유형의 해석학적 관점이다. 서로 무관한 별개의 관점이라고까지는 할 수 없지만, 내용상으로 보면 이해의 초점과 논리 맥락 및 이론 체계가 선명하게 구별 가능하다. 그렇다면 이들 세 유형의 지위는 어떻게 평가해야 하는가? 동일한 위상을 지닌 병렬적 지위인가, 위계를 차별화시킬 수 있는 것인가?

니까야가 전하는 붓다의 교설에서 확인되는 '12연기'와 '무아'의 가치 비중을 감안할 때, '12연기'와 '공 연기'는 동등한 위상으로 간주해도 무방해 보인다. 다만 니까야의 '무아 논법'과 공(空)사상 계열의 '공 연기 논법'의 차이를 감안한다면, 아무래도 '12연기' 계열의 해석학이 연기법의 직접적이고도 근접적인 위상을 지닌다고 볼 수 있다. 그리고 '관계 연기'는 붓다 연기법의 함의를 발전시킨 특수한 유형으로서, 비록 철학적으로는 충분히 의미 있는 불교적 사유이지만, 연기법에 관한 '12연기'나 '공 연기'의 해석학적 위상과는 그 위계를 차별화시킬 수 있을 것이다.

세 유형의 연기 해석의 위상을 어떻게 처리하더라도, 이들이 각기 차별화된 정체성을 지니고 있는 것은 분명하다. 연기법이라는 동일 원천에서 분기된 세 지류인 셈이다. 종래의 연기법 이해는 이 세 지류 중의 어느 하나, 혹은 모두를 수용하는 방식에 의해 연기법을 파악한다. 각자 차별화된 논리 맥락과 이론적 체계를 지닌 이들 세 해석학의 관점을 따라가며 그 내용을 파악하는 것이 연기법 이해의 전형적 방식이다. 각 지류를 따라감으로써 연기법이라는 원천의 의미를 포착하고 있는 것이다.

그렇다면 의문이 생긴다. 현재의 연기 해석학이 동일 원천의 세 지류라면, 세 지류를 따라가면서 얻게 되는 연기법 이해를 원천 자리의 그것과 동일시할 수는 없지 않은가? 연기법에 대한 세 유형의 이해를 가능케 하는 원천, 각기 다른 세 자식을 산출하는 연기법의 모태는, 지류나 자식들과는 구분하여 탐구해야 하는 것이 아닌가? 세 지류를 합한 것이 원천일 수는 없는 것처럼, 세 유형의 연기 해석을 종합한 것이 연기법 원형이라 할 수는 없다. 경우에 따라서는 얼마든지 또 다른 지류, 또 다른 유형의 해석학을 산출할 수 있는 원형 연기법의 내용과 의미를, 기존의 해석학적 전통들과는 분리하여 주목하는 것이 마땅하지 아니한가?

모든 유형의 연기 해석학을 가능케 하는 연기법의 원형적 사유는 지류의 원천처럼 존재한다. 연기법의 의미를 탐구하려면 언제나 이 원형적 사고를 우선적으로 주목해야 한다. 종래의 연기법 이해는 각각의 연기 해석학을 이해하기에만 급급한 나머지, 연기법 원형 사고를 연기 해석학적 전통과 분리시켜 음미하려는 태도를 혹 결여하고 있는 것은 아닌가?

연기(緣起, paṭicca-samuppāda)는 그 언어적 의미처럼 '조건 의존적 발생'을 지시하고 있다. 그리고 니까야가 전하는 붓다의 연기 설법을 종합해 보면, 연기법은 일체의 현상과 존재, 그 생성과 소멸을 '조건에 의지하는 것'으로 파악하는 '조건적 독해'의 사고방식을 그 중핵으로 한다. 이 '조건 의존적으로 읽는 사유'의 의미가, '12 연기/유심 연기' 계열에서는 괴로움 발생과 소멸의 인과적 조건연쇄의 해명으로, '공 연기' 계열에서는 '독자적/절대적/무조건적 실체의 부재'를 입증하는 논리적 근거로, '관계 연기' 계열에서는 상호 의존하고 상호 연루하는 '관계의 존재 지평'을 알려주는 통찰로 읽혀지고 있다. 따라서 연기 해석학의 세 유형은 '조건 의존적으로 읽는 사유'의 의미를 각각 그 의미 초점을 달리하여 세 가지로 포착해 낸 관점들이다.

그렇다면 불문(佛門)의 후학들로서는, '12 연기/유심 연기' 계열의 인과적 조건연쇄 해명 체계, '공 연기' 계열의 독자적 실체 부재의 논리, 그리고 '관계 연기' 계열의 '상호 의존과 상호 연루 지평'의 관점들을 통해 연기법의 의미를 탐구하는 동시에, 이처럼 차별화된 해석체계들을 산출해 낸 연기법의 원형 사유를 별도로 주목하여 그 의미를 탐구해야 한다. 그럴 때라야 기존의 해석학 전통을 경청하면서도, 혹 전통들이 놓치고 있거나 추가할 수 있는 연기법의 또 다른 의미를 간취해 내거나, 오늘의 시·공간 조건에 상응하는 더욱 적절한 연기 언어를 확보할 수 있다. 그리고 그 구체적 성과는 붓다의 연기법 통찰을 전하는 니까야의 다양하고 풍부한 사례들을 열린 태도로 거듭 재음미해 가는 과정에서 가시화될 수 있을 것이다.

붓다의 연기적 통찰을 전하는 니까야의 모든 사례는 '조건 의존적으로 읽는 사유'의 다양한 적용이고 다채로운 표현이다. 지금 우리의 관심은 '견해들의 배타적 불화와 불통의 치유'와 연기적 사유의 상관관계, 그리고 원효의 화쟁 논법과 연기적 사유의 상관성 문제를 주목하고 있다. 연기적 사유가 배타적 견해 주장의 불통과 불화를 치유할 수 있고, 원효의 화쟁 논법이 그러한 연기적 사유의 재현이라면, 원효의 화쟁사상은 '견해의 배타적 주장'에 수반되는 병리 현상들을 치유해 주는 보편적 쟁론 치유력을 지니는 것이라 평가할 수 있기 때문이다.

붓다는 무의미한 언어 진술, 독단적이고 배타적인 견해 주장들의 문제점을 밝혀주고 극복시켜 주는 수많은 대화들을 남기고 있다. 그리고 그 모든 화쟁 담론은 일체를 '조건 의존적인 것'으로 읽는 연기적 사유에 의거하고 있다. 붓다의 화쟁 논법은 시종일관 연기법에 의거하고 있는 것이다.[56] 그렇다면 연기적 사유가 어떻게 쟁론의 병증들을 치유할 수 있는가? 사례 하나를 확인해 보자.

붓다의 가르침을 따르고 있던 왓지야마히따 장자에게 외도들이 물었다.

> "장자여, '사문 고따마는 모든 고행을 비난하고, 난행고행의 삶을 사는 고행자를 전적으로 힐난하고 비방한다'라는 것이 사실입니까?"

> "존자들이여, 세존께서는 모든 고행을 비난하지 않으시고, 난행고행의 삶을 사는 고행자를 전적으로 힐난하고 비방하지 않습니다. 존자들이여, 세존께서는 비난해야 할 것은 비난하시고 칭송해야 할 것은 칭송하십니다. 세존께서는 비난해야 할 것을 비난하시고 칭송해야 할 것을 칭송하시면서 분석적으로 설하시는 분이지, 획일적으로 설하시는 분이 아닙니다."

장자는 외도들의 주장을 굴복시킨 후, 붓다를 찾아가 외도들과 나눈 대화를 아뢴다. 그러자 붓다는 장자를 칭찬하며 말씀하신다.

> "장자여, 나는 모든 고행을 해야 한다고도 말하지 않고, 모든 고행을 하지 않아야 한다고도 말하지 않는다. 나는 모든 소임을 실천해야 한다

56_ 무의미하거나 허구적 언어 진술들 및 배타적인 쟁론들을 연기법으로 비판하고 극복해 가는 사례들은 니까야에서 풍부하게 등장한다.

고도 말하지 않고, 모든 소임을 실천하지 않아야 한다고도 말하지 않는다. 나는 모든 노력을 해야 한다고도 말하지 않고, 모든 노력을 하지 않아야 한다고도 말하지 않는다. 나는 모든 놓아버림을 놓아버려야 한다고도 말하지 않고, 모든 놓아버림을 놓아버리지 않아야 한다고도 말하지 않는다. 나는 모든 결정을 결정해야 한다고도 말하지 않고, 모든 결정을 결정하지 않아야 한다고도 말하지 않는다.

장자여, 고행을 하여 해로운 법들이 증장하고 유익한 법들이 쇠퇴하면, 그런 고행은 하지 않아야 한다고 나는 말한다. 그러나 고행을 하여 해로운 법들이 쇠퇴하고 유익한 법들이 증장하면, 그런 고행은 해야 한다고 나는 말한다."[57]

붓다는 고행을 비판한 것으로 널리 알려져 있다. 실제로 고행을 통해 해탈할 수 있다고 하는 고행주의를 비판하는 것이 붓다의 입장이다. 그러나 고행에 대한 붓다의 비판은, 다른 모든 붓다의 언어가 그렇듯이, 무조건적 선언이나 전면적, 절대적 규정이 아니다. 붓다의 고행 비판은, 무조건적으로 '고행은 나쁜 것이고 하지 말아야 한다'고 말하는 것이 아니라, 고행을 비판할 수 있는 조건을 명확히 밝히는 '조건 의존적 발언'이다. 고행에 대한 '전면적/절대적/무조건적 발언'이 아니라, 고행이 해로운 행위일 수 있는 조건을 밝히면서 개진하는 '연

57_ 『앙굿따라 니까야』 6권, '왓지야마히따경'(A10:94) (대림스님 번역, 초기불전연구원, 2007).

기적 발언'이다. 그런 점에서 붓다의 언어는 항상 명증하게 '조건 분석적'이다.

쟁론이라 지칭하는 '견해의 배타적 주장'은 흔히 무조건적/절대적/전면적 진술이며, 따라서 독단이고 독선이며 무지로서 일종의 언어폭력이다. 세속에서 통용되는 언어(俗諦)들은 그 어떤 주장이나 판단도 항상 조건적이다. 따라서 속제(俗諦)로서의 진술은, 그 진술이 유효하거나 타당할 수 있는 조건들을 명확히 해야 독단/독선/무지의 덫에서 보호된다. 사실 모든 영역의 진리탐구 능력은 '현상과 사유와 언어의 조건들'을 정밀하게 포착하고 적절하게 개진하는 능력 정도에 상응하여 향상하는 것이 아니던가. 그런 점에서 인간이 열어 온 길(道)은 크게 두 유형이다. 무지/허구/독단/독선/폭력에 힘을 싣는 비(非)연기적 사유가 만들어 낸 길이 그 하나라면, 진실/차이들의 공존과 화해/평화/포섭을 살려내는 연기적 사유가 일구어 낸 길이 다른 하나이다. 그리고 연기적 사유에 의해 열리는 진리 접근과 쟁론 치유의 길은 서양철학의 변증법적 사유가 닦아놓은 길과도 확연하게 차별화된다.

합리적 통찰, 진실에 상응하는 견해 주장은 명증하고 정밀하게 '조건적'이어야 한다. 혹 놓쳐버린 조건들을 포착하고 수용하여 자기 보완과 수정에 개방될 수 있는 견해 주장, 열림과 포섭의 상호 작용이 작동하는 소통 담론이 되려면, 자기 견해의 수립 조건들을 포착하여 밝히는 연기적 언어 진술이어야 한다. 일체를 '조건 의존적으로 파악하라'는 연기법의 통찰은 이런 점에서 근원적 '쟁론 치유력'을 지닌다. 무조건적/전면적/절대적 견해주장의 독단과 독선과 무지, 그에 수반하는 폭력적 배타성은, 무조건적 진술을 조건적 진술로 바꿀 수 있는 능력에 의해 치유될 수 있기 때문이다. 그런 의미에서 연기적 사유는 화쟁적 사유이다.

무조건 '당신은 나쁜 사람이야!'라고 비난하고, 그에 대해 역시 무조건 '아니, 나는 좋은 사람이야!'라고 반박하는 것은, 쟁론이다. 반면 '나쁘다는 판단을 성립케 한 조건(이유)'을 밝히면서 비판하고, '나쁘다'는 그 비판이 유효할 수 있는 조건을 이해하고 수용하면서 그 비판에 대응하는 것은, 연기적 담론이고 화쟁적이다. 오해를 조건으로 '나쁜 사람'이라 말한 것이라면, 화를 내며 반격할 일이 아니라 오해를 풀면 된다. 놀러 가겠다고 한 약속을 깜박 잊어버린 것이 조건이 되어 '나쁜 사람' 소리를 들었다면, 약속을 지키든지 약속을 지킬 수 없게 된 사정을 설명하고 사과해야 한다. 자기 주장이나 타인 주장의 성립 및 유효 조건을 포착하고 밝히며 수용하는 연기적 사유는, 탁월한 문제 해결력을 발휘하게 되고 따라서 화쟁적이다. '견해를 조건적으로 읽기', 다시 말해 '견해를 조건문으로 읽기'는, 연기법의 원형 사유에 상응하는 것이고, 그것은 모든 유형의 쟁론을 치유할 수 있는 화쟁 능력의 핵심이다.

사건의 '조건 의존성'을 읽어내는 붓다의 연기법적 통찰은 이렇게 화쟁적이다. 그렇다면 원효의 화쟁 논법은 연기적 통찰의 재현인가? 그렇다고 할 수 있다.

앞서 확인한 것처럼, '부분적 타당성(一理)의 변별과 수용'이라는 화쟁 원리는 '견해 계열(門)'의 구분에 의거하고 있다. 원효가 즐겨 구분하고 있는 '문(門)'은, 어떤 견해나 현상을 성립하게 하는 조건들의 인과적 연쇄로 구성된 계열이나 맥락 혹은 체계로 볼 수 있다. 어떤 관점이나 현상의 성립을 유효하게 하는 조건관계의 범주나 계열이 '문(門)'이다.

원효의 화쟁 논법 가운데 이론적 완결성을 지닌 방식은 대부분, 이러한 문(門)을 구분한 후 각 문에서의 타당성(一理)을 포착하여 통섭적으로 수용하는 형태를 취하고 있다.

원효에 의하면, 상이하거나 상반되어 보이는 불교 이론의 경우, 그것이 부처라는 동일 원천에서 솟아나온 통찰이라는 점에서는 모순된 의미일 수가 없는 것인 동시에, 다층 다양한 청법인(聽法人)들을 이해시키기 위해서는 동일한 의미일지라도 다양한 방식과 여러 의미 맥락으로 설명할 수밖에 없다는 사정을 반영한 것이다.

> "두 논사의 주장이 모두 맞다. 왜 그런가? 모두 성스러운 가르침(聖敎)에 의지하여 세워졌기 때문이고, 진리의 문(法門)은 하나가 아니어서 걸림(障碍)이 없기 때문이다."[58]

따라서 동일 주제에 대해 상반되거나 달라 보이는 교설이나 이론들은, 각기 그 맥락이나 계열을 달리하는, 조건적으로 수립한 것들로서, 같은 뜻을 전하기 위한 다양한 조건적 언어 구성이다. 따라서 동일 주제에 대한 상이한 이론들을 각기 무조건적으로 타당하거나 전면적으로 유효한 것으로 파악해서는 안 된다. 만약 다르거나 반대되는 교설과 이론들을 전면적/무조건적으로 이해하면, 상호 부정의 배타적 견해

58_ 均如, 『교분기원통초(教分記圓通抄)』卷3, 한불전4, p.325b. "二師所說 皆是實 何以故 皆依聖教而成立故 法門非一無障礙故."

로서 맞설 뿐 그 교설과 이론의 온전한 의미는 놓치고 만다. 반면 각 교설과 이론을 성립하는 의미 맥락을 조건적으로 파악한다면, 그 이론의 유효성은 조건적이고 그 타당성은 조건적으로 제한된다는 점을 알게 된다. 그리고 이렇게 포착한 '복수의 조건적 타당성을 모아(和會)' '포섭적으로 수렴하면(會通)', 비로소 온전한 의미 지평이 열리게 된다. '차이가 불통으로 격리(諍)'되지 않고, '만나서 서로를 향해 열리고 상호 작용하여(和)' 온전함으로 상향되어 가는 것. ─이것이 열림(通)과 상호 포섭(攝)의 화쟁이다.

〈'(차이들이) 의존적 관계로 수립되는 계열(依持門)'과 '연기의 통찰에 의해 (하나로 보는) 계열(緣起門)'〉, 〈'원인(因)에 따라 생겨나는 계열(從因生起之門)'과 '(생멸하게 되는) 조건(緣)을 그치고 근원으로 돌아가는 계열(息緣歸原之門)'〉, 〈'원인을 지어서 과보를 받는 계열(作因受果之門)'과 '바탕에 따라 과보를 이루는 계열(從性成果之門)' 및 '생겨나게 함과 결과를 이루는 법칙성을 종합해서 보는 계열(和合生果門)'〉, 〈'개념적(인식적) 환각(相)을 버리고 하나가 된(하나로 보는) 마음(一心)으로 돌아가는 계열(捨相歸一心門)'과 '진리다움/바탕(性)에 따라 온갖 덕을 이루는 계열(從性成萬德門)'〉, 〈'공덕과 환난이 상대적인 것이 되는 계열(德患相對之門)'과 '서로 의지하므로 모두 독자적 실체가 없는 계열(相待無自相門)'〉 등, 관점과 견해의 의미 맥락을 조건적으로 구별하는 원효의 화쟁 논법은 이러한 의미를 지니고 있다.

이렇게 보면, 원효의 화쟁 논법은 견해를 조건문으로 읽는 연기적 사유를 충실히 계승하여 '문(門) 구분에 의한 화쟁'으로 재현하고 있다. '부분적 타당성(一理)의 변별과 수용'이라는 화쟁 원리는 연기적 사유의 원효적 계승이라 할 수 있다. 그리고 바로 이 점으로 인해 원효의 화쟁 사상은, 불교 이론 이외의 일반 쟁론에 대해서도 현실적이고 보편적인 타당성과 실효성을 지닐 수 있게 된다.

원효 화쟁사상의 보편적 쟁론 치유력

원효 화쟁사상의 쟁론 치유력에 대한 연구자들의 시선은 전반적으로 긍정적이다. 화쟁사상의 범주와 대상을 원효사상 전체로 확대시켜 파악하는 관점들은 화쟁사상의 철학적, 종교적 의미를 극찬하고, 화쟁사상의 범주를 불교 이론에 관한 해석학적 다툼의 문제에 제한시켜 파악하는 관점들은 화쟁 논법의 쟁론 해소 및 치유능력을 찬미한다. 그리하여 화쟁사상은 불교 내부의 배타적인 해석학적 분열과 혼란을 수습할 뿐 아니라, 세간의 쟁론적 상황 일반에도 보편적으로 기여할 수 있을 것이라는 기대가 높다.

그러나 화쟁사상에 대한 회의나 비판적 관점도 팽팽하게 맞선다. 부분적 타당성(一理)을 변별하고 수용하여 '저마다 일리(一理)가 있다'는 말로써 상이하거나 반대되는 견해들을 포섭하는 원효의 화쟁 논법은, 읽기에 따라서는 무원칙한 종합주의에 불과하다는 비판을 받을 가능성이 있다. 화쟁 논법의 철학적 토대를 간과하고, '모두 일리가 있다'거나 '긍정과 부정을 걸림 없이 하라'고 하는 말에만 시선을 두는 사람에게는, 원효의 화쟁 논법이 '화쟁'이라는 매력적 표어를 앞세운 무의미한 말장난으로 보일 수 있다. 원효의 화쟁사상은 이치에도 맞지 않고,

무원칙하며, 쟁론의 실제 치유에는 전혀 기여하지 못하는 공허한 이론이라고 비판하고 싶어질 것이다.

원효의 화쟁사상에 대한 이러한 비판적 시선은 여러 형태로 실재한다. 삼국통일 이후에 활동한 것으로 추정되는 백제 출신 의영(義榮)은 원효의 화쟁론을 비판하는 『난화쟁론(難和諍論)』을 지어 화쟁 논법을 비판하였다는 기록이 전한다.

"온전한 것이 아닌 방편이라 판단하면 방편이라 하고 온전한 것이라 판단하면 온전한 것이라고 하는 것은 이치에 맞지만, 모두 다 부처님의 뜻을 얻었다고 말하는 것은 이치에 맞지 않다."[59]

또 일본 학자 가운데는 '상반되는 이론들을 그대로 긍정하며 받아들이는 화쟁사상은 무소신을 합리화하는 절충주의의 극치로서 반(反)불교적일 뿐 아니라 현실의 체제를 그대로 긍정하는 전체주의적인 사상'이라는 비판적인 평가도 제기한다.[60] 그리고 만약 원효의 화쟁사상이 상이한 견해들을 무조건적으로 '모두 다 옳다'고 수용하여 절충하는 종합주의적 화해이론이고, 한국불교의 전통이 그러한 종합주의적 화쟁을 내용으로 하는 '회통불교'라고 한다면, 그러한 회통불교의 의미와

59_ 安然, 『眞言宗教時義』 卷2, 大正藏75, p.400c. "後義榮師作難和諍論云 判權爲權 判實爲實 是有道理 而言皆得佛意 是無道理"(稲士慈稔, 「元曉の思想を和諍思想と捉えることに對して」, 『佛教學』 46, 佛教思想學會, 2004).

60_ 袴谷憲昭, 「'和'の反佛教性と佛教の反戰性」(『東洋學術研究』 26-2, 1987), 『批判佛教』(大藏出版, 1990)에 재수록.

가치에 대해 심각한 의문을 제기하는 것은 불가피하고 또 합리적이다.

원효의 화쟁사상에 대한 종래의 평가는 대부분 '모두 일리가 있다'거나 '긍정과 부정을 자유롭게 한다'는 말을 주목하고 있다. 이 언명을 둘러싸고, 유효하고 적절한 화쟁 논법으로 간주하는 시선과 모호하고 공허한 무원칙의 종합주의로 보는 시선이 엇갈린다. 화쟁 논법이 실제 쟁론 상황에 적용될 때의 문제 해결능력에 대해 회의적인 시선들은, 이러한 화쟁적 언명들은 구체적 쟁론 현장에서 의미 있게 작동할 수 있는 화쟁 원리가 되기 어려우므로 결국 모호하고 공허한 화쟁 구호에 불과한 것이 아닌가를 되묻는 것인데, 충분히 경청해야 할 물음이라 생각한다. 화쟁사상이 불교 이론뿐 아니라 일반 쟁론상황에도 유효하다고 주장하는 관점들은 이러한 물음에 적절히 답할 수 있어야 한다.

불교 이론들을 대상으로 전개되고 있는 화쟁사상 속에서, 인간사의 모든 쟁론 상황에까지 적용될 수 있을 것으로 보이는 보편 원리들을 읽어내려는 시도는 성공할 수 있을까? 이와 관련하여 필자는 이전에 크게 세 가지 원리를 주목하였었다. '각 주장의 부분적 타당성(一理)을 변별하여 수용하기', '모든 쟁론의 인식적 토대를 초탈할 수 있는 마음의 경지(一心)를 열기', '언어 환각에서 풀려나 언어를 사용하기'가 그것이었다. 그리고 『십문화쟁론』의 화쟁 논법을 재음미하는 과정에서, '각 주장의 부분적 타당성(一理)을 변별하여 수용하기'가 다름 아닌 연기적 사유의 원효적 재현이라는 점을 추가할 수 있게 되었다.

화쟁의 보편 원리 세 가지 가운데, '모든 쟁론의 인식적 토대를 초탈할 수 있는 마음의 경지(一心) 열기'는, 원효사상의 궁극적 지향이자 모든 수행의 수렴처라는 점에서 근원성과 궁극성이 돋보인다. 그러나 비록 불가능한 일도 아니고 고도의 철학적 호소력도 지니지만, 그것은 해탈 수행의 종착지를 조건으로 삼는다는 점에서, 일반인들이 체감할 수 있는 화쟁 원리는 아니다. '부처처럼 깨달으면 화쟁 능력이 완전해진다'는 원리는 그래서 비현실적으로 보일 수밖에 없다.

또 다른 원리인 '언어 환각에서 풀려나 언어를 사용하기'는, 언어에 대한 철학적 성찰과 각성에 의해 상당한 정도로 접근 가능하다는 점에서 세간적 합리성에 일정 부분 상응한다. 그러나 깊이 보면, 불교나 원효가 밝히는 '언어 환각으로부터의 해방'과 '무애한 언어 구사능력'은 이지적(理知的) 성찰만으로는 성공할 수 없고, 선정 수행과 같은 수행적 토대가 수반되어야 한다. 세간의 이지적 접근 가능성과 출세간적 초월성이 공존하는 이 원리 역시, 그 돋보이는 철학적 의미에도 불구하고, 일반 세인들이 통상의 노력에 의해 성취할 수 있을 것이라고 체감하기는 어렵다.

그런데 '각 주장의 부분적 타당성(一理)을 변별하여 수용하기'는, 위의 두 원리에 비해 상대적으로 현실성이 돋보인다. 이 화쟁 원리는 고도의 철학적 혜안이나 차원 다른 존재 지평까지는 요구하지 않아도, 세인들의 일상 담론에서 상당한 정도로 성취 가능하다. 또한 보다 온전한 진실에 접근하기 위해서는 누구에게나 반드시 요구되는 합리적/과학적 태도 및 능력이어서, 그 가능성이나 필요성 및 효과를 일상에서 체감할 수 있다.

그런데 '부분적 타당성(一理)의 식별과 수용 능력'을 갖추기 위해 요구되는 것은 무엇인가? 어떤 현상과 문제를 다양한 측면에서 이해할 수 있는 광범위하고 중층적인 식견을 빼놓을 수 없을 것이다. 그리고 이러한 다층적 안목을 갖추기 위한 조건으로서는, 광범위한 학습과 깊은 성찰을 거론하는 것이 상식적 요구일 것이다. 불교 이론을 대상으로 하는 경우라면, 광범위한 이론 학습과 성찰적 음미가 조건이 된다.

그러나 무언가 아쉽다. 이런 조건으로써 갖추어지는 폭 넓은 이해 능력을 통해 '부분적 타당성'을 식별하여 수용하는 것은, 비록 쉽게 체감할 수 있는 화쟁 능력이지만, 이미 광범위하게 채택되고 있는 합리적 관행과 방식이 아니던가? 굳이 '불교적'이라거나 '원효적'이라는 말로 차별화시킬 수 있는 내용을 확보하기가 어렵지 않은가? 그렇다면 〈모든 쟁론의 인식적 토대를 초탈할 수 있는 마음의 경지(一心)와, 언어 환각에서 풀려나 언어를 사용하는 능력이 함께 열려야, 그 열린 수준에 수반하여 '부분적 타당성을 식별하고 수용하는 능력'이 온전해진다〉고 말하는 정도에서, 불교나 원효 화쟁사상의 차별성을 확보해야 하는가?

원효의 화쟁 논법이 견해를 조건문으로 읽는 연기적 사유로써 직조되어 있다는 점을 주목한다면 사정이 달라진다. 보편적 쟁론 치유력에 관한, 불교 내지 화쟁사상 특유의 면모가, 구체적으로 드러나기 때문이다.

광범위한 학습과 깊은 성찰은 '부분적 타당성(一理)'을 식별해 내는 능력 확보를 위해 필요하고도 중요한 조건임은 분명하다. 그러나 학습을 통한 다양한 견해 습득과 성찰이 일리들의 공정한 식별과 포섭적 수용을 보장해 주지는 못한다. 필요조건일 수는 있어도 충분조건은 아니다. 만약 학습자의 사고가 '무조건적 사유방식'에 익숙해져 있다면, 그는 자신이 식별해 낸 다양한 관점들을 '조건적으로 성립하는 부분적 타당성(一理)'으로 인정하여 수용하기가 어렵다. 그는 식별해 낸 다양한 관점들을 포섭적으로 수용하여 더 온전한 진리로 나아가기보다는, 어느 관점에 무조건적/전면적 타당성을 부여할 것인가에 관심을 기울이고, 그 결과 '일리들의 포섭'보다는 '일리의 배타적 선택'을 취하기 쉽다. 이런 경우에는 다양한 견해 습득과 성찰적 태도가 '조건적으로 성립하는 부분적 타당성의 식별과 수용'으로 이어지지 않는다. 일리(一理)들의 포착과 포섭을 위해서는 무엇보다 그에 적합한 사고방식의 확립이 선행되어야 한다.

일리들의 포착과 수용에 필요한 사고방식은 분명 연기적 사유이다. 관점과 견해, 이론과 주장을, 일정한 조건들에 의존하여 수립된 것으로 보고, 그 조건들의 상호 인과관계의 적절성과 범주 등을 면밀히 살펴, 조건 의존적으로 성립하는 '부분적/제한적 타당성(一理)'의 성립 여부와 범주 및 수준을 읽어내려는 것이 연기적 사유이기 때문이다. 견해나 이론의 '조건 의존성'을 주목하는 연기적 사유는 모든 견해와 주장의 성립 조건들을 면밀히 살피기 때문에, 어떤 견해나 이론의 부분적/제한적 타당성 존재 여부와 그 내용 여하를 식별해 내는 능력과 가능성을 극대화시킨다. 견해와 이론을 항상 '~한 조건에 따른 것'으로 간주하여, 다시 말해 모든 진술을 조건문으로 읽어, 그 조건들의 내용과 상호관계를 파악하는 데 집중하기 때문이다.

이러한 연기적 사고방식은 독단이나 독선, 무지의 덫에 걸려드는 '견해의 배타적 주장'을 적절하고도 효과적으로 치유할 수 있다. 주장하는 이나 듣는 이 그 누구라도 연기적으로 사유하는 노력을 한다면, 일상에 넘쳐나는 배타적 쟁론들을 그 근원에서부터 상당한 정도로 제어하고 교정하는 치유효과를 기대할 수 있다. 연기적 사고방식에 의한 '조건 읽어내기' 노력은, 전면적/무조건적 타당성을 주장하는 견해나 이론의 배타성과 폭력성에 대해 구체적이고도 현실적인 치유력을 발휘할 수 있다.

'각자 일리가 있다'고 하면서 일리들의 포섭을 통해 온전한 이해로 이끌어가는 원효의 화쟁 논법은, 관점과 이론의 조건적 맥락/계열(門)의 구분에 의거하여 전개되고 있다. 이것은 원효가 상이한 이론과 견해들을 '조건 의존적인 것'으로 이해하려는 연기적 사고방식을 화쟁의 토대로 삼고 있다는 것을 의미한다. 그의 화쟁 논법을 구성하는 원리들 가운데 상대적으로 가장 현실적 호소력을 지니는 '각 주장의 부분적 타당성(一理)을 변별하여 수용하기'는, 일체를 '조건 의존적인 것'으로 파악하는 연기적 사유의 원효적 재현인 것이다.

이렇게 보면 불교 이론을 범주 및 대상으로 삼고 있는 원효의 화쟁 논법에서, 세간 일반의 쟁론 상황에다가도 두루 적용하여 치유효과를 기대할 수 있는 화쟁의 보편원리를 포착해내는 일이 가능해진다. 게다가 원효의 화쟁사상은, '연기적 사유에 의해 각 주장의 부분적 타당성(一理)을 변별하여 수용하기'가 더욱 완전해지기 위한 조건까지 제시하고 있다. '모든 쟁론의 인식적 토대를 초탈할 수 있는 마음의 경지(一心)를 열기', '언어 환각에서 풀려나 언어를 사용하기'가 그것이다. 이 두 조건은 불교 이론이나 불교인만을 대상으로 하는 것이 아니라, 인간의 삶 일반에 두루 유효한 보편적 지평을 여는 조건이다. 이런 점에서 원효의 화쟁사상은 세간의 쟁론 상황 일반에 보편적으로 유효한 통찰을, 세간적 합리성과 일상적 호소력에 부응할 뿐 아니라 고도의 철학적, 종교적 호소력까지 구족하여 제시하는 것이라 평가할 수 있다.

관점과 이론의 조건적 맥락/계열(門)을 구분함으로써 부분적 타당성들을 변별해 낸 후, 그것들을 포섭적으로 수용하여 보다 온전한 이해와 진리로 나아가는 원효의 화쟁 논법은, 세간의 쟁론 상황에서 적대적 힘겨루기에 몰두하는 사람들에게 이렇게 조언하는 셈이다.

〈어떤 견해나 주장을 무조건적/전면적으로 타당하다고 생각하지 말라. 모든 견해와 이론들은 그것을 성립시키는 특정한 조건들에 의존하는 것이다. 따라서 그 특정한 조건들이 무엇인지, 그 조건들과 주장 사이의 인과관계는 적절한 것인지, 적절하다면 그 타당성의 범주는 어디까지이고 수준은 어떤 것인지를 파악하려고 노력하라.

만약 그 조건들과 주장의 인과관계가 적절하여 일정한 타당성이 인정된다면, 그러한 조건적 타당성을 부정하거나 외면하지 말고 인정하여 수용하라. 서로 다른 조건적 타당성(一理)들을 놓치지 말고 있는 그대로 변별하여 포섭함으로써, 더욱 온전하고 수준 높은 이해와 진리로 함께 나아갈 수 있다.

이렇게 모든 주장을 '조건 의존적인 것'으로 보아 그 '조건적 타당성'들을 식별하고, 그들을 인정하여 포섭하려는 노력을 한다면, 견해의 배타적 주장으로 인한 불화와 불통을 극복할 수 있고, 견해의 전면적/무조건적 주장에 수반되는 독단/독선/무지/폭력/허위의 덫에도 걸려들지 않을 수 있다. 그리하면 각각의 조건적 타당성을 지닌 견해들이 서로 만나고 상호 작용하여, 보다 유익하며 더욱 온전한 진리로 수렴되는 향상의 길 위를 동행할 수 있다.

그리고 특정 견해의 부분적 타당성에 집착하여 안주하지 않고 각 견해들의 조건적 타당성을 더욱 깊고 온전하게 포착하려면, '견해에 달라붙지 않는 무집착의 능력'을 키워야 하는데, 이 능력은 모든 쟁론의 인식적 토대 그 자체에서도 해방될 수 있는 마음 지평(一心)에까지 시선을 두고 접근해가야 근원적으로 성취된다는 것을 명심하라.

아울러 언어 능력을 바꾸어야 한다. 일상의 언어 환각을 성찰하여, 언어 환각에 지배되지 않고 언어 방편의 주인이 되어, 지혜와 자비의 구현을 위해 언어를 굴릴 수 있는 능력의 확보를 위해 성찰하고 수행해라.

이런 조건들에 의해 열리는 길이라면, 가히 '화쟁'과 '통섭'의 세상으로 안내하는 길이라고 할 것이다.〉

화쟁사상의 사회적 구현
―어떻게 화쟁사상을 쟁론 현장과 결합시킬 수 있는가?

관점과 견해, 이론과 주장을 일정한 조건들에 의존하여 수립된 것으로 보고, 그 조건들과 주장의 상호 인과관계의 적절성과 범주 등을 면밀히 살펴, 조건 의존적으로 성립하는 '부분적/제한적 타당성(一理)'의 존재 여부와 범주 및 수준을 읽어내는 것. ―이것이 연기적 사고방식에 의거한 불교 화쟁력의 중요한 원천이다. 그리고 원효의 화쟁 논법에서 부각되는 '각 주장의 부분적 타당성(一理)을 변별하여 수용하기'는, 이 '연기적 사유에 의한 화쟁'의 원효적 재현이다. 원효는 연기적 사유에 의거하여 관점과 이론의 조건적 맥락/계열(門)을 구분함으로써 부분적 타당성들을 변별해 낸 후, 그것들을 포섭적으로 수용하여 보다 온전한 이해와 진리 수준으로 나아가는 화쟁 논법을 구사하고 있다.

붓다와 원효의 화쟁 논법은 연기적 사유를 그 원천으로 삼고 있으며, 바로 그런 이유에서 일반 쟁론상황에서도 광범위한 치유력을 발휘할 수 있다. 그런데 화쟁 논법이 이처럼 보편적 쟁론 치유력을 지닌다면, 우리의 다음 관심은 일상에서 넘쳐나는 쟁론 현장과 화쟁 논법의 결합 문제로 넘어가게 된다. 화쟁 논법을 구체적인 쟁론 현장에 어떻게 적용할 것인가를 묻게 되는 것이다.

'화쟁'이라는 언어의 매력은 사실상 '분쟁 해결에 대한 기대'에서 비롯된다. 화쟁사상이나 화쟁 논법을 관심사로 삼을 때, 우리는 불화로 대립하고 있는 구체적 쟁론을 해결해 주는 '치유'를 기대하고 있다. 그리고 이러한 기대는 자연스럽게 '정답 확보'의 희망으로 이어진다. 화쟁 논법이 쟁론 상황에 적용되면 모두가 승복하는 '정답'을 얻을 수 있을 것이라는 기대를 품게 된다. 그러나 이러한 '정답 확보'의 기대는 적절치 못하다. 붓다나 원효의 화쟁사상을 통해 개별 쟁론을 일거에 해결하는 '만능의 정답'을 확보하려는 기대와 시도는 성공하기 어렵다.

현실의 쟁론을 구성하는 요소들은 분명 다양하고 이질적이다. 특히 이익과 손해가 복잡하게 얽히는 세간 현안을 둘러싼 쟁론들에서, 그 쟁론의 구성원들을 모두 완전히 만족시켜 일시에 승복하게 하는 정답이란 사실상 존재할 수가 없다. 만약 화쟁사상과 현실 쟁론의 접목 시도가 그러한 '완벽한 정답 확보'를 겨냥하는 것이라면, 그 시도는 무지의 표현이고 그런 기대 자체가 쟁론 해결의 장애물이다. 쟁론 해결을 향한 화쟁 노력의 목표는, '완전한 답안'이 아니라 '수용 가능한 조정 내지 해법에 접근해 갈 수 있는 조건의 확보'이다.

　화쟁은, 상이한 관점과 주장을 통일시킴으로써 이루어지는 것이 아니라, 자기 견해의 전면적/무조건적 타당성을 주장하는 쟁론 주체들의 '배타적 태도'를 치유함으로써 성취되는 것이다. 그리고 이러한 치유는, '자기 견해는 조건 의존적 산물이며, 따라서 타당성이 있을지라도 그 타당성은 제한된 조건에 따른 부분적/제한적 타당성(一理)이고, 다른 견해들 역시 각자의 조건적 타당성을 지닐 수 있다'는 점을 인지하고 수용하는 내면적 태도 변화에 의해 비로소 가능하다. 따라서 화쟁의 목표는 쟁론의 자리를 대체하는 또 다른 견해나 이론을 세우는 것이 아니라, 주장의 타당성을 전면적/무조건적으로 관철하려는 마음과 태도를 바꾸게 하는 데 있다. 각 주장들이 지닐 수 있는 부분적 타당성들을 인정하고 포착하게 하여 상호 수용적일 수 있게 하는 것. ―이 지점이 화쟁의 목적지이다. 그리고 이것이야말로 '수용 가능한 조정 내지 해법에 접근해 갈 수 있는 핵심 조건'이다. 화쟁의 역할은 이러한 조건의 확보에 기여하는 것을 핵심으로 삼아야 한다. 다시 말해 '쟁론을 대체하는 답안'이 아니라 '쟁론을 풀어가는 방법론'의 제공이 화쟁의 역할이며, 그 방법론의 토대는 무조건적/전면적 사고방식을 조건적/연기적 사고방식으로 바꾸는 것이다.

　쟁론을 적절하게 풀어갈 수 있는 사고방식, 그리고 그에 의거한 방법론 확보는, 쟁론 해결의 조건(因)이자 근본(本)이다. 쟁론의 해결은 그러한 조건과 근본에 수반되는 결과(果)이자 지말(末)이다. 화쟁 행위의 핵심 목표는 쟁론 해결의 조건(因) 내지 근본(本)의 확보에 있다. 쟁론 해결의 인과(因果)와 본말(本末)이 혼동되거나 바뀌어버린 화쟁 행위는 성공하기 어렵고, 분쟁 해결의 세간적 방식과 차별화되는 '불교적 방식'이 되기도 어렵다.

이처럼 연기적 사고방식을 원천으로 하는 화쟁사상의 치유력은, '정답이 무엇인가?'에 응답하는 것에 있는 것이 아니라 '어떻게 정답에 접근할 수 있는가?'에 응답하는 역할에 있다. 개별 쟁론에 모범답안을 제시하는 것을 화쟁의 역할로 간주한다면, 그런 화쟁은 성공하기 어려울 것이다. 화쟁사상의 사회적 구현은 쟁론 현안에 대한 모범답안 제시에 있는 것이 아니라, 모범답안에 접근할 가능성을 높이는 방법론적 기여에 있다.

따라서 쟁론 참여자들이 수용 가능한 해답에의 접근 가능성을 높여주는 '적절한 문제풀이 방식과 과정의 구성'이, 화쟁 논법이 제공할 수 있는 쟁론 치유력의 핵심이다. 그 방식과 과정 구성에 대한 화쟁사상의 기여를, 쟁론 참여자들이 얼마나 채택하느냐의 문제는 궁극적으로 쟁론 참여자들이 선택해야 할 그들의 몫이다.

다채롭고 이질적인 쟁론 참여자들의 관점과 이익관계 충돌을 '일괄적으로 통합하여 해소시킬 수 있는 정답의 마련'을 화쟁의 목표로 설정하는 것은 공허할 것이다. 관점과 주장들의 상호 개방과 수용 및 상호작용을 통해 유익한 해답에 접근할 수 있는 '통섭(通攝)적 문제풀이 방식과 과정의 확보'에 기여하는 것이, 불교적 화쟁 행위의 핵심 역할이어야 한다. 그리고 이 역할은 연기적 사유방식의 제공과 확산을 통해 성공할 수 있다.

결국 화쟁사상의 사회적 구현 원리는 다음과 같이 요약될 수 있을 것이다.

〈화쟁사상의 쟁론 치유력을 사회적 현안에 접목시키고자 하는 시도에서는, 무엇보다도 목표와 역할 및 방식에 대한 불교적 선택에 대해 숙고해야 한다. 만약 개별분쟁 해결의 모범답안 제시를 화쟁의 목표로 설정한다면, 쟁론 치유의 불교적 기여는 차별화된 성과를 내기 어려울 것이다. 쟁론 치유의 불교적 방식과 기여는, 문제를 다루어 가는 과정과 방식을 결정하는 사유방식이 '연기적인 것'이 될 수 있도록 하는 역할과 방법에 집중하는 것이 적절할 것이다. 이를 위해 연기적 사유의 보호/확대라는 긍정 방식과 비연기적 사유의 감시/비판이라는 부정 방식을 동시적으로 가동해야 할 것이다.

화쟁사상의 사회적 실천은, 문제풀이 방식이자 방법론인 연기적 사유의 다양한 모델 개발과 그 사회적 확산에 초점을 둘 때 성공할 수 있을 것이며, 아울러 불교 내부의 광범위한 지지를 받을 수 있는 '불교적' 방식일 수 있을 것이다. 또한 연기적 사유는 모든 유익한 합리적/과학적 방법론의 전통들과 상호 지지할 수 있고 통섭적으로 상호 작용할 수 있는 것이기 때문에 '보편적'일 수 있다. 화쟁사상의 '불교성'과 '보편성'의 결합은 이 지점에서 가능해진다.〉

부록

타인의 저술에 인용되어 전하는 『십문화쟁론』내용의 종합

고려 균여(均如, 923-973)의 『석화엄교분기원통초(釋華嚴敎分 記圓通抄)』에 인용된 『십문화쟁론』

원효는 "다섯 가지 성품이 차별된다(五性差別)는 주장은 '(차이들이) 의 존적 관계로 수립되는 계열(依持門)'이고, 모두 불성이 있다는 주장은 '연기의 통찰에 의해 (하나로 보는) 계열(緣起門)'이다"고 말하여, 두 이론 의 배타적 주장(諍)을 이와 같이 '만나게 하여 통하게(會通)' 한다.

曉公云, "五性差別之敎, 是依持門, 皆有佛性之說, 是緣起門", 如是 會通兩家之諍. (『석화엄교분기원통초(釋華嚴敎分記圓通鈔)』, 한불전4, p.311c.)

『십문화쟁론』에서는, 『유가론』·『현양론』 등에 의거하여 '(차이들이) 의존적 관계로 수립되는 계열(依持門)'을 세우고, 『열반경』 등에 의거하여 '연기의 통찰에 의해 (하나로 보는) 계열(緣起門)'을 세운다. 그러나 항상 『유가론』 등의 문구를 취하는 것이 아니라 단지 '다섯 가지 성품이 차별된다(五性差別)'는 (뜻을 밝히는) 문구에 의거하여 '(차이들이) 의존적 관계로 수립되는 계열(依持門)'을 세우고, 또 항상 『열반경』의 문구를 취하는 것이 아니라 단지 '모두 불성이 있다'는 (뜻을 밝히는) 문구에 의거하여 '연기의 통찰에 의해 (하나로 보는) 계열(緣起門)'을 세운다.

和諍論中, 依瑜伽現揚等, 立依持門, 依涅槃等經, 立緣起門. 然不通取瑜伽等文句, 但依五性差別之文, 立依持門, 亦不通取涅槃經文, 但依皆有佛性之文, 立緣起門. (均如, 『釋華嚴敎分記圓通鈔』卷3, 韓佛全 4, p.326a.)

『십문화쟁론』에서는 (다음과 같이) 말하고 있다: 묻는다. "모든 중생에게 불성이 있는가? (아니면) 불성이 없는 중생(無性有情)이 있다고 말해야 하는가?" 답한다. 어떤 사람은 "중생세계(有情界)에는 분명 불성이 없는 중생이 있다. 모든 세계가 차별이기 때문이고, 무시이래 그러하기 때문이다(無始法爾)"는 등으로 말하고, 또 어떤 사람은 "모든 중생에게 불성이 있다"는 등으로 말한다. 묻는다. "두 논사의 주장 가운데 어떤 것이 맞는가?" 답한다. 어떤 이(원효)는 말한다. "두 논사의 주장이 모두 맞다. 왜 그런가? 모두 성스러운 가르침(聖敎)에 의지하여 세워졌기 때문이고, 진리의 문(法門)은 하나가 아니어서 걸림(障碍)이 없기 때문이다.

이것은 무슨 의미인가? 진리다움(眞)과 속됨(俗)의 상호 관계(相望)에는 두 가지 계열(門)이 있게 된다. '(차이들이) 의존적 관계로 수립되는 계열(依持門)'과 '연기의 통찰에 의해 (하나로 보는) 계열(緣起門)'이 그것이다. '(차이들이) 의존적 관계로 수립되는 계열(依持門)'이라는 것은 큰 허공이 바람(風輪) 등을 의지하는 것과 같고, '연기의 통찰에 의해 (하나로 보는) 계열(緣起門)'이라는 것은 큰 바다가 파도와 물결 등을 일으키는 것과 같다.

'(차이들이) 의존적 관계로 수립되는 계열(依持門)'에 나아가면, 진리다움(眞)과 속됨(俗)이 같지 않아(非一) 중생과 진리의 본래 그러함(本來法爾)이 차별된다. 그러므로 무시이래로 생사에 즐겨 달라붙어 구제해낼 수가 없는 중생이 있다. 이 계열(門)의 의미 맥락에서는, 중생의 세계 경험(六處) 가운데서 출세간법을 생겨나게 할 수 있는 성품(性)을 구하지만 끝내 얻을 수가 없다. 그러므로 이 계열(門)에 의거하여 '불성이 없는 중생(無性有情)'을 주장하는 것이다.

'연기의 통찰에 의해 (하나로 보는) 계열(緣起門)'에 의한다면, 진리다움(眞)과 망령됨(妄)이 별개의 것이 아니며, 일체의 것이 모두 '하나가 된(하나로 보는) 마음(一心)'을 바탕(體)으로 삼는다. 그러므로 모든 중생이 무시이래로 이 진리세계의 흐름(法界流轉)과 같지 않음이 없다. 이 계열(門)의 의미 맥락에서는, 모든 중생의 마음 가운데서 자신의 근원으로 돌아가지 못하는 자를 구하려 하여도 끝내 얻을 수가 없다. 그러므로 이 계열(門)에 의거하여 '모든 중생에게 불성이 있다'고 주장하는 것이다. 이와 같은 두 계열(二門)은 본래 서로 방해함이 없다."

和諍論云. 問. "一切衆生皆有佛生耶? 當言亦有無性有情耶?" 答. 又有說者, "於有情界, 定有無性. 一切界差別故, 無始法爾故"云云. 又有說者, "一切衆生皆有佛性"云云. 問. "二師所說, 何者爲實?" 答. 又有說者, "二師所說, 皆是實. 何以故? 皆依聖敎而成立故, 法門非一無障礙故. 是義云何? 眞俗相望, 有其二門. 謂依持門及緣起門. 依持門者, 猶如大虛持風輪等, 緣起門者, 猶如巨海起波浪等. 就依持門, 眞俗非一, 衆生本來法爾差別. 故有衆生, 從無始來樂着生死, 不可動拔. 就此門內, 於是衆生六處之中, 求出世法可生之性, 永不可得. 故依此門, 建立無性有情也. 約緣起門, 眞妄無二, 一切法同一心爲體. 故諸衆生從無始來, 無不卽此法界流轉. 就此門內, 於諸衆生心神之中, 求不可令歸自源者, 永不可得. 故依此門, 建立一切皆有佛性. 如是二門, 本無相妨." (均如, 『교분기원통초(敎分記圓通抄)』卷3, 한불전4, p.325b-c.)

원효의 『화쟁론』에서는 세 논사의 주장을 인용하고 (이렇게) 말하고 있다: 묻는다. "여러 논사의 주장들 가운데 어떤 것이 틀리고 어떤 것이 맞는가?" 답한다. 어떤 이는 말한다. "여러 주장이 모두 맞다. 어째서 그러한가? 각기 (부처님의) 성스러운 가르침에 의거하여 성립하기 때문이다.

이 뜻이 무엇인가? 만약 '원인을 지어서 과보를 받는 계열(作因受果之門)'로 본다면, 새로 훈습하는 종자(新熏種子)가 바로 인연이 된다. 자기 과보를 생겨나게 하는 데 공능이 있기 때문이다. 등등. 만약 '바탕에 따라 과보를 이루는 계열(從性成果之門)'로 본다면, 오직 '본바탕(본성)의 요소(本性界)'가 바로 종자가 된다. 등등. 만약 '생겨나게 함과 결과를 이루는 법칙성을 종합해서 보는 계열(和合生果門)'로 본다면, 새로 훈습하는 종자(新熏種子)만 (과보를 생겨나게 하는) 공능이 있는 동시에, (또한) 만약 바탕(性)이 없다면 과보가 생겨나지 않는다. 과보를 생겨나게 하는 것은 바탕 때문이니, 바탕이 바로 원인이 된다. (그런데) 비록 본바탕(本性)이 있어도 만약 새로운 훈습(新熏)이 없다면 곧 공능이 없다. 공능이 과보를 생겨나게 하는 것이니, (그렇다면 새로운 훈습이) 어찌 종자가 아니겠는가? 그러므로 이 계열(門)로 본다면, 마땅히 다음과 같이 말할 수 있다. '두 가지 종자가 있어 함께 하나의 과보를 생겨나게 한다'라고."

曉公和諍論, 引三師說. 問. "諸師所說, 何非何是?" 答. 又有說者, "諸說皆是. 何以故? 各依聖敎而成立故. 是義云何? 若依作因受果之門, 新熏種子, 正爲因緣. 於生自果, 有功能故. 云云. 若依從性成果之門, 唯本性界, 正爲種子. 云云. 若就和合生果門者, 新熏種子, 雖有功能. 如其無性, 果卽不生. 生果由性, 性卽爲因. 雖有本性, 若無新熏, 卽無功能. 功能生果, 豈非種子? 故依此門, 卽當說云, "有二種子, 共生一果." (均如, 『釋華嚴敎分記圓通鈔』卷3, 韓佛全 4, p. 315a. 『대승기신론동이약집』에는 같은 내용이 보다 완전한 내용으로 인용되어 있다. 아래에 소개해 두었다.)

『십문화쟁론』에서, "거대한 바다가 파도를 일으키는 것과 같다는 것은,

그 거대한 바다가 바로 진여(眞如)인 불성(佛性)을 비유한 것이기 때문이다"라고 하였다.

　和諍論中, "猶如巨海起波浪者, 其巨海則喩眞如佛性故." (均如, 『釋華嚴敎分記圓通鈔』 卷3, 韓佛全 4, p.326a.)

신라 견등(見登)의 『대승기신론동이약집(大乘起信論同異略集)』에 인용된 『십문화쟁론』

구룡(원효)의 『화쟁론』에서는 말한다. "무릇 부처자리(불지)의 온갖 덕에는 대략 두 가지 계열(門)이 있다. 만약 '원인(因)에 따라 생겨나는 계열(從因生起之門)'로 본다면, 과보로 성취한 부처의 공덕(報佛功德)은 찰나에 생멸한다. 앞의 논사가 말한 것은 또한 이 계열(門)을 취한 것이다. 만약 '(생멸하게 되는) 조건(緣)을 그치고 근원으로 돌아가는 계열(息緣歸原之門)'로 본다면, 과보로 성취한 부처의 공덕(報佛功德)은 분명히 상주한다. 뒤의 논사가 말한 것은 또한 이 계열(門)을 취한 것이다. 각각의 덕을 따라 이 두 계열(二門)이 있는데, 두 계열(二門)은 서로 통하는 것이지 서로 위배되는 것이 아니다."

　丘龍和諍論云. "夫佛地萬德, 略有二門. 若從因生起之門, 報佛功德, 刹那生滅. 初師所說, 且得此門. 若就息緣歸原之門, 報佛功德, 凝然常住. 後師所說, 亦得此門. 隨一一德, 有此二門, 二門相通, 不相違背." (『大乘起信論同異略集』, 한불전3, p.695a.)

이러한 뜻 때문에 구룡화상은 말한다. "만약 '원인을 지어서 과보를 받는 계열(作因受果之門)'로 본다면, 새로 훈습하는 종자(新熏種子)가 바로 인연이 된다. 자기 과보를 생겨나게 하는 데 공능이 있기 때문이다. (이때) '본바탕(本性)'이라는 것은 바로 '결과를 이루는 법칙성(果法)'이다. (본성은 무엇을) 생겨나게 할 수 있는 바탕(性)이지만, 과보를 생겨나게 하는 데에는 공능이 없다. (그래서) 단지 '과보가 될 수 있는 바탕(果性)'이라고 부를 뿐 '작용'이라고는 부르지 않는다. 따라서 만약 이 계열(門)로 본다면, 오직 '새로 성립한 종자(新成種子)'만 있지 '본래 성립한 종자(本成種子)'는 없다. 저 '새로운 훈습(新熏)'을 주장하는 논사들의 뜻은 이 계열(門)을 취한 것이다. 만약 '바탕에 따라 과보를 이루는 계열(從性成果之門)'로 본다면, 오직 '본바탕(본성)의 요소(本性界)'가 바로 종자가 된다. 이것이 '결과를 이루는 법칙성(果法)'의 바탕(自性)이기 때문이다. '새로운 훈습(新熏)'은 '결과를 이루는 법칙성의 바탕(果法自性)'을 만들지는 못한다. 그러므로 이 계열(門)로 본다면, 저 새로운 훈습(新熏習)은 오직 '본바탕(본성)의 종자(本性種子)'를 훈습하여 작동하게 할 수 있지 본바탕의 종자를 이룰 수는 없다. 저 '오직 본래 있는 종자(本有種子)'만을 주장하는 논사들의 뜻은 이 계열(門)을 취한 것이다. 만약 '생겨나게 함과 결과를 이루는 법칙성을 종합해서 보는 계열(和合生果門)'로 본다면, 새로 훈습하는 종자(新熏種子)만 (과보를 생겨나게 하는) 공능이 있는 동시에, (또한) 만약 바탕(性)이 없다면 과보가 생겨나지 않는다. 과보를 생겨나게 하는 것은 바탕 때문이니, 바탕이 바로 원인이 된다. (그런데)

비록 본바탕(本性)이 있어도 만약 새로운 훈습(新熏)이 없다면 곧 공능이 없다. 공능이 과보를 생겨나게 하는 것이니, (그렇다면 새로운 훈습이) 어찌 종자가 아니겠는가? 그러므로 이 계열(門)로 본다면, 마땅히 다음과 같이 말할 수 있다. '두 가지 종자가 있어 함께 하나의 과보를 생겨나게 한다'라고. 저 '새로운 훈습(新熏)과 본래 있는 것(法爾)이 함께 하나의 과보를 세운다'고 주장하는 논사의 뜻은 이 계열(門)을 취한 것이다."

　由如是義, 故丘龍和上云. "若依作因受果之門, 新熏種子正爲因緣. 於生自果, 有功德故. 彼本性者, 直是果法. 可生之性, 而於生果, 無有功能. 但名果性, 不名爲用. 故若依此門, 唯有新成種子, 而無本性種子. 彼新熏師意, 得此門也. 若依從性成果之門, 唯本性界正爲種子. 以是果法之自性故. 新熏不作果法自性. 故約此門, 彼新熏習但能熏發本性種子, 不能則成自體種子. 其唯本有種子意, 得此門也. 若就和合生果門者, 新熏種子唯有功能, 如其無性, 果則不生. 生果由性, 性則爲因. 雖有本性, 若無新熏, 則無功能. 功能生果, 豈非種子? 故依此門, 則當說云. '有二種子, 共生一果.' 其新熏法爾竝立一果師意, 得此門也."(『大乘起信論同異略集』, 한불전3, p.709a.)

일본의 고승 명혜(明惠(高弁)/묘우에, 1173-1232)의 『금사자장광현초(金師子章光顯鈔)』에 인용된 내용

『십문화쟁론』은 말한다. "유한한 마음으로 무한한 진리를 헤아려서는 안 되는 것이니, (항상 있다고 하거나 전혀 없다고 하는 有/無 혹은 常/斷의 견해인) 증감의 견해를 일으키면 일천제(一闡提)의 그물에 떨어진다. 경전에서, '어떤 사부대중이 (항상 있다고 하는 常見이나 有見인) 증견(增見)을 일으키거나 (전혀 없다고 하는 斷見이나 無見인) 감견(減見)을 일으키면, 모든 부처와 여래는 그의 스승이 아니다. 이런 사람은 나의 제자가 아니다'라고 말하는 것과 같다. 이 사람은 (有無/斷常/增減의) 두 가지 견해를 일으킨 인연 때문에 어둠에서 어둠으로 들어가니, 나는 이 사람을 일천제(一闡提)라 부른다."

和諍論云, "不可以有限心, 測量無限之法, 起增減見, 墮闡提網. 如經言, '若有四部, 若起增見, 若起減見, 諸佛如來, 非彼世尊. 如是等人, 非我弟子.' 此人以起二見因緣, 從冥入冥, 從闇入闇, 我說是人, 名一闡提."

(明惠(高弁), 『金師子章光顯鈔』 卷下, 『大日本佛敎全書』 13, p.207a.)

안연(安然)의 『진언종교시의(眞言宗敎時義)』에 인용된 내용

원효는 여러 주장들을 묶어 『십문화쟁론』을 저술하여, "모든 주장들이 붙들고 있는 것이 다 부처님 뜻을 얻었다"라고 말한다.

元曉師, 約諸宗作和諍論云, "諸宗所執, 皆得佛意." (安然, 眞言宗敎時義 卷2, 大正藏 75, p.400c.)

『십문화쟁론』에 대한 인식 및 평가

『십문화쟁론』에 대한 영명연수(永明延壽, 904-975) 선사의 극찬(『종경록(宗鏡錄)』)

『십문화쟁론』은 범속함과 성스러움을 같게 하고, 가고 옴을 하나로 하며, 같음과 다름을 하나로 묶고, 느림과 빠름을 (하나로) 녹이며, 가운데와 가장자리를 (하나로) 섞으니, 세간과 출세간을 통틀어 (그 경지를) 헤아릴 수가 없다. 말로는 표현할 수 없는 그 힘을 능가할 수 있는 것이 없다. 부처님의 힘이라고도 하겠고, 지혜의 힘이라고도 하겠으며, 대승의 힘이라고도 하겠고, 법력(法力)이라고도 하겠으며, 머무름 없는 힘이라고도 하겠다. 그러므로 옛 스승은 이 의미를 해석하여 말하길, "머무름이 없는 힘을 지닌 자는 곧 대겁(大劫)이 한 생각을 여의지 않는다"

고 하였고, 또 "형태 있는 것들(色)을 평등하게 하는 것이 부처님의 힘이고, 형태 있는 것들이 평등해지면 곧 '오직 마음일 뿐(唯心)'이라는 뜻이 이루어진다"라고도 말하였다. 그러므로 마음을 관(觀)하는 가르침(門) 가운데 그 도리가 이것을 능가하는 것이 없음을 알겠다. 가장 존귀하고 절묘하고 절륜하니, 찰나에 성불하는 공덕과 단박에 고통의 윤회를 끊는 힘이 있구나.

和諍論, 齊凡聖泯自他, 一去來, 印同異, 融延促, 混中邊, 世出世間, 不可稱, 不可量. 不可說 不可說之力, 莫能過者. 亦名佛力佛力, 亦名般若力, 亦名大乘力, 亦名法力, 亦名無住力. 所以先德釋云, "無住力持者, 則大劫不離一念." 又云, "色平等是佛力, 色旣平等則唯心義成." 故知, 觀心之門, 理無過者. 最尊最貴絕妙絕倫, 有刹那成佛之功, 頓截苦輪之力. (『宗鏡錄』卷9, 大正藏 48, p.463b.)

신라의 원효는 『십문화쟁론』을 저술하여 (다루고 있는) 각 이론의 특징들을 10종으로 나열하였지만, (『십문화쟁론』의 화쟁에 의해서 각 이론들이 자기들만의) 자리를 다투지 않고 다섯 가지 가르침으로써 화회(和會)되었다.

新羅元曉, 作和諍論, 其教相則列十家, 而不諍其立, 五教以和. (安然, 教時諍論, 大正藏 75, p.365b.)

원효는 십문(十門)을 화쟁하는 논서를 지어 '공(空)과 유(有)에 관한 쟁론'을 화회(和會)시켰다.

靑丘曉公, 造和諍十門之論, 會空有諍論. (聖詮, 華嚴五敎章深意鈔 卷1, 大正藏 73, p.3c.)

원효대사의 『십문화쟁론』과 『능가종요』는 모두 정성(定性)의 회(廻)와 불회(不廻)의 의미를 거론하여 상호 부정하고 긍정케 함으로써 두 의미를 화회(和會)하고 있는데, 번거로울 것 같아서 인용하지는 않는다.

元曉大師和諍論, 楞伽宗要, 具擧定性廻不廻義, 互致破立, 及和二義, 恐繁不引. (凝然, 『五敎章通路記』卷51, 大正藏 72, p.608c.)

여기서 논한 '훈습하여 다른 지혜를 성취하는 뜻'은 『십문화쟁론』의 '하나의 위대한 법신이 지닌 세 가지 훈습의 뜻'을 인용한 것이다.

此中所論, 熏習感得他智之義, 引和諍論一大法身三熏習義. (廓心, 『圓宗文類集解』卷中, 『駒澤大學佛敎學部硏究紀要』52號, p.73.)

『십문화쟁론』에서 마음은 이와 같은 것이다. 『십문화쟁론』은 열 가지 문(門)을 세우고 있는데, 첫째 문은 공(空)과 유(有)에 관한 주장들을 화쟁하는 것이다.

化(和의 오자인 듯)諍論心如此. 彼論十門立, 一門空有和諍也. (順高, 『五敎章類集記』第五.)

원효는 『십문화쟁론』을 지었다. 진나(陳那 Dignāga)의 문도가 당나라에 왔다가 원효가 입멸한 후 그 『십문화쟁론』을 가지고 인도로 돌아갔는데, "원효는 진나의 후계가 아닌가?" 등으로 말했다.

元曉和諍論制作. 陳那門徒, 唐土來有, 滅後取彼論, 歸天竺國了, "是陳那末第歟?" 云云.(順高, 『起信論本疏聽集記』, 大日本佛教全書 92, p.103a.)

원효의 삶을 증언하는 기록들(三大傳記)

서당화상비(誓幢和上碑, 9세기 초)

음리화(音里火) 삼천당주(三千幢主)인 급찬(級湌) 고금□(高金?)이 (이 비문을) 새긴다.

…(화상은) 처음부터 (홀로) 적막하게 살지 않았으니, 부처의 자비로움이 마치 그림자가 형상을 따르는 것과 같았다. (그의 삶은) 진실로 (중생과) 공감할 수 있는 마음에서 비롯하였기 때문에 (중생들에) 응하는 이치가 반드시 있었다. 위대하도다! 설사 법계(法界)를 당겨 (만물의 본래 모습을) 총괄하고자 한들, 법계에 불변의 실체가 없음을 아는 경지(法空座)에 올라 진리를 전하는 (불빛을) 밝혀 다시 진리의 수레바퀴를 굴리는 일을 누가 능히 할 수 있겠는가? 바로 우리 서당화상(誓幢和上)이 그 사람이다. … 이에 의거하여 (화상의) 마을 이름을 깨달음의 땅(佛

地)이라 하였다. … 사람들은 깨달음의 땅(佛地)으로 알았지만 나는 구릉으로 보았다. … (화상의) 어머니가 처음에 별이 떨어져 품속으로 들어오는 꿈을 꾸고서 임신하였다. … 달이 차기를 기다려 해산하려 할 때 갑자기 오색구름이 특별히 어머니의 거처를 덮었다. … 문무대왕의 나라 다스림이 일찍이 천명(天命)에 부응하여 이루어져 나라가 평안하였고 임금이 되어 큰 정치를 여니, 그 공이 이루 말할 수 없었고, 꿈틀거리는 미물에 이르기까지 그의 덕화가 미치지 않은 곳이 없었다. … 대사의 덕은 숙세(宿世)로부터 심은 것이기에 실로 태어나면서부터 도(道)를 알았다. 자신의 마음으로 스스로 깨달았고, 배울 때에 정해진 스승을 좇지 않았다. 성품은 고고하면서 자애로웠다. … 중생들의 고통을 제거하여 재앙에서 구제하고자 큰 서원을 발하였고, 미세한 도리를 연구하고 이치를 분석하여 일체의 지혜로운 마음을 … 하였다.

왕성 서북쪽에 작은 절 하나가 있었다. … 비결서(讖記)와 (?)外書 등은 세상의 배척을 받았다. (화상의 저술) 가운데 『십문화쟁론(十門和諍論)』은, 여래가 세상에 계실 적에는 온전한 가르침(圓音)에 의지하였지만, 중생들이 … 빗방울처럼 흩뿌리고 헛된 주장들이 구름처럼 내달리며, 나는 맞고 다른 사람은 틀리다고 말하기도 하고, 나는 타당한데 다른 사람은 타당하지 않다고 주장하여, (그 상이한 견해들의 배타적 주장이) 황하(黃河)와 한수(漢水)처럼 큰 강물을 이루었다. … (空을 싫어하고 有를 좋아하는 것은 마치) 산을 (버리고) 골짜기를 돌아가는 것과 같고, 유(有)를 싫어하고 공(空)을 좋아하는 것은 나무를 버리고 큰 숲으로 달려가는 것과 같다. 비유하자면, 청색과 남색은 바탕을 같이하고, 얼음과 물은 근원을 같이하며, 거울은 모든 형상을 받아들이고, 물이 (수천

갈래로) 나누어지는 것과 같다. … (有와 空에 관한 주장들을) 통하게 하고 화합하게 하여(通融) 서술하고는 『십문화쟁론』이라고 이름하였다. 수많은 사람들이 (이 책에) 동의하며 모두 '훌륭하다!'고 칭송하였다. 또 『화엄종요(華嚴宗要)』는 진리는 비록 근본적으로 하나이지만 … (당나라에 왔던 陳那 Dignāga의 문도가 『십문화쟁론』을 읽고는) 찬탄하여 덩실덩실 춤을 추었다. (『십문화쟁론』을) 범어로 번역하여 곧 (?) 사람에게 부쳐 보냈으니, 이것은 (바로) 그 나라(천축) 삼장(三藏)법사가 (『십문화쟁론』을) 보배처럼 귀하게 여기었던 까닭에서였음을 말하는 것이다. 산승(山僧)이 술을 휴대했다. … 토지의 신을 서서 기다리며 다시 (자리를) 옮기지 않았으니, 이는 마음으로 그윽이 (토지의 신을 만나) 움직이지 않았음을 보여주는 것이다. 어떤 여인이 세 번 절하자 천신이 그 여인을 가로막았으니, (이것은) 또한 (원효대사가) 애욕에 빠지지 않았음을 나타낸 것이다. … 강의를 하다가 문득 물병을 찾아서 서쪽을 (향해 뿜으면서) 말하기를, "내가 보니, 당나라의 성선사(聖善寺)가 (화재를) 당했구나"고 했다. … 물을 부은 곳이 이로부터 못이 되었으니, 고선사(高仙寺)의 대사가 있던 방 앞의 작은 못이 바로 이것이다. 남쪽으로 법을 강연하고 봉우리에 (?)하여 허공에 올랐다. … 대사가 신비하게 아는 것은 헤아릴 수가 없고, 조짐을 아는 것은 더욱 아득하였다. (?) 돌아와 혈사(穴寺)로 옮겨 살았다. 사당(神廟)이 멀지 않았는데 (그 사당의) 신(神)이 기뻐하지 않음을 보고, 자신의 능력을 감추고자 하였다. 그리하여 대낮에 … 다른 곳을 교화하였다.

수공(垂供) 2년(686) 3월 30일, 혈사(穴寺)에서 입적하니 70세였다. 곧 절의 서쪽 봉우리에 임시로 감실(龕室)을 만들었다. 채 며칠 지나지도 않아 말 탄 무리가 떼를 지어 몰려와 유골을 가져가려 하였다. … 만선화상(萬善和上)이 기록한 글에 이르기를 "불법에 능한 사람이 9인 있어 모두 대(?)로 불렸다"고 했다. 대사가 초개사(初盖寺)에 있을 때 현풍(玄風)을 도운 대장(大匠)들이다. 대사가 말하길 ….

대력(大曆) 연간(766-780)의 어느 봄에 대사의 후손인 한림(翰林) 설중업(薛仲業)이 사행(使行)으로 바다를 건너 일본으로 갔다. 그 나라의 재상(上宰)이 (그와) 이야기를 하다가 그가 대사의 어진 후손임을 알고서 서로 크게 기뻐하였다. … 많은 사람들이 정토왕생을 기약하면서 대사의 영험한 글들(靈章)을 머리에 이고 잠시도 내려놓지 않았는데, 대사의 (어진) 후손을 보고는 … 3일 전에 와서 글을 지어 (대사를) 찬탄하는 글(頌文)을 얻게 되었다. 1년이 지나서는 비록 직접 만나 예를 다하지는 않았지만 친히 (?) 받들어 ….

봉덕사(奉德寺)의 대덕(大德)인 삼장(三藏)법사 신장(神將)이 있었는데, (?) 자화(慈和)와 함께 마음이 공적(空寂)한 줄 알았고 모든 것에 실체의 생겨남이 없음을 보았다. 수행자와 속인(道俗)이 모두 '승려 가운데의 용이고 진리의 (?)'라 부르며 받들었다. … 성인을 만나 깃발로 삼아 의지하여 쓰러짐이 없었는데, 보고 싶어도 그럴 수가 없다. 더욱이 (일본 사람이 지은) 대사를 찬탄하는 글(頌文)을 보고 그에 의거하여 (?)을 찾아 기미라도 보나니, 어찌 (?)을 알아 다시 (?) 얻음이 있을 것인가? 이로써 정원(貞元) 연중(785-804)에 몸소 … 상심하여 괴롭고 (?)는 두 배나 더하니, 곧 몸과 마음을 채찍질하여 누추한 집(泥堂茸居)을 … 대사의 거사(居士) 형상을 만들었다. 3월에 이르러 … 산에 폭주하고 옆의 들로 구름처럼 달려가서 (대사의) 거사 형상을 바라보고 정성스러운 마음으로 절을 한 후에 대사를 찬탄하는 강연을 하였다. … 각간(角干) 김언승(金彦昇)께서는 바다와 산악의 정기와 하늘과 땅의 수승한 기운을 이었다. 친히 … 그 산에 있는 대덕(大德)을 보고 (?)을 받들어 바야흐로 글을 새김에 (?) 마음은 목숨에 맡기고 뜻은 경건하게 하여 불법을 존경하고 사람을 귀중히 여겨 … 대사의 신령한 자취는 문자가 아니고서는 그 일을 진술할 수가 없고, 기록이 없으면 어찌 그 연유를 드러낼 수 있으리오. 그리하여 스님으로 하여금 비문을 짓게 하고 … 스스로 헤아려보니 무능하고 학문도 익지 않아 마침내 사양하였으나 (?) 면하지 못하여 함부로 … 이르렀으니, 티끌같이 무수한 세월이 흘러도 스러지지 않고 겨자씨처럼 많은 세월이 흐르도록 오래 있으리라.

그 고하는 말(詞)은 다음과 같다.

위대하구나, 진리 바탕(法體)이여! 드러나지 않는 곳이 없도다. 시방 세계에 … 세 가지 신통(三明, 숙명통/천안통/누진통)을 (?). 고선(高仙)대사는 불지촌에서 (태어나) 일생동안 말을 (?) 바른 이치를 깊이 탐구했다. 이 세상과 저 (?) … 붉은 활이 그를 겨누었고(죽일 것 같은 비판이 그에게 쏟아졌고) 모래알처럼 많은 분별없는 비난들(狂言)이 … 환속하여 거사가 되었다. 국가를 구제하고 문무를 겸하였다. (?) 그 할아버지를 (?) 하였다. (?) 이기지 못하여 손으로는 춤을 추며 슬피 … 장엄한 법문은 성스러움을 (?) 명쾌한 설법은 신이함에 통하였다. 다시 혈사(穴寺)에서 수행하였으니, (?) 끝내 왕궁을 멀리하며 (?) 토굴 생활을 끊지 않고 걸으면서 도를 즐겼다. … 자취와 글을 남겨 모두 큰 은혜를 입었다. 대사가 (?)을 당하니, (?) 울음을 머금었고 (?)월에 (?) 매번 (?)이 되면 모여들어 펼쳐 읽으며 … (?)를 새겼다. 혈사(穴寺)의 법당 동쪽 가까운 산에 (?).

서당화상비 판독 원문[61]

音里火 三千幢主 級湌 高金□鐫

……初無適莫 慈迦如影隨形 良由能感之心故 所應之理必然 大矣哉
設欲抽法界 括……相印 登法空座 作傳燈之□ 再轉法輪者 誰其能之 則
我 誓幢和上 其人也 俗……佛地聖體 高仙據此 村名佛地 □是一途 他
將佛地 我見丘陵 何者 只如驟……□ 母初得夢 流星入懷 便□有□ 待
其月滿 分解之時 忽有五色雲 □特覆母居……文武大王之理國也 早應
天成 家邦□晏 恩開大造 功莫能宣 爲蠢動之乾坤 作黔……□啓 □獨勝
歡 大師 德惟宿植 道實生知 因心自悟 學□從師 性復孤誕 □情……昏
衢 拔苦濟厄 旣發僧那之願 硏微析理 □□薩云之心矣 王城西北 有一小
寺……□讖記□□外書等 見斥於世□ 就中 十門論者 如來在世 已賴圓
音 衆生等…… 雨驟 空空之論雲奔 或言我是 言他不是 或說我然 說他
不然 遂成河漢矣 大……山而投廻谷 憎有愛空 猶捨樹以赴長林 譬如靑
藍共體 氷水同源 鏡納萬形 水分……通融 聊爲序述 名曰十門和諍論 衆
莫不允 僉曰善哉 華嚴宗要者 理雖元一 隨……□□□□ 讚歎婆娑 翻爲
梵語 便附□人 此□言其三藏寶重之由也 山僧提酒……□ 后土立待 更
不曾移 此顯冥心之倦也 女人三禮 天神遮之 又表非入愛法 來□□□ 村
主……心法未曾 □悉□觀□□□□□下之言 □□正講 忽索瓶水 □西
□之言曰 我見 大唐聖善寺 被……□□□□□□□□□灌水之處 從此

61_ 김상현의 판독문(『원효연구』, 민족사, 2000). 김상현이 제공한 자료를 그대로 게재한다.
……은 마모된 부분이고, □은 글자의 존재는 확인되지만 무슨 글자인지 정확히 판독할
수 없는 부분이다.

池成 此□高仙寺 大師房前 小池是也 倭南演法 □峰騰空……□而□□
大師神測未形 知機復遠 □□□歸 移居穴寺 緣以神廟非遙 見神不喜 意
欲和光 故白日……通化他方 以垂拱二年 三月卅日 終於穴寺 春秋七十
也 卽於寺之西峰 權宜龕室 未經數日 馬騎成群 取將髑髏……□萬善和
上 識中傳□ 佛法能者 有九人 皆稱大□ 大師在初盖 是毗讚玄風之大匠
也 大師曰 我……□ 大曆之春 大師之孫 翰林 字仲業 □使滄溟□□日
本 彼國上宰 因□語知如是 大師賢孫 相歡之甚傾……諸人□□期淨刹
頂戴 大師靈章 曾無□捨 及見□孫□瞻□□論 三昨來造 得頌文 已經一
紀 雖不躬申頂禮 親奉……知神□有□□聲者 有奉德寺 大德法師 三藏
神將 理□□ 與慈和 知心空寂 見法無生 道俗咸稱 僧龍法□ 奉尋……
行遇聖人 攀旆靡絕 追戀無從 尤見□人頌文據尋□□□見幾焉 寧知日
□ 更有□叔哉 以此貞元年中 躬……□□□□ 是傷心乃苦 □□倍增 便
策身心 泥堂葺屋 二□□□□□池之□□造 大師居士之形 至于三月
□……□山輻湊 傍野雲趍 覩像觀形 誠心頂禮 然後講讚 □□□□□
□□□□□ 角干 金彥昇公 海岳精乾坤秀 承親……三千 心超六月 德義
資□ □光□物 見彼山中 大德奉□ □□□□□□□□ 方銘 □心委命
志在虔誠 尊法重人……之靈跡 非文無以陳其事 無記安可表其由 所以
令僧作□ □□□□ □求自揆 無能學不經 遂辭不□免 輒諟……□趣矣
塵年不朽 芥劫長在

　　其詞曰 偉哉法體 無處不形 十方……三明 高仙大師 佛地而□ 一代
□言 深窮正理 此界他□ □□□□□□□□□□ 赤弓向彼 恒沙狂言
……□□□ 還爲居士 淡海之□ 溟東相府 匡國匡家 允文允武 □□□□
其祖父□ □□欲□ 不勝手舞 惆悵……海□ □□□身 莊談□聖 快說

상단 (上段) — 제33행~제1행

33	32	31	30	29	28	27	26	25	24	23	22	21	20	19	18	17	16–1

```
每 不 □ 偉 能 □ 干 造 更 見 得 知 玄 未 不 倎 大
至 斯 □ 哉 心 □ 有 法 頌 如 風 經 喜 南 唐
□ □ 欲 赤 弓 體 經 命 昇 大 叔 生 □ 村 主
成 窟 □ 不 向 無 逢 志 公 哉 士 一 大 也 □
臻 行 勝 彼 處 辭 在 居 俗 咸 騎 光 峯 被
啓 樂 恒 不 不 虔 岳 士 誡 紀 師 成 故 騰
讀 道 舞 沙 形 □ 俗 雖 賢 群 白 空
日 寂 惆 狂 十 免 尊 乾 形 相 躬 龍 大 取 日
  悵 言 方 輒 法 坤 至 貞 龍 躬 師 將
    □ 湜 重 秀 承 無 法 申 頂 歡 觸
      人 提 中 月 奉 禮 親
      親 □ 躬 尋 傾
        □ 奉
```

하단 (下段)

```
□ □ □ □ □ 之 三 □ 行 知 諸 □ 通 □ □ 心 □ 通 山 雨 □ 昏 □ 文 □ 佛 相 初
□ □ □ □ □ 三 趣 靈 跡 人 □ 法 后 土 而 驟 讖 衝 武 地 印 □ 無
□ □ □ □ 明 矣 跡 心 幅 □ 大 善 他 □ □ 未 立 聊 投 空 記 拔 □ 大 初 聖 法 莫
□ □ □ 還 高 塵 非 超 湊 □ 有 □ 曆 和 方 □ 曾 □ 爲 廻 空 谷 之 □ 濟 勝 夢 高 空 慈
□ 銘 □ 爲 仙 年 文 六 傍 是 聖 □ 期 之 上 以 □ □ 待 讚 序 述 僧 論 外 危 歡 理 旣 仙 座 迦
□ □ 海 居 大 不 野 月 人 □ 淨 春 識 垂 □ □ 悉 更 歡 名 有 雲 書 □ 國 流 據 作 如
□ 覺 □ 士 師 朽 雲 心 攀 聲 刹 中 拱 大 □ 不 婆 觀 曾 愛 日 奔 等 發 □ 此 傳 影 隨
穴 遺 □ 淡 佛 芥 義 趍 苦 靡 頂 傳 二 □ 移 翻 姿 僧 或 見 那 師 早 入 名 之 形
寺 跡 海 地 劫 其 資 觀 有 戴 大 □ 年 神 □ 此 爲 和 十 言 斥 我 於 德 天 便 □ 良
堂 遺 之 而 長 事 像 □ 絶 大 □ 三 測 灌 □ 顯 梵 諍 我 捨 樹 是 世 惟 成 □ 佛 再 由
東 身 在 無 觀 追 師 之 月 未 水 此 語 淨 樹 □ 冥 以 研 宿 家 有 地 轉 能
近 盡 莊 滇 一 其 記 光 形 戀 27 奉 佛 卅 形 之 □ 冥 便 論 以 言 □ 家 有 地 轉 感
山 蒙 談 東 代 詞 見 形 倍 孫 師 翰 靈 林 終 機 從 此 之 倦 莫 林 是 十 貫 道 是 者 誰 故
慈 盡 聖 相 言 可 頂 覺 □ 從 寺 字 者 於 復 此 遠 池 言 人 不 林 是 中 生 □ 月 佛 音
改 渥 匡 府 □ 表 禮 仲 無 九 靈 有 穴 此 成 女 尙 言 他 殷 意 其 應 里
□ 快 通 匡 理 其 心 □ 法 業 師 人 春 此 成 女 尙 言 他 殷 意 其 應 里
恒 說 家 匡 正 由 法 人 三 捨 使 皆 秋 正 人 劍 如 說 我 者 薩 因 分 能 火 三
□ 師 允 此 所 山 後 頌 藏 及 溜 稱 七 歸 人 青 我 者 薩 因 然 云 心 造 解 之 然 千
□ □ 再 界 以 大 講 文 據 神 大 七 20 高 講 三 其 善 然 心 悟 之 自 功 之 則 理 幢
□ 當 修 允 他 令 德 堂 屋 尋 寺 氷 移 仙 禮 三 藍 莫 心 悟 莫 時 佛 忽 地 我 必 主
□ 穴 允 □ 僧 奉 茸 寺 也 居 來 天 瓶 禮 三 共 說 之 他 如 心 來 矣 能 忽 然 大 級
□ □ □ 作 二 尋 27 孫 即 穴 水 16 寶 花 氷 不 矣 學 我 澄
□ □ □ 於 寺 遷 重 花 水 然 □ 宣 有 我 金 □
□ □ 贈 本 大 寺 緣 大 之 宗 同 逢 世 王 從 爲 五 誓 矣 界
含 長 見 與 彼 之 以 西 由 婁 師 蟲 色 丘 幢 哉 澄 括
唅 辭 幾 慈 國 神 前 非 權 入 山 愛 僧 元 形 覆 只 人 如 居 黔 俗 界 金
□ 帝 焉 和 寧 初 峯 宰 盖 是 宜 池 愛 僧 元 提 一 水 抽 □
月 關 求 論 池 知 三 昨 昔 因 毗 龕 見 是 我 法 慈 □
□ □ □ 自 心 方 空 日 來 盧 是 見 來 酒 隨 分 大 等 寺 情 居 驟 俗 括
□ □ 無 銘 角 □ □ 寂 造 語 讚 神 也 見 來 生 小 兹
```

通身 再修穴□ □□□□ 長辭帝關 不斷□窟 經行樂道 寂……覺 遺跡
遺文 盡蒙盡渥 大師□當□ □□□□□含啼□月□ 每至□□成臻 啓讀
日…… 銘□□穴寺堂東 近山慈改□□恒□

신라국(新羅國) 황룡사(黃龍寺)
원효전(元曉傳)(贊寧/918-999,『宋高僧傳』卷4)

원효의 성은 설(薛)씨로 해동 상주(湘州) 사람이다. 관채지년(卝髮之年,
15세)에 홀연히 불문(佛門)에 들어갔다. 스승을 따라 배우고 돌아다님
에 일정함이 없었다. 온갖 이론들을 용감하게 공격하고 글쓰기를 종횡
무진하여 우뚝하고 굳세었으니, 앞으로 나아갈 뿐 물러서는 일이 없었
다. 삼학(三學, 계학·정학·혜학 혹은 유·불·도 삼학)에 널리 통하여 그
나라에서는 일만 사람인을 대적할 사람이라고 했다. 도리에 정통하고
입신(入神)의 지경에 도달함이 이와 같았다.

일찍이 의상 법사와 함께 당나라에 들어가고자 했다. 삼장법사 현장
(玄奘) 자은(慈恩)의 문하를 사모해서였다. 그러나 입당(入唐)의 인연이
어긋났기에 푸근한 마음으로 여러 곳을 돌아다녔다. 얼마 아니 되어,
말을 미친 듯이 하고 상식에 어긋나는 행위를 보였는데, 거사(居土)와
함께 술집이나 기생집에도 드나들고, (양나라 때의 신이한 승려였던) 지
공(誌公) 화상처럼 금 칼과 쇠 지팡이를 지니는가 하면, 혹은 소(疏)를
지어『화엄경』을 강의하기도 하였고, 혹은 사당(祠堂)에서 거문고를 뜯
기도 하며, 혹은 여염집에서 잠자며, 혹은 산속이나 물가에서 좌선(坐

禪)하는 등, 계기를 따라 마음대로 하되 도무지 일정한 규범이 없었다. 그때 국왕이 백고좌 인왕경 대법회(百座仁王大會)를 마련하여 두루 덕이 높은 승려들을 찾았다. 본주(本州)에서 명망이 높아 그를 천거했는데, 여러 승려들이 그 사람됨을 미워하여 왕에서 나쁘게 말하여 받아들여지지 않았다.

얼마 아니 되어, 왕의 부인이 머리에 악성 종창을 앓았는데, 의원의 치료가 효험이 없었다. 왕과 왕자, 그리고 신하들이 산천의 영험 있는 사당에 기도하여 이르지 않은 곳이 없었다. 무당이 말하기를, 〈타국으로 사람을 보내어 약을 구해야만 이 병이 곧 나을 것입니다〉라고 했다. 이에 왕이 사인(使人)을 당나라에 보내어 의술을 찾도록 했다. 파도 높은 바다 가운데에 이르렀을 때, 한 노인이 홀연히 나타나 파도로부터 배 위로 뛰어올라 사신을 맞아 바다로 들어갔다. 바라보니 궁전이 장엄하고 화려했다. 금해(鈴海)라는 용왕이 있어서 사인에게 말했다. 〈그대 나라의 부인은 청제(靑帝)의 셋째딸이다. 우리 궁중에는 전부터 『금강삼매경』이 있는데, 이각(二覺)이 원통(圓通)하여 보살행을 보여준다. 지금 부인의 병을 의탁해 좋은 인연으로 삼아 이 경을 부촉하여, 그 나라에 내어 놓아 유포하고자 한다.〉 이에 30장 정도의 순서가 뒤섞인 흩어진 경을 가져다가 사인에게 주면서, 〈이 경이 바다를 건너는 중에 좋지 못한 일이 있을까 두렵다〉고 했다. 용왕은 사람을 시켜 사인의 장딴지를 찢고 그 속에 경을 넣어 봉하고 약을 바르도록 하니 전과 다름없이 되었다. 용왕이 말했다. 〈대안성자(大安聖者)로 하여금 경을 차례로 엮어서 꿰매게 하고, 원효법사에게 소(疏)를 지어 강석(講釋)하기를 청하면, 부인의 병은 틀림없이 나을 것이다. 가령 설산 아가타약의 효력이라도 이보다 더하지는 못할 것이다.〉 그리고는 용왕이 바다 표면으로 보내 주어 마침내 배를 타고 귀국했다.

그때 왕이 이 소식을 듣고 환희하였다. 이에 대안성자를 불러 경의 차례를 맞추게 하라고 했다. 대안은 이해하기 어려운 사람으로 모습도 복장도 특이하였고, 항상 거리에 있으면서 구리로 만든 발우를 두드리면서 '크게 평안하라! 크게 평안하라!(大安大安)'라며 노래를 했기에 대안(大安)이라고 불리었다. 왕이 대안에게 명령하니 대안이 말하기를, 〈다만 그 경을 가지고 오시오. 왕의 궁전에 들어가기를 원하지 않소이다〉라고 했다. 대안이 경을 받아 배열하여 8품(品)을 이루니, 모두 부처님 뜻에 맞아떨어졌다. 대안이 말했다. 〈속히 원효가 강의하게 하시오. 다른 사람은 안 됩니다.〉

원효가 이 경을 받은 것은 바로 그의 고향인 상주(湘州)에서였다. 그는 사인에게 말했다. 〈이 경은 본각(本覺)과 시각(始覺)의 이각(二覺)으로써 핵심(宗)을 삼습니다. 나를 위해 소가 끄는 수레(角乘)를 준비하고, 책상을 두 뿔 사이에 두고 붓과 벼루도 준비하시오.〉 그리고 그는 처음부터 끝까지 소가 끄는 수레에서 소(疏)를 지어 5권을 만들었다. 왕이 날짜를 택하여 황룡사에서 강연하도록 했다. 그때 박덕한 무리가 새로 지은 소를 훔쳐갔다. 이 사실을 왕에게 아뢰어 3일을 연기하고 다시 3권을 만들었는데 이를 약소(略疏)라고 한다. 경전을 강의하는 날이 되어 왕과 신하, 그리고 도 닦는 사람들과 속인 등 많은 사람이 구름처럼 법당을 가득 에워싼 속에서 원효의 강론이 시작되었다. 그의 강론에는 위풍이 있었고, 논쟁이 모두 해결될 수 있었다. 그를 찬양하는 박수소리가 법당을 가득 채웠다. 원효는 다시 말했다. 〈지난날 백 개의 서까래를 구할 때에는 내 비록 참여하지 못했지만, 오늘 아침 대들보를 놓을 때에는 오직 나만이 가능하구나.〉이때 모든 명성 있는 승려들이 고개를 숙이고 부끄러워하며 가슴 깊이 참회했다.

처음 원효는 그 행적에 일정함이 없고, 교화함에도 고정되지 않았는데, 혹은 쟁반을 던져 대중을 구하고, 혹은 물을 뿜어 불을 끄며, 혹은 여러 곳에 몸을 나타내고, 혹은 여섯 곳에서 입멸(入滅)을 알렸으니, 또한 (대접을 타고 물을 건너며 신통이 자재했던 진나라 때의 승려인) 배도(盃渡)나 (검술을 익히고 칼을 매단 석장을 짚고 다니며 일정한 거처 없이 맨발로 떠돌아다니던 양나라 때의 신이한 승려인) 지공(誌公)과 같은 사람인가? 소(疏)에는 광약(廣略) 이본(二本)이 있어 본토(本土)에서는 다 유통되었는데, 중국에는 약본(略本)이 유입되었다.

新羅國黃龍寺元曉傳

釋元曉 姓薛氏 東海湘州人也 丱䰂之年惠然入法 隨師稟業遊處無恒 勇擊義圍雄橫文陣 仡仡然桓桓然 進無前却 蓋三學之淹通 彼土謂爲萬人之敵 精義入神爲若此也 嘗與湘法師入唐 慕奘三藏慈恩之門 厥緣旣差息心遊往 無何發言狂悖 示跡乖疏 同居士入酒肆倡家 若誌公持金刀鐵錫 或製疏以講雜華 或撫琴以樂祠宇 或閭閻寓宿 或山水坐禪 任意隨機都無定檢 時國王置百座仁王經大會 遍搜碩德 本州以名望擧進之 諸德惡其爲人 譖王不納 居無何 王之夫人腦嬰癰腫 醫工絶驗 王及王子臣屬禱請山川靈祠無所不至 有巫覡言曰 苟遣人往他國求藥 是疾方瘳 王乃發使泛海入唐募其醫術 溟漲之中忽見一翁 由波濤躍出登舟 邀使人入海覩宮殿嚴麗 見龍王王名鈐海 謂使者曰 汝國夫人是靑帝第三女也 我

宮中先有金剛三昧經 乃二覺圓通示菩薩行也 今託仗夫人之病爲增上緣
欲附此經出彼國流布耳 於是將三十來紙 重沓散經付授使人 復曰 此經
渡海中恐罹魔事 王令持刀裂使人腨腸而內于中 用蠟紙纏縢以藥傅之 其
腨如故 龍王言 可令大安聖者銓次綴縫 請元曉法師造疏講釋之 夫人疾
愈無疑 假使雪山阿伽陀藥力亦不過是 龍王送出海面 遂登舟歸國 時王
聞而歡喜 乃先召大安聖者黏次焉 大安者不測之人也 形服特異恒在廛
擊銅鉢唱言大安大安之聲 故號之也 王命安 安云 但將經來不願入王宮
閫 安得經排來成八品 皆合佛意 安曰 速將付元曉講 餘人則否 曉受斯經
正在本生湘州也 謂使人曰 此經以本始二覺爲宗 爲我備角乘將案几 在
兩角之間 置其筆硯 始終於牛車造疏成五卷 王請剋日於黃龍寺敷演 時
有薄徒竊盜新疏 以事白王 延于三日 重錄成三卷 號爲略疏 洎乎王臣道
俗雲擁法堂 曉乃宣吐有儀解紛可則 稱揚彈指聲沸于空 曉復唱言曰 昔
日採百椽時雖不預會 今朝橫一棟處唯我獨能 時諸名德俯顏慚色伏膺懺
悔焉 初曉示跡無恒化人不定 或擲盤而救衆 或噴水而撲焚 或數處現形
或六方告滅 亦盃渡誌公之倫歟 其於解性覽無不明矣 疏有廣略二本 俱
行本土 略本流入中華 後有飜經三藏 改之爲論焉

系曰 海龍之宮自何而有經本耶 通曰 經云 龍王宮殿中有七寶塔 諸佛
所說 諸深義別有七寶篋滿中盛之 謂十二因緣總持三昧等 良以此經合行
世間 復顯大安曉公神異 乃使夫人之疾爲起敎之大端者也

(贊寧/918-999,『宋高僧傳』卷四)

굴레를 벗은 원효(元曉不羈) (一然/1206-1289, 『三國遺事』 卷4)

성스러운 스승(聖師) 원효의 속성은 설(薛)씨다. 할아버지는 잉피공(仍皮公)인데 또는 적대공(赤大公)이라고도 하며, 지금 적대연(赤大淵) 옆에 잉피공의 사당이 있다. 아버지는 담날내말(談捺乃末)이다.

처음에 압량군(押梁郡) 남쪽(지금의 章山郡이다), 불지촌(佛地村) 북쪽 율곡(栗谷) 사라수(娑羅樹) 아래에서 태어났다. 마을 이름이 불지(佛地)인데, 혹은 발지촌(發智村)이라고도 한다(속어로 弗等乙村이라고 한다).

사라수에 관해서는 민간에 이런 이야기가 있다. (담날의) 집은 밤나무골 서남쪽에 있었는데, (원효의) 어머니가 만삭이 되어 마침 이 골짜기 밤나무 밑을 지나다가 홀연히 분만하고, 창황 중에 집으로 돌아가지 못하고, 우선 남편의 옷을 나무에 걸어놓고 그 가운데를 자리로 하였다. 따라서 그 나무를 사라수라고 했다. 그 나무의 밤도 보통 나무와는 달랐으므로 지금도 사라밤이라고 한다.

예부터 전하기를, (사라사의) 주지가 절의 종 한 사람에게 하루 저녁의 끼니로 밤 두 개씩을 주었다. 종은 관가에 소송을 제기하였다. 이상하게 생각한 관리가 그 밤을 가져다가 조사해 보았더니 한 개가 발우하나에 가득 찼다. 이에 도리어 한 개씩만 주라는 결정을 내렸다. 이 때문에 율곡이라고 부르게 되었다. 성사는 출가하고 나서 그의 집을 희사하여 절을 삼아 초개사(初開寺)라고 하고, 밤나무 옆에도 절을 짓고 사라사(娑羅寺)라고 했다.

성사의 『행장(行狀)』에는 서울 사람이라고 했으나 이것은 할아버지를 따른 것이고, 『당승전(唐僧傳)』에서는 본래 하상주(下湘州) 사람이라고 했다.

살펴보면 이렇다.

인덕(麟德) 2년(665) 중에 문무왕이 상주(上州)와 하주(下州)의 땅을 나누어 삽량주(歃良州)를 두었는데, 곧 하주는 지금의 창녕군(昌寧郡)이고, 압량군은 본래 하주의 속현이다. 상주는 지금의 상주(尙州)로 혹은 상주(湘州)라고도 쓴다. 불지촌은 지금의 자인현(慈仁縣)에 속해 있으니, 곧 압량군에서 나뉜 곳이다.

성사의 아명은 서당(誓幢)이다(幢은 속어로 털이다). 처음에 어머니가 유성이 품속으로 들어오는 꿈을 꾸고 이로 인하여 태기가 있었는데, 해산하려고 할 때에는 오색구름이 땅을 덮었다. 진평왕 39년 대업(大業) 13년 정축(617)이었다.

태어날 때부터 총명이 남달라 스승을 따라서 배우지 않았다. 그가 사방으로 다니며 수행한 시말(遊方始末)과 널리 교화를 펼쳤던 크나큰 업적(弘通茂跡)은 『당전(唐傳)』과 『행장(行狀)』에 자세히 실려 있다. 여기서는 자세히 기록하지 않고, 다만 『향전(鄕傳)』에 실린 한두 가지 특이한 일을 쓴다.

(원효가) 어느 날 상례에서 벗어나 거리에서 노래를 불렀다. "누가 자루 빠진 도끼를 허락하려는가. 나는 하늘 받칠 기둥을 다듬고자 한다." 사람들이 모두 그 뜻을 알지 못했는데, 태종(太宗)이 그것을 듣고서 말했다. "이 스님께서 아마도 귀부인을 얻어 훌륭한 아들을 낳고 싶어 하는구나. 나라에 큰 현인이 있으면, 그보다 더한 이익이 없을 것이다." 그때 요석궁(지금의 學院)에 홀로 사는 공주가 있었다. 궁중의 관리를 시켜 원효를 찾아서 궁중으로 맞아들이게 했다. 궁리가 칙명을 받들어

원효를 찾으려 하는데, 벌써 남산으로부터 내려와 문천교(蚊川橋)(沙川인데, 민간에서는 牟川 또는 蚊川이라 한다. 또 다리 이름은 楡橋라고 한다)를 지나가다가 만났다. (원효는) 일부러 물에 떨어져 옷을 적셨다. 궁리는 스님을 요석궁으로 인도하여 옷을 말리게 하니, 그곳에서 유숙하게 되었는데, 공주가 과연 태기가 있어 설총을 낳았다. 설총은 나면서부터 명민하여 경서와 역사서에 두루 통달했다. 그는 신라 십현(新羅十賢) 중의 한 분이다. 우리말로써 중국 및 주변 나라들의 각 지방 풍속과 물건이름 등에 통달하고 육경문학(六經文學)을 훈해(訓解)하였으므로, 지금까지 우리나라에서 경학을 공부하는 이들이 전수하여 끊이지 않는다.

원효가 이미 파계하여 설총을 낳은 이후로는 속복(俗服)으로 바꾸어 입고, 스스로 소성거사(小性居士)라고 했다. 우연히 광대들이 놀리는 큰 박을 얻었는데 그 모양이 괴이했다. 원효는 그 모양대로 도구를 만들어 『화엄경』의 "일체에 걸림이 없는 사람은 하나가 된 길에서 삶과 죽음의 속박으로부터 벗어난다"라는 문구에서 따서 무애(無碍)라고 이름 짓고, 노래를 지어 세상에 퍼뜨렸다. 일찍이 이것을 가지고 천촌만락(千村萬落)에서 노래하고 춤추면서 교화하고, 읊조리며 돌아다녔으므로, 가난하고 무지몽매한 무리들까지도 모두 부처의 호를 알게 되었고, 모두 '나무(南無)'(나무아미타불)를 부르게 되었으니, 원효의 법화가 컸던 것이다.

그가 탄생한 마을 이름을 불지촌(佛地村)이라고 하고, 절 이름을 초개사(初開寺)라고 하며, 스스로 원효(元曉)라 일컬은 것은 모두 '깨달음의 해가 처음 빛을 비추다(佛日初輝)'라는 뜻이다. 원효란 말도 또한 방언이니, 당시의 사람들은 모두 향언(鄕言)으로 시단(始旦)이라 했다.

일찍이 분황사(芬皇寺)에 살면서 화엄소(華嚴疏)를 짓다가 제40 회향품(第四十廻向品)에 이르자 마침내 붓을 놓았으며, 또 일찍이 소송으로 인해서 몸을 백송(百松)으로 나누었으므로 모두 그의 경지(位階)를 (화엄의 十地 가운데) 초지(初地)라고 한다.

해룡(海龍)의 권유에 따라 길에서 조서를 받아 『금강삼매경』의 소(疏)를 지으면서 붓과 벼루를 소의 두 뿔 위에 놓아두었으므로 이를 각승(角乘)이라 했는데, 또한 본각(本覺)과 시각(始覺)의 숨은 뜻을 나타낸 것이다. 대안법사(大安法師)가 배열하여 종이를 붙인 것은 음(音)을 안 것이고, (원효가 소를 지은 것은 그 음에 따라) 노래를 부른 것이다.

성사께서 입적하자 설총이 유해를 부수어 소상(塑像)의 진용(眞容)을 조성하여 분황사에 봉안하고, 공경·사모하여 지극한 슬픔의 뜻을 표했다. 설총이 그때 옆에서 절을 하니 소상이 홀연히 돌아보았는데, 지금도 여전히 돌아본 채로 있다. 원효가 살던 혈사(穴寺) 옆에 설총의 집터가 있다고 한다.

그의 행적을 기리노라(贊)

각승(角乘)은 처음으로 『금강삼매경』을 열었고
표주박 가지고 춤추며 온갖 거리 교화했네.
달 밝은 요석궁에 봄잠 깊더니
문 닫힌 분황사엔 돌아보는 모습만 허허롭네.

元曉不覊

聖師元曉 俗姓薛氏 祖仍皮公 亦云赤大公 今赤大淵側有仍皮公廟 父談捺乃末 初示生于押梁郡南(今章山郡) 佛地村北 栗谷娑羅樹下 村名佛地 或作發智村(俚云 弗等乙村) 娑羅樹者 諺云 師之家本住此谷西南 母旣娠而月滿 適過此谷栗樹下 忽分産 而倉皇不能歸家 且以夫衣掛樹 而寢處其中 因號樹曰娑羅樹 其樹之實亦異於常 至今稱娑羅栗 古傳 昔有主寺者 給寺奴一人 一夕饌栗二枚 奴訟于官 官吏怪之 取栗檢之 一枚盈一鉢 乃反自判給一枚 故因名栗谷 師旣出家 捨其宅爲寺 名初開 樹之旁置寺曰娑羅 師之行狀云 是京師人 從祖考也 唐僧傳云 本下湘州之人 按麟德二年間 文武王割上州下州之地 置歃良州 則下州乃今之昌寧郡也 押梁郡本下州之屬縣 上州則今尙州 亦作湘州也 佛地村今屬慈仁縣 則乃押梁之所分開也 師生小名誓幢 第名新幢(幢者俗云毛也) 初母夢流星入懷 因而有娠 及將産 有五色雲覆地 眞平王三十九年 大業十三年丁丑歲也 生而穎異 學不從師 其遊方始末 弘通茂跡 具載唐傳與行狀 不可具載 唯鄕傳所記有一二段異事 師嘗一日風顚唱街云 誰許沒柯斧 我斫支天柱 人皆未喩 時太宗聞之曰 此師殆欲得貴婦 産賢子之謂也 國有大賢 利莫大焉 時瑤石宮(今學院是也)有寡公主 勅宮吏覓曉引入 宮吏奉勅將求之 已自南山來過蚊川橋(沙川 俗云牟川 又蚊川 又橋名楡橋也)遇之 佯墮水中 濕衣袴 吏引師於宮 褫衣曬眼 因留宿焉 公主果有娠 生薛聰 聰生而睿敏 博通經史 新羅十賢中一也 以方音通會華夷方俗物名 訓解六經文學 至今海東業明經者 傳受不絶 曉旣失戒生聰 已後易俗服 自號小姓居士 偶得優人舞弄大瓠 其狀瑰奇 因其形製爲道具 以華嚴經一切無旱人 一道出生死 命名曰無旱 仍作歌流于世 嘗持此 千村萬落且歌且舞 化詠而歸

使桑樞瓮牖玃猴之輩 皆識佛陀之號 咸作南無之稱 曉之化大矣哉 其生緣
之村名佛地 寺名初開 自稱元曉者 蓋初輝佛日之意爾 元曉亦是方言也
當時人皆以鄉言稱之始旦也 曾住芬皇寺 纂華嚴疏 至第四十廻向品 終
乃絶筆 又嘗因訟 分軀於百松 故皆謂位階初地矣 亦因海龍之誘 承詔於
路上 撰三昧經疏 置筆硯於牛之兩角上 因謂之角乘 亦表本始二覺之微
旨也 大安法師排來而粘紙 亦知音唱和也 旣入寂 聰碎遺骸 塑眞容 安芬
皇寺 以表敬慕終天之志 聰時旁禮 像忽廻顧 至今猶顧矣 曉嘗所居穴寺
旁 有聰家之墟云 讚曰 角乘初開三昧軸 舞壺終掛萬街風 月明瑤石春眠
去 門掩芬皇顧影空

(一然/1206-1289,『三國遺事』卷四, 元曉不羈)

원효 연보(年譜)

불기 (佛紀)	서기 (西紀)	왕력	원효 나이	원효 행장	주변 및 관련 사항
1161	617	진평왕 39	1	압량군 불지촌(현 경북 경산)에서 출생. 속성은 설(薛)씨, 어릴 적 이름은 서당(誓幢). 할아버지는 잉피공(仍皮公), 아버지는 담날 내말(談捺乃末)	
1162	618	진평왕 40	2		수나라 멸망 당나라 건국
1169	625	진평왕 47	9		의상 출생
1171	627	진평왕 49	11		원측이 당나라에 유학
1176	632	선덕여왕 1	16	출가함. 출가 이후 사미승 시절에 낭지(朗智)에게 배우고, 이후 보덕(普德), 혜공(惠空) 등으로부터 배우며 수행함	
1178	634	선덕여왕 3	18		경주 분황사(芬皇寺) 창건 백제 흥왕사(興王寺) 창건
1180	636	선덕여왕 5	20		자장이 당나라에 유학(혹은 638년)
1184	640	선덕여왕 9	24		중국 화엄종 초조 두순이입적
1186	642	선덕여왕 11	26		백제가 신라성 40여 곳을 공략. 대야성 공략. 고구려 연개소문이 영류왕을 죽이고 보장왕을 세움. 김춘추가 고구려에 가서 도움을 구하였으나 실패함
1187	643	선덕여왕 12	27		선덕여왕의 요청에 따라 자장이 1700여 권의 경론을 가지고 급히 귀국. 불경과 함께 가지고 온 불두골(佛頭骨) 불치(佛齒) 등 불사리 백 개를 황룡사(黃龍寺), 태화사(太和寺), 통도사(通度寺)에 나누어 봉안. 의상이 경주 황복사에서 19세에 출가

불기 (佛紀)	서기 (西紀)	왕력	원효 나이	원효 행장	주변 및 관련 사항
1189	645	선덕여왕 14	29		자장의 건의에 따라 황룡사9층목탑 조성. 당나라 현장이 17년간의 인도 유학을 마치고 장안으로 귀국
1191	647	선덕여왕 16 진덕여왕 1	31		자장이 통도사에 계단(戒壇) 설치. 비담의 반란. 선덕여왕 임종
1194	650	진덕여왕 4	34	현장에 의해 주도되고 있는 새로운 불교학풍(신유식)을 접하기 위해 의상과 함께 육로를 통해 당나라에 가려다가 요동에서 고구려 수비군에게 체포되어 실패하고 겨우 탈출함. 이 무렵 원효와 의상이 보덕스님에게서 『유마경』, 『열반경』을 배웠을 것으로 추정됨. 포항 항사사(恒沙寺)에 주석하고 있던 혜공(惠空)과 교류하며 배웠던 것도 이 무렵의 일로 추정됨	고구려의 고승 보덕(普德)이 완산주(현 전주) 고대산(현 고덕산)으로 이주함
1204	660	태종 무열왕 7	44		백제가 멸망함
1205	661	문무왕 1	45	의상과 함께 제2차 당나라 유학을 떠남. 남양만 당항성으로 가는 중도인 직산(현 성환과 천안 사이)의 무덤(土龕)에서 자다가 깨달음을 얻어 당나라 유학을 포기함	의상은 원효와 헤어진 후 당나라로 들어가 화엄종 지엄의 제자가 됨
1206	662	문무왕 2	46	소정방이 김유신에게 보낸 철군 암호를 해독해 줌	
1212	668	문무왕 8	52		나당연합군에 의해 고구려 멸망. 삼국 통일. 중국 화엄종 지엄 입적
1215	671	문무왕 11	55	행명사에서 『판비량론』 저술	의상 귀국

불기 (佛紀)	서기 (西紀)	왕력	원효 나이	원효 행장	주변 및 관련 사항
1220	676	문무왕 16	60		의상이 부석사를 창건. 중국 선종 6조 혜능이 광주 법성사(法性寺)에 감
1226	682	신문왕 2	66		중국 법상종 규기가 자은사에서 입적
1230	686	신문왕 6	70	혈사에서 입적. 설총이 유해로 원효상을 조성하여 분황사에 봉안	
1323	779	혜공왕 15			손자 설중업이 신라 사신의 일원으로 일본에 감. 일본의 상재(上宰)가 설중업이 원효의 손자임을 알고는 기뻐하며 원효를 찬탄하는 시를 써 줌
1645	1101	고려 숙종 6		대국국사 의천의 건의로 원효에게 '화쟁국사(和諍國師)' 시호(諡號)를 추증